品读竹林七贤

祁万青　著

山东大学出版社
SHANDONG UNIVERSITY PRESS
·济南·

图书在版编目(CIP)数据

品读竹林七贤/祁万青著. -- 济南 ：山东大学出版社，2025. 1. -- ISBN 978-7-5607-8598-1

Ⅰ. K825.6

中国国家版本馆 CIP 数据核字第 2025DQ3325 号

策划编辑　祝清亮

责任编辑　毛依依

品读竹林七贤

PINDU ZHULIN QIXIAN

出版发行　山东大学出版社

社　　址　山东省济南市山大南路 20 号

邮政编码　250100

发行热线　(0531)88363008

经　　销　新华书店

印　　刷　山东和平商务有限公司

规　　格　720 毫米×1000 毫米　1/16

　　　　　21 印张　8 插页　229 千字

版　　次　2025 年 1 月第 1 版

印　　次　2025 年 1 月第 1 次印刷

定　　价　76.00 元

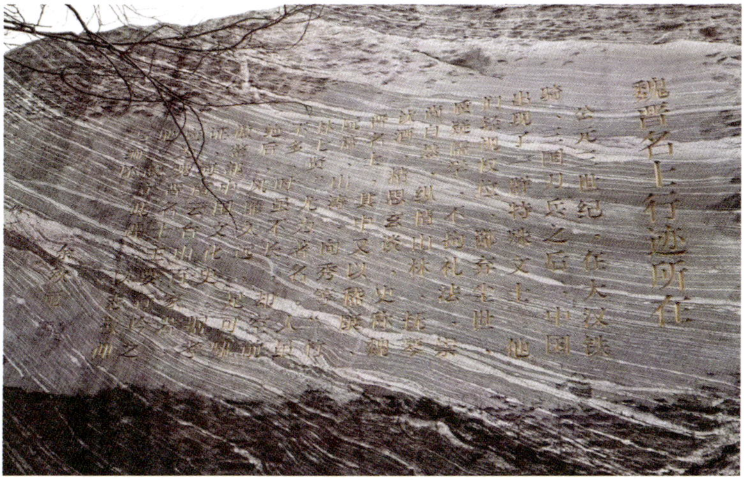

著名作家余秋雨在百家岩撰写的魏晋名士行迹

河南省修武县云台山百家岩景区

巨岩环绕、壁立万仞的百家岩

云台山百家岩寺(原崇明寺)

百家岩清代修武知县李景和所书“嵇山”

北宋嘉祐四年(1059)河北提刑官曹泾在百家岩所书“嵇康淬剑池”

北宋嘉祐四年(1059)河北提刑官曹泾在百家岩所书“刘伶醒酒台”

百家岩嵇康、吕安、向秀灌园处

百家岩寺塔(孝女塔)

南京博物院藏嵇康、阮籍砖画

南京博物院藏山涛、王戎砖画

南京博物院藏刘伶、向秀砖画

南京博物院藏阮咸、荣启期砖画

南京博物院藏《竹林七贤与荣启期》砖画拓片

河南省汝阳县内埠镇曹刘庄村魏明帝曹叡高平陵

安徽省涡阳县石弓镇郭楼村石弓山嵇康墓

河南省尉氏县阮籍啸台

河南省尉氏县小陈乡大阮庄村阮籍墓

河南省武陟县大虹桥乡西小虹村山涛墓祠

河南省武陟县大虹桥乡西小虹村山涛墓

河南省武陟县三阳乡冢头村向秀墓石碑

河南省武陟县三阳乡冢头村向秀墓

序

20世纪80年代，我在西南师范大学（今西南大学）中文系师从徐无闻先生攻读唐宋文学。遵师命，在研读李白、杜甫等唐代诗人文集后，发现唐代文集中大量涉及魏晋故事。尤其嵇康、阮籍等竹林七贤成为诗人们推崇的偶像。我又上溯汉末、魏晋史籍文献，认真研读了《世说新语》《昭明文选》，然后读了鲁迅先生的《魏晋风度及文章与药及酒之关系》及王瑶先生的《中古文学史论集》。据此，我确认魏晋风流对唐代文人及其创作产生过巨大影响。于是我选了《李白与魏晋风度》作为我的硕士论文答辩题目，受到导师徐先生的充分肯定，业师谭优学先生也认可了我的选题。

但是当我具体执笔写作时，却发现对魏晋风度的定义成为一大难题，当时学术界并没有准确权威的说法。鲁迅先生说了一些现象，王瑶先生用大量文献来佐证鲁迅先生的说法，李泽厚在《美的历程》中把魏晋风度作为一种审美现象。至于魏晋风度产生的原因、其精神实质、如何评价定位等，并没有人论及。我请教了哲学系、历史系的一些先生，大家也都表示没有研究。无奈之下，我自己开动脑筋，勉为其难，把自己的理解总结成几条，写在我的毕业论文中。

我在《李白与魏晋风度》中把魏晋风度的具体行为表现概括为狂傲、清谈、吃药、栖隐、漫游、放诞和寄情文学艺术。

对于魏晋风度的成因，我认为主要有以下几点：

第一，汉末以来政治极端黑暗，社会动乱不已，士大夫忧生惧死、幻想出世、逃避现实乃至自我麻痹，因此行为反常怪诞。第二，传统儒家思想受到打击，玄学应时兴起，助长了清谈时风。第三，士族制度为名士提供了经济生活保障，使清谈放诞、饮酒作乐成为可能。第四，宗教上，道教正处于发展成熟期，佛教的本土化加速进行。佛、道两教互相取长补短，攻伐论辩。东晋孙绰《道贤论》便以佛教七道人比竹林七贤，陶潜《群辅录》则以沙门于法龙为八达之一。第五，从文化层面上来说，这是文人自觉与文学自觉的时代。文学从经学中分离出来，成为文人怡情的工具。魏晋名士大都多才多艺，这既是他们追求精神价值实现的体现，也是汉末品藻人物重视“才性”所带来的结果。第六，一些帝王与当权者的提倡或无意识的推波助澜。第七，士阶层与时发展的结果。

魏晋风度是时代的产物，集中体现了时代精神。魏晋时代文化思想领域比较自由开放，议论争辩之风相当盛行。在这种风气下形成的玄学思潮是一股新颖先进的思潮。玄学抛弃了两汉以来烦琐的经学和谶纬迷信，以宇宙本体问题作为其哲学探讨的核心，在玄学思潮影响下，人们讲究个性，追求精神自由、解放和适意。尤其是当时政治环境险恶，许多名士痛切感觉到现实与理想的激烈冲突。他们常常以愤激的、扭曲的形式表现内心的纠结，具有很强的叛逆性，与传统儒家正统学说形成矛盾和对抗。魏晋风度是思想解放的结果，在历史发展上有一定的进步意义。

魏晋风度是魏晋名士的精神行为表现，魏晋名士作为中国士阶层发展阶段上的一个环节，有其特殊的意义。

在此之前，士的主要目标是参与政治，实现政治理想，追求"三立"，即立德、立功、立言，发展到东汉，则更富于进取性。而魏晋名士则与政治保持一段距离，明哲保身，重视个人世界。他们清谈说理、栖隐求仙、从事一些文化活动都是为了修身养性，这是士大夫阶层新自觉的一种表现。魏晋名士大都爱好文学艺术，因为文学艺术是怡情的极好工具。魏晋名士与文学艺术的这种结合，形成了文人类型的士。这种文士不同于先秦时的武士、策士、谋士，也不同于两汉时的士大夫。他们重视个性，讲究出处行藏，合则留，不合则去，与当权者保持若即若离的关系。他们恃才狂放，不守礼法，随情任性，又谈谐嘲咏，嬉笑怒骂，时有佯狂表现，多属感情型而非理智型。

魏晋名士这种任情而为的作风使他们很难在政治上有所作为,反而成为落魄贾祸的诱因。在正统人士眼里,魏晋名士的一些行为轻薄偏狭,因而被讥为"文人无行",但在他们自己看来,这正是"名士派头"。这种文士是时代的新生儿,一旦出现,便有极强的生命力,成为后世不断效仿的"偶像"。

竹林七贤是魏晋名士的代表,影响巨大。尽管他们的表现有差异,但总体上代表了那个时代士人的精神面貌。因此,一提到魏晋风度或魏晋名士,人们首先便想到竹林七贤,想到嵇康、阮籍。祁万青的《品读竹林七贤》一书汇集了大量的文献资料,从汉末谈起,抓住"曹马之争"这个主要矛盾,注重历史大事件,把握那些政治风云人物的性格特征、心理活动,追溯起源,力求还原魏晋那个特殊动荡时期的人和事,参阅一些专家学者的研究成果、学术理论,在"品"字上下功夫,吸收借鉴,分析思考,启示未来。

此书通俗生动,娓娓道来,很容易把读者带进那个纷争动乱的时代,面对那一个个生动鲜活的历史人物,感受他们的喜怒哀乐,激起精神上的共鸣。作者还结合一些学者的研究,对一些问题进行分析考证,譬如对"竹林"一词的几种说法提出自己的看法,令人信服。另外,此书附有图片,更加直观、形象。

祁万青曾出版《品读白居易》和《品读李白》两本书,都受到读者的欢迎。相信《品读竹林七贤》能以其故事性、趣味性和对魏晋名士独特的人格精神魅力的描写，吸引更多读者去欣赏、思考，去感受惊心动魄的魏晋时代。

鉴于此，乐为之序。

安徽大学文学院教授、中国李白研究会原副会长
陶新民
2024年6月

前 言

汉末至魏晋南北朝这段历史，“乱”是主要特征，“你方唱罢我登场”的政权更迭是重要标志。与此同时，这也是文人辈出、文化繁荣的重要时期。

汉末灵帝时期，十常侍乱政，天下大乱，民不聊生。公元189年，灵帝崩，少帝刘辩即位。后董卓专权，废汉少帝刘辩为弘农王，立陈留王刘协为汉献帝。此后，关东州郡皆起兵以讨董卓，随着董卓败亡，天下陷入混战之中。曹操“挟天子以令诸侯”，统一北方地区。曹操去世后，其子曹丕通过禅让的方式，以魏代汉，结束了汉朝400多年的统治。随后，蜀、吴先后自立，刘备、孙权称帝，开启了三国并立时代。高平陵之变后，曹魏逐渐衰微，司马氏把持朝政，效仿故事，以晋代魏。魏、蜀、吴经过几十年混战，最后统一于晋。

汉灵帝死后，汉朝皇室和老百姓究竟遭受了多大的苦难呢？曹操所作的两首乐府诗《薤露行》《蒿里行》回答了这个问题。

薤露行

惟汉二十世，所任诚不良。沐猴而冠带，知小而谋强。
犹豫不敢断，因狩执君王。白虹为贯日，己亦先受殃。
贼臣持国柄，杀主灭宇京。荡覆帝基业，宗庙以燔丧。
播越西迁移，号泣而且行。瞻彼洛城郭，微子为哀伤。

《薤露行》的写作背景大体是这样的：中平六年(189)，汉灵帝病逝，何皇后之兄大将军何进在袁绍的支持下，立太子刘辩即皇帝位，尊何皇后为皇太后。此后，何太后临朝听政，以宦官张让、段珪为首的十常侍把持朝政。何进欲诛尽宦官，张让、段珪等贿赂何太后取得信任，致使何进犹豫不决。后来何进密召董卓进京，以实现铲除宦官势力的目的。然而，十常侍又把贿赂的触角伸向何进的母亲、弟弟，于是诛杀宦官的计划泄露，张让、段珪等宦官为求自保，破釜沉舟，假借何太后名义召何进进宫杀之，后又劫持少帝奔逃小平津。尚书卢值追及之，诛张让等。之后董卓入洛阳，董卓废少帝为弘农王，不久鸩杀之，立陈留王刘协是为孝献皇帝。之后，各地纷纷起兵讨伐董卓。当时哀鸿遍野，民不聊生。《薤露行》正是诗人目睹这些惨状后，哀痛感伤所作。曹操借《薤露行》一诗表达对王公贵人之死的悲悼之意，故清代沈德潜《古诗源》一书中评价道："借古乐府写时事，始于曹公。"

在此基础上，曹操又写出了《薤露行》的姊妹篇《蒿里行》。如果说《薤露行》主要是写汉朝皇室的倾覆，那么《蒿里行》则主要是写诸军阀之间的争权夺利，给百姓带来的深重灾难。

蒿里行

关东有义士，兴兵讨群凶。初期会盟津，乃心在咸阳。
军合力不齐，踌躇而雁行。势利使人争，嗣还自相戕。
淮南弟称号，刻玺于北方。铠甲生虮虱，万姓以死亡。
白骨露于野，千里无鸡鸣。生民百遗一，念之断人肠。

《蒿里行》叙述的史实是：董卓焚毁皇宫，劫持天子西迁，关东州郡兴兵讨伐董卓。但各路人马各怀私心，裹足不前，竟至互相猜忌、残杀起来。袁术在寿春（今安徽寿县）称帝，袁绍借讨董卓匡扶汉室之名在北方谋立刘氏宗室刘虞做傀儡皇帝，并刻制印玺阴谋称帝。连年征战使得将士长期不得解甲，而无辜的百姓受战乱之害，死伤惨重。最后诗人感叹道：在战乱中幸存的人百不余一，想到生民遭受的苦难简直肝肠寸断，悲痛万分。

面对东汉末年混乱的社会状况，胸怀大志的曹操跨马挥鞭，横槊驰骋，投身于济世安民的行动中。

在讨伐倒行逆施的董卓的过程中，曹操不断扩充军事力量。建安元年（196），曹操迎汉献帝都许（今河南许昌东）。之后曹操以汉天子的名义征讨四方，对内消灭二袁、吕布、刘表、韩遂等割据势力，对外降服南匈奴、乌桓、鲜卑等，统一了中国北方,并实行一系列政策恢复经济生产和社会秩序,奠定了曹魏立国的基础。建安十三年(208)六月,曹操废三公,恢复丞相制度,并自任丞相。建安十八年(213)五月,曹操自为魏公,加九锡、以冀州郡为魏公国。建安二十一年(216)四月,曹操进号为魏王。

建安二十五年(220),曹操病逝,次子曹丕袭其位。十月,曹丕迫汉献帝禅位,自立为帝,国号魏,改元黄初,都洛阳。226年,曹丕病逝,曹叡即位,史称魏明帝。

景初三年(239)正月,曹叡病逝,立年幼的宗室曹芳即皇帝位,由曹爽、司马懿辅政,第二年改年号为正始。

曹魏集团与司马氏集团之间激烈残酷的政治博弈,史称“曹马之争”。

俗话说,国家不幸诗家幸。这一时期出现了一个著名的文人群体,那就是本书的主角们。与“曹”“马”两大水火不容的集团有着千丝万缕关系的竹林七贤就生活在这个年代,他们从相聚、相识、相知,到结伴竹林之游,直至风流云散,彼此之间建立了深厚真挚的友谊,可以说聚散皆是缘,离合总关情。

竹林七贤是魏晋时期著名读书人的代表,他们受“曹马之争”的影响,或不拘礼法、我行我素,或逍遥山林、终身不仕,或谈玄醉酒、长歌当哭,他们就是嵇康、阮籍、山涛、王戎、向秀、刘伶、阮咸。

嵇康(223—262),字叔夜,谯郡铚县嵇山(今属安徽涡阳)人。关于嵇康姓氏来源、籍贯等,后文再作阐述。

阮籍(210—263),字嗣宗,陈留尉氏(今属河南)人。

山涛(205—283),字巨源,河内怀县(今河南武陟西南)人。

王戎(234—305),字濬冲,琅邪临沂(今山东临沂北)人。王戎在七贤中年龄最小,比山涛小29岁,比阮籍小24岁,比嵇康小11岁。

向秀(约227—272),字子期,河内怀县(今河南武陟西南)人,与山涛同乡。

刘伶,字伯伦,沛国(治今安徽濉溪县西北)人,生卒年不详。年龄当介于阮籍与嵇康之间。

阮咸,字仲容,陈留尉氏(今属河南)人,阮籍从子(侄子),生卒年不详。年龄应该比向秀略小。

竹林七贤中,嵇康、阮籍、山涛是核心人物,嵇康是精神领袖,阮籍是文学领袖。从籍贯上看,竹林七贤中有四个人属河南籍,分别是阮籍、山涛、向秀、阮咸;两个人属安徽籍,分别是嵇康和刘伶;一个人属山东籍,即王戎。竹林七贤的地域分布,差不多也反映了“魏晋风度”发源地和大本营的情况。

竹林七贤是一个特殊的文人群体,他们是魏晋南北朝时期大部分读书人学习的楷模和榜样,他们或做官,或隐居,或亦官亦隐,对中国古代的思想、文化、艺术,甚至对中国人的心灵都产生过巨大而深远的影响，而与以往读书人形成鲜明对比的是，“隐逸”是他们的生活态度。中国古代读书人以“修身、齐家、治国、平天下”为夙愿，为什么竹林七贤会选择隐而不仕？是什么原因决定了他们风雅的气度品格呢？他们的思想为什么会给后人带来如此巨大的影响？他们的行为举止究竟给今天的我们哪些启示呢？

带着这些疑问，请你停下奔忙的脚步，静下心来翻阅这本《品读竹林七贤》吧，书中那些鲜活的人物、动人的故事、惊心动魄的政治斗争场景、丰富的精神世界、余音绕梁的琴声、高傲伟岸的魏晋风骨等，会让你回味无穷、流连忘返，相信你一定会在书中的字里行间得出答案、受到启发。

本书以《三国志》《世说新语》《晋书》《资治通鉴》等为主要参考资料，抓住“曹马之争”这个主要矛盾，注重把握历史大事件，力求还原魏晋时期的人和事。

本书共分为八章，即竹林七贤传播广、七贤曹马有渊源、曹马博弈分胜负、嵇康之死惹众怒、大树倾倒叶飘零、轶事也能酣高楼、魏晋风骨流余韵、竹林精神启后人等，本书章节连贯，人物、事件穿插得当，或简略，或详述，铺排适度，衔接自然，相互照应，力求事件叙述完整，突出竹林七贤核心人物等。

昔时人已去，千载有余情。翻阅本书，你会感到那角角落落的故事没有轻易地随风而去，每一个靠近它的人都能够看到一个广阔的世界，自由地穿梭在现实和理想之间。那些无声的文字将带你走进滴翠青山，驻足含烟竹林，思接千载，神交古人，领略魏晋之风度，感悟玄学之奥妙，静听琴声之悠扬……

祁万青

2024 年 6 月

目　录

第一章　竹林七贤传播广

竹林七贤这个名称从何而来？他们是怎样相会的？交游的地点在哪里？是否经常在竹林活动？且看下文分解。

一、竹林七贤记载多

“竹林七贤”的名号产生于东晋，但其故事却发生在魏末，三国西晋之际的文献均不见记载，这主要和当时严酷的政治背景有关。魏末高平陵之变后，中国历史走上了长达16年的魏晋禅代之路。以反抗司马氏“名教之治”为主题的竹林清谈，最终以嵇康被杀而烟消云散。在那样一种恐怖的政治环境中，士大夫都不敢执笔为持不同政见者树碑立传。

西晋王朝建立后，随着当年支持司马懿发动高平陵之变的老一代维护礼法之士退出历史舞台，晋武帝司马炎在执政时期开始善待那些葬身于魏晋禅代之路上的玄学名流及其后代，正始时期的竹林名士及追随者们的地位开始缓慢提升，思想环境变得相对宽松。

以晋武帝司马炎的病逝为标志，西晋王朝进入了元康时期。此时，竹林七贤除了王戎在世外，其他六人及追随司马氏迫害竹林名士的礼法派官员都已离开人世，魏晋玄学清谈也在这个时期出现了继正始时期之后的第二个高潮。之后，竹林名士开始登上“大雅之堂”，经过文人的加工，竹林七贤追求自由、独立的故事传播开来。

魏晋名臣刘毅在《西池应诏赋诗》中感慨地写道：“六国多雄士，正始出风流。”那么，关于竹林七贤名称的由来，具体有哪些文献和史料记载呢？竹林七贤的故事又是怎样演变的呢？

（一）史书记载名固定

一是孙盛的记载。孙盛（约306—378），东晋史学家、名士，他在《魏氏春秋》中首次提出“七贤”这个名称。据《三国志·嵇康传》注引《魏氏春秋》记载：

> （嵇）康寓居河内之山阳县，与之游者，未尝见其喜愠之色。与陈留阮籍、河内山涛、河南向秀、籍兄子咸、琅邪王戎、沛人刘伶相与友善，游于竹林，号为七贤。

上述记载体现五层意思：第一，点出嵇康的居所与性情；第二，七贤活动的区域为河内之山阳县，也就是现在的河南省修武县；第三，交游地点在河内山阳县竹林之下；第四，七贤彼此关系较好；第五，“号为七贤”，即把这七个人称为“七贤”，但孙盛没有把“竹林”与“七贤”连接起来。

二是戴逵的记载。戴逵(？—396)，字安道，东晋画家、隐士。他在《竹林七贤论》一书中把嵇康、阮籍、山涛等七人放在一起加以论述，并首次把“竹林”加在“七贤”之前，称“竹林七贤”。

三是袁宏的记载。袁宏(328—376)，字彦伯，小字虎，时称袁虎，陈郡阳夏(今河南太康)人，东晋玄学家、文学家、史学家。

汉魏以来，由于门阀世族力量的迅速壮大和名士阶层社会地位的日益显赫，社会上谱牒学和传记的写作得到了空前发展。袁宏根据时代所需，著述了一部《名士传》。他把魏晋名士分成三个阶段、三个群体，分别是“正始名士”“竹林名士”和“中朝名士”(即西晋名士)。

该书将正始玄学清谈发端以来的名士作为表现的主体，把夏侯太初、何平叔、王辅嗣列为正始名士，把阮嗣宗、嵇叔夜、山巨源、向子期、刘伯伦、阮仲容、王濬冲列为竹林名士，把裴叔则、乐彦辅、王夷甫、庾子嵩、王安期、阮千里、卫叔宝、谢幼舆列为中朝名士。

袁宏在《名士传》中强调了“竹林”这个概念。由于有相当的故事性和文学色彩，《名士传》一直被人们视为小说作品，这很可能是受到东晋风流宰相谢安的影响。

四是刘义庆的记载。刘义庆(403—444)，临川王，字季伯，南朝宋时期文学家、政治家。他搜集了竹林七贤的大量轶事、雅事，编撰了《世说新语》一书，对竹林七贤分章节、分类别予以描述。《世说新语·任诞》记载：

> 陈留阮籍、谯国嵇康、河内山涛三人年皆相比，康年少亚之。预此契者，沛国刘伶、陈留阮咸、河内向秀、琅邪王戎。七人常集于竹林之下，肆意酣畅，故世谓“竹林七贤”。

上述内容向读者明确了以下信息：第一，阮籍、嵇康、山涛三人年龄相仿，嵇康年龄最小；第二，刘伶、阮咸、向秀、王戎则是“预此契者”；第三，竹林七贤经常在竹林之下活动，并突出了一个“常”字；第四，七贤集聚“肆意酣畅”，亦即纵情饮酒；第五，强调了“七贤”前面的定语“竹林”一词，把竹林与七贤牢牢地焊接在了一起。

刘义庆的《世说新语》一经问世，便被世人争相传诵，在1500多年的时间里，推崇它的文人学士层出不穷。宋朝的高似孙在其《纬略》中说它“极为精绝”，刘应登评论它“清微简远，居然玄胜”，明朝的胡应麟推崇为“读其语言，晋人面目气韵，恍忽生动，而简约玄淡，真致不穷，古今绝唱也”。到了现代，鲁迅称它为“志人小说”的代表作，并说“记言则玄远冷俊，记行则高简瑰奇”。当代学者易中天也称赞道：“魏晋是品评人物风气最甚的时代。一部《世说新语》几乎就是一部古代的品人录。那时的批评家多半以一种诗性的智慧来看待人物，因此痴迷沉醉，一往情深……这种对优秀人物的倾心仰慕，乃是所谓魏晋风度中最感人的部分。”

各方的推崇，再加上刘义庆本人的影响力，竹林七贤的故事迅速传播开来，其速度之快、范围之广、影响程度之大超乎人之想象，竹林七贤的风度很快深入人心，被世人接受、推崇、效仿。竹林七贤的名称固定了下来，成了中国历史上一个文人群体的代名词，很多达官贵人、文人墨客把七贤在一起饮酒、赋诗、弹琴、长啸的场景绘成画悬挂于高堂之上，以此显示对竹林七贤生活态度、价值取向的向往与追求。

如唐代画家孙位画了一幅题为《竹林七贤图》的传世名画，此画又名《高逸图》，尽管只存残卷，七贤只能看到四贤，但画面所表现的人物风貌及精神气质则是高蹈而脱俗的。清代画家杨柳青画的《竹林七贤》，展示出他们或坐或卧的各异姿态，有的开怀畅饮，有的弹琴度曲，有的仰天长啸，有的挥麈谈玄，自由自在，无拘无束，举手投足之间尽显名士的超然高蹈、潇洒风流。

又如20世纪60年代，南京博物院等单位的考古工作者在南京市西善桥宫山北麓发掘了一座南朝时期的陵墓——宫山大墓。其中最有价值的为分布于墓室南北两壁的大型模印拼嵌砖画（或称画像砖）——《竹林七贤与荣启期》。两组砖画各由近300枚砖块拼嵌而成。南壁一块画的是嵇康、阮籍、山涛、王戎四人，北壁一块是向秀、刘伶、阮咸、荣启期四人。他们席地而坐，人物旁均标明姓名，形象与历史记载高度吻合。2010年，在距离宫山大墓不远的石子冈，又出土了与宫山大墓几乎一致的内容为“竹林七贤与荣启期”的砖画，足见竹林七贤在当时颇受欢迎。

宫山大墓出土的《竹林七贤与荣启期》画像砖是现存最早的关于竹林七贤的艺术作品，其所展现的人物精神气质与《高逸图》并无二致。至于当代画家的笔下，竹林七贤的形象就更是空灵幽眇，超凡入圣。

五是司马光的记载。司马光（1019—1086），字君实，号迂叟，陕州夏县（今属山西）涑水乡人，世称涑水先生，北宋政治家、史学家、文学家，曹魏大臣司马懿之弟司马孚的后代。司马光在《资治通鉴》卷七十八记载：

> 谯郡嵇康，文辞壮丽，好言老、庄而尚奇任侠，与陈留阮籍、籍兄子咸、河内山涛、河南向秀、琅邪王戎、沛国刘伶特相友善，号竹林七贤。皆崇尚虚无，轻蔑礼法，纵酒昏酣，遗落世事。

《资治通鉴》的记载与《世说新语》相比有几处不同：第一，突出嵇康，对嵇康的文辞进行夸赞；第二，七贤的排列顺序不同，《资治通鉴》是按籍贯排列的；第三，增加了清谈玄学、蔑视礼法的内容；第四，更突出七贤好酒这一点。

司马光编撰《资治通鉴》的目的是“鉴前世之兴衰，考当今之得失”，主要是突出朝代政治得失，为宋朝长期统治提供借鉴。书中专门提及竹林七贤，可见七贤声名传播之广。

其实，“竹林七贤”是从竹林之游生发开来并逐渐定型的一个名称，其中经历了一个漫长的传播过程，从七贤真正活动的三国魏末，到其正式被定名的东晋，中间相差近一个世纪。

(二)七贤饮酒趣事多

刘义庆《世说新语》对竹林七贤的记载,比孙盛《魏氏春秋》的记载多了饮酒这一条。根据史书记载,竹林七贤饮酒、醉酒是常态。下面我们讲一讲他们饮酒的故事。

刘伶以其善饮、豪饮而闻名于世。其酒量之大,举世无双,可称为中国古代的"酒仙"。"杜康造酒醉刘伶"的传说在民间流传极广。

据《晋书·刘伶传》记载:"(刘伶)常乘鹿车,携一壶酒,使人荷锸而随之,谓曰:'死便埋我。'其遗形骸如此。"意思是:刘伶经常乘坐鹿车,带一壶酒,并让仆人拿着铁锸跟在后面,嘱咐说:"我如果醉死了,就地把我埋掉。"他放浪形骸至此。

又据《世说新语·任诞》记载:

> 刘伶病酒,渴甚,从妇求酒。妇捐酒毁器,涕泣谏曰:"君饮太过,非摄生之道,必宜断之!"伶曰:"甚善。我不能自禁,唯当祝鬼神,自誓断之耳!便可具酒肉。"妇曰:"敬闻命。"供酒肉于神前,请伶祝誓。伶跪而祝曰:"天生刘伶,以酒为名,一饮一斛,五斗解酲。妇人之言,慎不可听。"便引酒进肉,隗然已醉矣。

这段记载是说:刘伶沉溺于喝酒,口渴得厉害,就向妻子要酒喝。妻子把酒都倒了,把喝酒的器具也全砸了,哭着劝阻刘伶说:"你喝酒喝得太过分了,这不是养生的办法,应该戒掉!"刘伶说:"你说得很对。不过我自己不能控制酒瘾,只有在鬼神面前祈祷发誓才能戒断。你去准备祈祷用的酒肉吧。"妻子说："就照你的话办。"于是把酒肉供奉在神像前，让刘伶发誓。刘伶跪下道："天生刘伶，嗜酒如命，一喝就是一斛，要喝五斗才能解除酒病。妇道人家的话，务必不要去听！"说完就拿起酒肉吃喝起来，晃晃悠悠又醉了。

刘伶性情旷达，不为礼教所拘束，喝醉酒后常常把身上衣服脱光。《世说新语·任诞》记载：

> 刘伶恒纵酒放达，或脱衣裸形在屋中，人见讥之。伶曰："我以天地为栋宇，屋室为裈衣，诸君何为入我裈中？"

意思是：刘伶常常纵酒放任，有时脱去衣服，赤身裸体地待在屋子里，有人看到后就讥笑他。刘伶说："我以天地为房子，以房屋为衣裤，你们怎么钻进我的裤子里来了？"

阮籍曾醉酒六十日。据《晋书·阮籍传》记载："文帝初欲为武帝求婚于籍，籍醉六十日，不得言而止。"意思是说，晋文帝司马昭曾经想为其子司马炎求婚于阮籍女，阮籍不敢直接回绝，只好一醉六十天，天天酣睡，使司马昭始终找不到开口的机会而作罢。

阮咸曾与猪共饮。阮咸是阮籍的侄子，对酒的嗜好不亚于叔父阮籍。据《世说新语·任诞》记载：

> 诸阮皆能饮酒，仲容至宗人间共集，不复用常杯斟酌，以大瓮盛酒，围坐，相向大酌。时有群猪来饮，直接去上，便共饮之。

这段话告诉我们：阮家的人都很能喝酒，阮咸在宗族亲友集会的时候，便不再用普通的杯子斟酒，而是用大瓮装酒，大家围坐在一起，共同畅饮。这时候有一群猪也来饮酒，阮咸于是直接爬上大瓮，同猪一起饮酒。

阮咸“与猪共饮”这件事，受到不少后世文人的指责，认为其行为过于狂放、荒唐，没有教养。但或许在阮咸眼里，人与猪并没有高低之分，应该一视同仁。

阮咸之子阮孚也是一个酒徒。他身材矮小，秃顶，但为人机敏诙谐，深得皇帝喜爱。皇帝曾在十余个酒瓶上扣上帽子，置于室内以戏耍阮孚，意思是粗矮的酒瓶与阮孚的身材相仿。阮孚见状，立刻装作诧异的样子说：“弟兄们为什么在此相对闲坐，还是趁早随我回家吧！”于是持酒而归，逗得皇帝拊掌大笑。后因将皇帝所赐的金貂换酒喝而遭弹劾。阮家父子皆可谓酒坛怪杰。

山涛饮酒八斗止。史书记载，山涛饮酒八斗而止，多一点都不喝。一次，晋武帝司马炎请山涛喝酒，为了证实山涛八斗之量，让人拿出八斗酒让山涛喝，趁山涛不注意时命人偷偷多加了一些酒进去，但山涛喝够八斗就再也不喝了，晋武帝看了连连称奇。

嵇康饮酒多尽兴。《琱玉集》引《晋抄》云：“（嵇康）为性好酒，傲然自纵，与山涛、阮籍无日不兴。”意思是嵇康爱酒，也放纵自己喝酒，天天跟山涛、阮籍喝酒。

王戎、向秀也饮酒，常在宴会上助兴添乐。

无论是嵇康和山涛的纵情，还是刘伶、阮籍、阮咸的豪放，抑或是向秀和王戎的助兴,他们的胸襟气度和人生态度都体现在了饮酒之道上,对魏晋时期的酒文化产生了深远的影响。

饮酒是魏晋名士的一种时尚,但生活在统治比较昏暗的年代才是他们“饮酒昏酣”“遗落世事”的根本原因。正如杜甫所云“沉饮聊自遣,放歌破愁绝”,除了借酒消愁,饮酒的主要目的是隐于酒乡,遁世避祸。宋人叶梦得说:“晋人多言饮酒,有至沉醉者,此未必意真在于酒。盖方时艰难,人各惧祸,惟托于醉,可以粗远世故。盖陈平、曹参以来用此策……传至嵇、阮、刘伶之徒,遂全欲用此为保身之计……饮者未必剧饮,醉者未必真醉也!”竹林七贤以酒来躲避政治上的迫害和人事上的纠纷,常常做出一些怪诞癫狂的举动,这也是重压下的释放。

(三)竹林名士何七人

阮籍、嵇康、山涛、刘伶、阮咸、向秀、王戎这七个人的名字早已紧紧地连在了一起,成为魏晋时期一个著名的文化符号,定格在历史的长河中,植根于人们的心灵深处,成为不可更改的历史印记。那么,为什么是他们七人成了竹林七贤呢?另外几人也参加了竹林之游,为什么没有进入七贤的行列呢?

参加竹林之游的名士还有五位:

一是名士吕安。吕安(? —262),字仲悌,小字阿都,兖州东平(今山东东平)人。三国时期魏国大臣、冀州牧吕昭次子。史书记载,吕安“志量开旷”,超凡脱俗,有济世之念,与中散大夫嵇康交好。

据《世说新语·简傲》记载："嵇康与吕安善，每一相思，千里命驾。"意思是嵇康和吕安交好，每当吕安想念嵇康时，就不顾路途的遥远，驾车前往相会。后人遂用"相思命驾"或"千里命驾"称颂朋友间的思念寻访及深情厚谊。吕安经常在嵇康住处与嵇康一起种菜、灌园。

二是名士袁孝尼。其名袁准，字孝尼，为人忠信正直，自甘淡泊。入晋后，官至给事中。据《世说新语·雅量》记载："嵇中散临刑东市，神气不变。索琴弹之，奏《广陵散》。曲终，曰：'袁孝尼尝请学此散，吾靳固不与，《广陵散》于今绝矣！'"意思是：中散大夫嵇康被押到东市处决前，神色不变，向兄长嵇喜要琴弹奏《广陵散》。演奏完说：袁孝尼曾经想跟我学弹此曲，我舍不得传授给他，如今《广陵散》将要成为绝响了！嵇康临刑时对没有教授袁孝尼《广陵散》感到后悔，据此推测嵇康与袁孝尼交好。

三是名士孙登。《晋书·孙登传》记载：

> 孙登字公和，汲郡共人也……尝住宜阳山，有作炭人见之，知非常人，与语，登亦不应。文帝闻之，使阮籍往观，既见，与语，亦不应。嵇康又从之游三年，问其所图，终不答，康每叹息。

嵇康与隐士孙登交游三年，推测二人的关系是非常密切的。

四是追随者赵至。赵至，生卒年不详。据记载，赵至一见嵇康便惊为天人，从此日思夜想。于是他拜别家人，四处打听、追寻嵇康，终于在邺城见到了他。听了赵至的诉说后，嵇康收留了赵至，并把他带到了七贤交游处。赵至是嵇康的追随者，可能也参与了竹林之游。

以上四人，均与嵇康关系亲近，并交游于山阳云台山附近的竹林之下，为什么东晋文人没有将这四人纳入竹林名士之列呢？

关于这个问题，陈寅恪先生认为，竹林七贤的命名大概和孔子的一段话有关。《论语·宪问》记载，子曰："贤者辟世，其次辟地，其次辟色，其次辟言。"子曰："作者七人矣。"意思是：孔子说，贤能的人避开乱世，次一等的人避开乱邦，再次一等的人避开难看的脸色，更次一等的人避开难听的恶言。孔子说："这样做的人已经有七个了。"

陈寅恪先生认为，"七贤"取自《论语》"作者七人"，有标榜之义，而"竹林"取自天竺"竹林"之名。

他的这种解释是否符合历史事实呢？《魏氏春秋》《竹林七贤论》《世说新语》均未对这个问题进行论述。历史久远，我们不可能再回到那个时代去探究缘由了，陈寅恪先生的解释也只是一种推测而已。笔者认为，可以做以下综合归纳思考：

一是结成竹林之游的名士皆好老庄之学。

二是有隐逸不仕的思想。嵇康、阮籍、刘伶、向秀都有隐逸终身的志愿。

三是喜好玄学，善于清谈，在朝野有好的才名。比如王戎7岁时就能分辨出李子的苦甜，阮咸能看出乐器的瑕疵，向秀能注释《庄子》等。

四是行为怪诞，酣畅饮酒。最著名的就是“刘伶病酒”，他还写出了《酒德颂》。

五是核心人物举荐。比如阮籍介绍刘伶、阮咸、王戎加入竹林之游，山涛介绍向秀加入竹林之游。

六是重情。情是竹林精神的核心。七人之间相互帮衬是竹林之游的显著特点，比如王戎介绍刘伶入仕，山涛介绍阮咸入仕、介绍嵇康做官，嵇康被杀时把子女托付给山涛抚养等。

至于吕安、袁孝尼、孙登、赵至等为什么未被纳入竹林名士之中，笔者推测：一方面，嵇康没有介绍他们加入，或者他们不愿意加入，比如孙登，他可能认为加入竹林名士后会给自己带来麻烦，孙登对嵇康的忠告就证明了这一点；另一方面，他们大多只与嵇康一人关系密切，也许和其他成员在性格上合不来。

另外，笔者再大胆推测，东晋文人孙盛、戴逵、袁宏选择嵇康、阮籍、山涛、刘伶、阮咸、向秀、王戎七人加以论述，并把竹林名士组合在一起，使“竹林七贤”的名称固定下来，可能参考了曹操之子曹丕对“建安七子”的命名。

建安七子，是汉建安年间（196—220）七位文学家的合称。“七子”之称，始于曹丕所著《典论·论文》：“今之文人，鲁国孔融文举、广陵陈琳孔璋、山阳王粲仲宣、北海徐干伟长、陈留阮瑀元瑜、汝南应玚德琏、东平刘桢公干，斯七子者，于学无所遗，于辞无所假，咸以自骋骥騄于千里，仰齐足而并驰。”

如今，竹林七贤的形象已经深入每一个国人的心中，成为中华优秀传统文化的组成内容。竹林七贤也许没有想过，1700 多年后，他们的名字会成为一种文化符号。

在竹林七贤中，山涛年纪最大，嵇康、阮籍这两位人才都是山涛发现的。当时，三人一见面就觉得志趣相投，关系甚好。后来，山涛又认识了向秀，并将他介绍给嵇康和阮籍。可以说，竹林七贤是由山涛组织在一起的，他是“竹林七贤”实际的组织者和人事核心。

下面介绍山涛、嵇康、阮籍的出身、仕途及相识情况。

二、山涛入仕举孝廉

山涛，字巨源，出生于建安十年（205），河内怀县（今河南武陟西南）人，其父山曜，官至宛句县令。好老庄之学，与嵇康、阮籍等结交。

《晋书·山涛传》记载：“涛早孤，居贫，少有器量，介然不群。性好《庄》《老》，每隐身自晦。”意思是说：山涛早年丧父，家中贫困，少年时气度不凡，胸怀宽广，卓尔不群。喜好《庄子》《老子》，常隐居乡里，掩盖自己的志向才能。

从史书记载看，山涛出身寒门，家境贫困，在魏晋那个注重门阀的时代，山涛的社会地位较低。那么，他是怎样进入仕途的呢？

根据《晋书·山涛传》的记载，山涛少有大志，不同于一般的少年，这样的人在庶族当中很少见。山涛少时学习就刻苦努力，又很善于韬光养晦，行为举止有度，对外从不流露自己的志向，在方圆数里内有很好的名声，族人都很看好他。

有一个故事足以证明山涛在族人和周围村庄中的影响。

山涛出生前，他的一个姑奶奶嫁给了河内郡一个名叫张汪的男人，几年后生下一个女儿，起名张春华，她就是山涛的表姑。张春华漂亮，有政治头脑，在山涛大概3岁的时候，嫁给了同郡温县的司马懿。于是司马懿成了山涛的表姑父，这门亲事看似和山涛没有什么关系，但多年后对山涛产生了极其重要的影响，也为山涛以后的宦海沉浮埋下了伏笔。

《世说新语·政事》注引虞预《晋书》记载，在山涛17岁的时候，山姓的一个族人到司马懿府中走亲戚，这一年，司马懿的儿子司马师14岁、司马昭11岁。这个族人和司马懿谈到了山涛，说道："司马公，我们山家有个年轻人，名字叫山涛，这个小伙子很有头脑和见地，此人将来可以和你的两个儿子一同纲纪天下。"司马懿听后摇了摇头，表示不大相信，随口说了句："卿小族，那得此快人邪！"意思是你们山家是个小家族，怎么会出现这么一个优秀的人呢！虽然司马懿不相信山氏家族会出这样一个能人，但此时他或许已经记住了山涛这个名字。

直到正始五年(244)，近40岁的山涛才开始出来做官。在这之前的二十三四年，山涛在干什么呢？《晋书·山涛传》记载山涛"性好《庄》《老》，每隐身自晦"，就是说，山涛喜欢老庄的自然无为之道，隐居乡里，发奋读书，等待有利时机，为将来求取功名做准备。

山涛后来去哪里做官了？是什么官职呢？

山涛的老家在河内怀县，河内郡的治所就设在这里。山涛名声在外，被人举荐后在怀县担任了第一个官职——河内郡主簿，职责是起草文稿；接着又担任了第二个官职——河内郡功曹，职责是负责本郡的干部任免及人事管理；接着又担任了第三个官职——河内郡上计掾，职责是统计并汇报本郡的地方财政收支及干部政绩情况。

山涛的这三个职位并不算高，但很有实权。他在这三个职位上都做出了突出成绩，每一项工作都干得有声有色，且公正廉洁，很快被州郡举为孝廉，为以后的仕途晋升打下了坚实基础。

山涛被举孝廉之后，声名鹊起，政绩远播，不久就接到了州府的召令，调入京城洛阳为官，担任司隶校尉部河南郡从事。也就是说，他被调入司隶校尉部，具体分派到河南郡府工作，主要职责是监督郡府官员是否奉公守法，这也是一个很有实权的职位。山涛在这个职位上干得很卖力，但一段时间后，他觉察到自己走错了方向，他是在为曹爽集团效力，一种不祥的预感让他心神不安。

山涛的预感是有根据的：正始八年(247)，他那担任太傅的表姑父司马懿受到大将军曹爽的打压，被迫采取以退为进的方式称病不朝。山涛太了解司马懿的做事风格了，认为一场暴风雨即将来临。想到这些，有政治头脑的山涛惊出了一身冷汗，他毅然决定弃官。

《晋书·山涛传》记载："与石鉴共宿，涛夜起蹴鉴曰：'今为何等时而眠邪！知太傅卧何意？'鉴曰：'宰相三不朝，与尺一令归第，卿何虑也！'涛曰：'咄！石生无事马蹄间邪！'投传而去。未二年，果有曹爽之事，遂隐身不交世务。"

《晋书·石鉴传》记载："石鉴字林伯，乐陵厌次人也。"乐陵厌次即今天山东阳信县。石鉴出身寒微，但他气质优雅，长相俊美，又勤奋好学，从曹魏时代步入仕途，一路高升，历任尚书郎、侍御史、尚书左丞、御史中丞等职。石鉴与山涛交好，均在河南郡任职。

一天晚上，山涛和同僚石鉴一同歇息。山涛翻来覆去怎么也睡不着，他想到了司马懿称病不朝的隐情，想到司马懿装病的隐忍，一下子坐了起来，用脚踹了踹早已入睡的石鉴，对他说："石兄啊，都什么时候了，你还在这儿睡大觉？"

石鉴睡得正香，突然被山涛叫醒，揉着惺忪的睡眼，很不耐烦。山涛接着又说了一句莫名其妙的话："石鉴啊，你是否知道太傅称病不朝了？"

石鉴回答："宰相三天不上朝，皇帝会下诏让他下岗，你担心什么呢！"说完倒头又睡了起来。

山涛见状又说了句："石兄，你可不要在别人的马蹄之间讨生活啊！"说完，山涛就弃官而去了。

后来的事实证明，山涛弃官而去的选择是对的，他辞官归隐后不到两年，曹马之争就发生了惊天逆转。司马懿屠刀一举，几千人人头落地！不过这都是后话，暂且不表。

那么，与山涛交往的嵇康、阮籍到底有什么特别之处呢？

三、凤毛麟角嵇和阮

首先介绍一下嵇康。

第一，嵇康祖上移民户。

关于嵇康的身世，据《三国志·魏书·嵇康传》裴松之注引虞预《晋书》曰：

> 康家本姓奚，会稽人。先自会稽迁于谯之铚县，改为嵇氏，取“稽”字之上，“山”以为姓，盖以志其本也。一曰铚有嵇山，家于其侧，遂氏焉。

这段话的意思是，嵇康的祖先本来姓奚，祖籍会稽（今浙江绍兴），后从会稽迁到了谯国的铚县（今安徽濉溪西南，一说安徽宿州西），改奚姓为嵇，将“稽”字去掉“旨”，换成“山”字，从此姓氏就是这个“嵇”字了。另一种说法是，因为铚县附近有座山，叫嵇山，嵇氏家族就住在嵇山旁边，以山为姓，遂为嵇姓。

第二种说法可见《晋书·嵇康传》记载：

> 嵇康字叔夜，谯国铚人也。其先姓奚，会稽上虞人，以避怨，徙焉。铚有嵇山，家于其侧，因而命氏。

综上，嵇康的家族并非名门望族，而是颠沛流离的“移民户”。

第二，不师不训成全才。

嵇康的父亲嵇昭，曾经做过“督军粮治书侍御史”，是监察军粮的一个执法官。根据《三国志·武帝纪》记载，汉献帝初平元年(190),曹操曾回到铚县招募士兵,“至铚、建平,复收兵得千余人,进屯河内”。嵇康的父亲嵇昭,可能就是在这次征兵中被招募至曹操军队的,并在河内郡购置了房产,从此定居下来,嵇康便在河内郡降生。

《晋书·嵇康传》记载:“康早孤,有奇才,远迈不群……学不师受,博览无不该通,长好老庄。”嵇康很小的时候,父亲就去世了,由母亲、兄长抚养成人,出身与山涛相似。他少时聪慧,无师教授,博览群书,喜好老庄之学。

两汉时期,学习主要靠拜师求学。这是因为汉代选官有两条标准:一看道德操行,二看是否通晓某种经书。经学有严格的师承关系,没有师承的学历,官府不予承认。在仕途的刺激下,汉代师学十分发达,一个著名经师门下甚至要聚集成千上万的学生。曹魏政权建立后,虽然也号召学子读经就学,但是选官制度却向世袭制转变,优秀的经师及生徒都当不上高官,因此,求师读经的风气开始衰落。魏明帝时期正是嵇康的少年时代,师学形式已衰落到了极点,就连官方太学也变成青年人逃避兵役、徭役的场所,一般经师则更是少有人问津,因而家学传统在对后代的教育中起着十分重要的作用。嵇康家族不是东汉以来的名门望族,嵇康不可能系统地接受儒家经师的教育。那么,在没有固定教师的情况下,嵇康是怎样学习文化知识的呢?既然“学不师授”,大概只有“越名任心”了,即按自己的理解去博览群书。

汉魏之际,各种思想都在萌动,中国文化正处在新的“百家争鸣"的前夜，以道家人性自然与儒家社会伦理相融合为特征的魏晋玄学也应运而生。玄学思潮是一代青年知识分子在共同的时代矛盾下找到的新的精神武器，从而在各自的灵魂深处，爆发了一场对传统观念的自我革命，嵇康的学习经历，就是这场思想变革的历史缩影。他自认为找到的精神导师，就是道家的老庄，所以说出"老子、庄周，吾之师也"这样的话。

嵇康凭着自己的聪明才智，在自学过程中对各种学问技艺融会贯通，这固然与他的天才禀赋有关，但是他敢于探索的学习方法亦是不可忽视的。嵇康少年时代的学习过程，也是一种文化拓荒，他在探索中逐渐形成自己的思想，他后来的惊人成就，与他少年时代融认知与审美于一体的独特生命感受息息相关。

第三，待人有别如春秋。

人们对于嵇康的性格有两种矛盾的评价。

隐士孙登与嵇康交游三年，他认为嵇康性格刚烈。《三国志·魏书·嵇康传》注引《嵇康别传》云："孙登谓康曰：'君性烈而才俊。'"嵇康本人也有类似的自述。

而嵇康的山阳老乡却异口同声地说他性格十分温和。《三国志·魏书·嵇康传》注引《魏氏春秋》："康寓居河内之山阳县，与之游者，未尝见其喜愠之色。"《世说新语·德行》记载："王戎云：'与嵇康居二十年，未尝见其喜愠之色。'"

嵇康本人在《与山巨源绝交书》中也有过类似的矛盾表述：他一方面自称"刚肠疾恶，轻肆直言"，另一方面又自称"性不伤物”。其实这种矛盾现象并不奇怪，是嵇康性格不同侧面的反映，即柔中有刚，绵里藏针。其常态为温文平和，在正义感召下则激烈刚直。

魏晋时的人物品评理论认为，优秀的性格必须具备两种互补的对立统一的品质。《人物志·八观》云：“凡偏材之性，二至以上，则至质相发而令名生矣。是故骨直气清，则休名生焉。”比如，慈悲必须勇敢，才可能具备“仁”的品性；柔顺加上坚毅，才能具备“信”的品质。嵇康的性格当然也是因人而异，因事而变。

下面再介绍一下阮籍。

第一，出身名门父早亡。

阮籍是陈留尉氏（今属河南）人，其家族虽然算不上高门大族，但他的父亲阮瑀是汉末著名的文学家，“建安七子”之一。阮瑀的文学才能很高，他书写缜密、表述精当、言语犀利，深得曹操赞赏。

建安十七年（212），阮瑀不幸病逝，当时阮籍还年幼。曹丕和阮瑀交情深厚，他非常同情阮瑀身后的孤儿寡母，特意写了一篇《寡妇赋》，表达关切之情。

根据《太平御览》的记载，阮籍小时候非常聪明。《魏氏春秋》载：“阮籍幼有奇才异质，八岁能属文，性恬静。”他在《咏怀诗》中也曾叙述自己的青少年生活。

第二，容貌瑰杰志豪放。

据《晋书·阮籍传》记载：“籍容貌瑰杰，志气宏放，傲然独得，任性不羁，而喜怒不形于色。”意思是阮籍容貌俊美，志向宏大，气魄豪放。他的性格桀骜不驯，认准的事情坚持到底，不受世俗的束缚和羁绊。喜怒哀乐不表现在脸上，外人不易看出他的情绪。

阮籍的个性很随意，如有时他把自己关在家里看书，一看就是好几个月。当他得意时，竟忘记了自己的形骸和举止。当时人多说他痴呆，只有他同族兄长阮文业每每赞扬他，认为他超过自己，因此大家都称赞他奇异的才能。此即《晋书·阮籍传》所述：“当其得意，忽忘形骸。时人多谓之痴，惟族兄文业每叹服之，以为胜己，由是咸共称异。”

阮籍的个性还表现在“怪”上。有一次，他随叔父到了东郡（治所在今河南濮阳县西南），当时的兖州刺史王昶听说阮籍很有才，便请他来相见，阮籍见到王昶后，一整天都未发一言，让王昶很是纳闷，认为阮籍深不可测。《晋书·阮籍传》记载：“（籍）时率意独驾，不由径路，车迹所穷，辄恸哭而反。”阮籍有时驾车任意独行，直至无路，放声大哭后才折返。

阮籍的这些做法在现在看来有点不可思议，但在1700多年前，他身上表现出来的痴、狂、傲、狷等率性而为的行为举止，却被当时的士大夫阶层纷纷效仿，这也是魏晋名士风度的重要组成部分和主要表现方式，很多人“虽不能至，而心向往之”。

第三，文采承继天下知。

俗话说，有其父必有其子。文学天赋有时候也是可以遗传的。曹操的文学天赋传给了其子曹丕和曹植,阮瑀的文学基因也传给了阮籍。阮籍能诗能文,是中国文学史上杰出的诗人和文学家。他的 82 首五言咏怀组诗不仅开创了一种诗歌体裁,也是中国诗歌史上少有的杰作,特别是对唐代的诗歌、诗风产生了很大的影响,李白、王维、白居易等都予以高度评价。

阮瑀精通音律,这种音乐天赋也遗传给了阮籍。阮籍能弹琴、善长啸,是三国时期著名的音乐家。此外,阮籍对老庄哲学也有着很深的研究,是当时著名的思想家。

可以说,在才情方面,阮籍与嵇康不相上下。

四、巨源家中邀贵客

山涛弃官而去以后,“遂隐身不交世务”。在一种“山雨欲来风满楼”的政治氛围中,竹林七贤的三个核心人物相遇了。

(一)隐居山野遇知音

政治敏锐性很强的山涛深知,宫廷斗争是残酷的,司马懿称病不朝让他预感到一场腥风血雨即将到来。

那个时候,人一旦站错了队,后果不堪设想,轻则丢官,重则丧命。山涛面临的是个两难选择,面对这样的选择,他和竹林七贤其他人的做法差不多,那就是隐居乡里,不问政事。隐居有隐居的好处:隐居得越久,名气就越大;名气越大,以后被朝廷重新征召的机会就越多。

唐代武则天时期有个叫卢藏用的,他为了引起朝廷的注意，故意隐居在终南山里，然后再派人到京都夸耀自己的学识、才干，不久之后果然接到了朝廷的征召，被委以重任，成语“终南捷径”就是由此而来。聪明的山涛也许想到了这一点。

山涛在隐居期间交上了两个好朋友，据《世说新语·贤媛》记载：“山公与嵇、阮一面，契若金兰。”意思是说，山涛与嵇康、阮籍第一次见面，就志趣相投，相互视为知己。

至于山涛与嵇康、阮籍是如何相识的，史书上并没有记载。笔者认为，其中山涛应该起到了极为关键的作用，原因是正始五年(244)，山涛任河内郡功曹期间已经听说了嵇康的名声，便主动与之结交，又在洛阳任从事中郎时结识了名士阮籍。

山涛隐居期间，估计三人都是自由之身，无官一身轻，于是山涛受妻子韩氏之托，向阮籍、嵇康发出了到家做客的邀请，两位高士愉快地接受了盛情邀约。

(二)韩氏故事有寓意

山涛自从结交嵇康、阮籍这两个朋友后，就不断外出交游，每次回来都特别兴奋，表现出不同于以往的感觉。山涛的这种异常表现，妻子韩氏看在眼里，记在心头。当韩氏问起这两个朋友时，山涛赞不绝口，眉飞色舞地夸耀朋友如何优秀、人品怎么高尚、学识多么渊博等等，并表示自己一生可以当朋友的，只有这两个读书人了。《世说新语·贤媛》记载了这个故事情节：“山妻韩氏，觉公与二人异于常交，问公，公曰：‘我当年可以为友者，唯此二生耳！’”

韩氏听到山涛绘声绘色的描述，半信半疑，亲眼见一见这两个朋友风采的愿望也越发强烈起来。在那个男女有别的时代，韩氏该如何做才能达到目的呢？她以隐喻的方式给山涛讲了一个春秋时期的故事。

《世说新语·贤媛》记载："妻曰：'负羁之妻亦亲观狐、赵。'"韩氏讲的就是春秋时候晋国公子重耳流亡路过曹国，曹共公观看重耳洗澡、被视为不礼貌的故事。

晋献公死后，晋国内部发生动乱，公子重耳为免遭灾祸，带着狐偃、赵衰、介之推等几位随从开始了流亡生活。

当重耳一行流亡到曹国时，曹国国君曹共公听说重耳天生异相，为了辨别真假，他偷窥重耳洗澡，又当场摸了摸重耳的脊背。曹共公触摸重耳身体的做法是对重耳的极大侮辱，也由此引起了重耳的愤慨，重耳的几个随从也向曹国大夫僖负羁提出了强烈抗议。

僖负羁听到曹共公偷窥重耳洗澡的做法后，感到非常羞耻，诚恳规劝曹共公要尊重重耳一行，但曹共公不以为然，僖负羁的劝告没有被采纳。

僖负羁心里很郁闷，回到家中就把这件事告诉了自己的妻子，其妻是位贤能的女子，就对僖负羁说："我无意之中观察了公子重耳的两个随从狐偃和赵衰，觉得他俩行为举止不同凡响，都有辅佐明君的大才，晋公子重耳回到晋国后，一定会在这两位大臣的辅佐下夺得政权坐上王位的。现在我们的国君得罪了公子重耳，他将来执政后一定会讨伐曹国报仇的，你私下里一定要好好款待他们,以免将来遭受灾难啊!”

僖负羁觉得妻子的建议很有道理,于是就暗中款待重耳一行,并送给重耳一块玉璧和一些随行物品。重耳虽然没有接受这块玉璧,但记住了僖负羁这段深情。后来重耳在秦穆公的帮助下回到了晋国,做了国君,成了“春秋五霸”之一的晋文公。他想起在曹国受到的无礼对待,就兴兵讨伐,俘虏了曹共公,却善待了僖负羁,算是一种报答。

山涛之妻韩氏讲的这个故事在《左传》和《国语》中都有记载。腹有学问的山涛当然知道这个故事,也知道韩氏的用意所在。

韩氏讲这个故事是因为她看中了这个故事中的一个细节,这个细节可以为她提出偷看山涛的这两个朋友提供理论支持。僖负羁的妻子作为一个妇道人家,竟然能够观察晋国公子重耳的两名随从狐偃和赵衰,韩氏借此向山涛提出了相似的要求,征求山涛的意见。《世说新语·贤媛》记载:“意欲窥之,可乎?”

《礼记》有“男女大防”,规定“男不入,女不出”,夫妻二人是有分工的:接待家庭之外的人,是男人的事;女人只负责在家操持家务,不能抛头露面。那怎么才能见到外人呢?有一个办法——偷窥。

于是,一场土墙凿洞偷窥客人的有趣故事即将上演。

(三)凿洞偷窥评嘉宾

古代女子识人的佳例很多。《资治通鉴·魏纪十》记载:

“初，钟会以才能见任，昭夫人王氏言于昭曰：‘会见利忘义，好为事端，宠过必乱，不可大任。’”司马昭之妻王元姬看人眼光独到，后钟会果然造反。

还有一则故事，就是苏轼的夫人王弗极善于“幕后识人”。苏轼和客人谈话之时，王弗立于幕后，往往听得数言，就能断定客人是否值得交往，属于哪类人，可谓闻言识人的典范。

章惇早年和苏轼过从甚密，无话不谈。有一次章惇到苏轼家做客，他走后，王弗就告诉苏轼此人不可深交。果然，章惇出任宰相后迫害苏轼，将苏轼从惠州（今属广东）贬至更偏远的儋州（今属海南）。《宋史》以章惇入《奸臣传》，可见其行径为人所不齿。

韩氏向山涛讲述僖负羁妻子识人的故事，也是在告诉山涛，本人也有这个眼力，你交的这两个朋友是否可交，我要给你把关。

韩氏为偷窥活动做好了必要的准备，经过勘测，她在家里客厅的土墙上凿了一个洞，透过这个洞，可以观察客厅里嘉宾的一举一动。

嵇康比山涛小 18 岁，比阮籍小 13 岁，这三个人物的相知相交，成就了中国历史上一段佳话。

一切准备就绪后，嵇康、阮籍如约而至，当两位贵宾伟岸、瑰丽如玉山般的身躯走进山涛的“陋室”时，顿让山涛有蓬荜生辉之感。

《世说新语・贤媛》载：“他日，二人来，妻劝公止之宿，具酒肉。夜穿墉以视之，达旦忘反。”

山涛的妻子担心白天窥视被二人发现，就劝山涛把他们留下来，准备好酒肉，三人可以彻夜长谈。山涛欣然应允，嵇康、阮籍也表示同意。整个夜晚，三人觥筹交错，彻夜长谈。越谈越投机、越谈心越近，不知不觉中，天已大亮，还有些意犹未尽。

贵宾走后，山涛就让韩氏评价嵇康、阮籍，顺便也问问自己与二人相比处于什么位置。

《世说新语·贤媛》载：“公入曰：‘二人何如？’妻曰：‘君才致殊不如，正当以识度相友耳。’公曰：‘伊辈亦常以我度为胜。’”

意思是，山涛问妻子：“这两个人怎么样？”韩氏说：“您的才能、情趣根本比不上他们两个，但你的见识、气度比他们俩稍胜一筹，凭此可以与他们相交。”山涛接过韩氏的话语说道：“他们两人也常常认为我的气度优越。”

韩氏最后一句评价山涛气度优越，也让丈夫得以满足，后来的事实也证明了山涛的胸怀确实博大宽广。

三位核心人物的家庭聚会，揭开了七贤集聚竹林的序幕。

五、竹林之下开盛宴

竹林七贤相聚的地点在哪里？他们是怎么聚在一起的？七贤中其他四人有什么特点？他们是否就在竹林之下活动？七贤是否经常在一起聚会呢？

(一)嵇康别墅百家岩

河南省修武县境内有一座名山——云台山,魏晋时期属河内郡山阳县,因山岳高峻、山间常年有云雾缭绕而得名。云台山属太行山系,是豫北的名山,茂密叠翠的原始森林,深邃幽静的沟谷溪潭,千姿百态的飞瀑流泉,如诗如画的奇峰异石,使得云台山形成了独特完美的自然景观。2004 年 2 月,云台山被联合国教科文组织列入全球首批世界地质公园名录,目前为国家 5A 级风景名胜区。云台山正以美丽如画的仙境吸引着来自世界各地的游客。

到云台山旅游的人们也许不知道,在 1700 多年前,竹林七贤就在这里活动,他们的足迹很可能与当年竹林七贤的足迹重叠在了一起。

云台山中有一处重要的景点——百家岩,魏晋文人群体曾在这里谈玄论道,争鸣学术,这一文化盛况被称为“百家言”。另外,百家岩实为山坳,岩石突兀,流泉纵横,树木葱茏,步步青竹,是隐居的好去处,竹林七贤中的灵魂人物嵇康就隐居于此。

云台山百家岩景区内,首先映入眼帘的是清澈的河水、挺拔的柏树、摇曳的绿竹、飞舞的芦花,七贤雕塑栩栩如生,余秋雨曾题字于石碑,简介竹林七贤。拾级而上,山路平缓,全国重点文物保护单位孝女塔巍然屹立,腾飞于巨岩之上;谷底泉水淙淙,掬水品饮,甘甜清爽,沁人心脾。沿幽径而上,一飞檐六角石亭依山而建,内藏石碑,书“嵇山”大字,驻足观阅为清代修武知县李景和所写，亭后即嵇山，是为纪念嵇康。再往上，坡度增大，沿石级攀数米，豁然开朗，赤壁陡立，岩体透红，陡壁内凹，向上倾斜伸展，直高约 180 米，东西横跨 1000 多米，犹如高墙环形，可谓天然屏障，上有银瀑高挂，落差 170 多米，恍若玉珠九天飘落。赤壁之下，百家岩唯一地势平坦处，居于半山腰间，南北宽 30 米，东西长 150 米，有茂林修竹，泉水流淌，田埂菜畦，百家岩寺坐落于此，专家考证此处原为嵇康别墅遗址，后别墅被毁，在此之上建百家岩寺。观之，此处真乃世外桃源，仙人留宿之地，为最佳隐逸场所。向西移步，现巨石平躺，长约 6 米，宽 3 米，高 10 米，为嵇康淬剑之石，旁刘伶醒酒台与之并排而卧，字迹清晰可辨。登临此台，全景尽收眼底，野兔跳岩，鸟儿互答，白练飞溅，层林立岩，在此长啸一声，幽谷回荡，群山唤醒，可乐而忘忧。触摸巨石，历史厚重，回望往事千年，仿佛看到嵇康伟岸之身躯，听清刘伶醉酒酣睡之声，王烈泉、孙登啸台、汉献帝避暑台、二乐台等遗迹藏于此，百家岩人文景观集中，是寻觅古人足迹、感念魏晋风度的好去处。笔者有感而发，作《寻竹林七贤遗迹》：

景仰寻七贤，登临云台山。竹林藏古寺，神秘百家岩。
嵇向锻剑处，应在别墅边。刘伶常醉酒，遗迹青石板。
服务司马氏，阮籍最慎言。杨朱泣歧路，墨子悲丝染。
逼写《劝进文》，驾车啸长天。巨源宽胸广，入仕堪清廉。
袁毅丝百斤，束之梁上悬。姑母婢女走，骑驴忙追赶。
牵衣顿足求，功成累骑还。转轴拨弦声，烟珠落玉盘。

琵琶乐器名，世人称阮咸。少小负盛名，朝堂做高官。
眼灿岩下电，视日目不眩。卖李必钻核，王戎初心变。
卿卿又我我，象牙夜查钱。韬光思养晦，巧躲八王乱。
好学数向秀，庄子活人间。举荐进昭幕，不效巢许狷。
一饮酒五斗，平时少言澹。一首酒德赋，大人形象现。
日月为扃牖，须臾期年万。土木形骸饰，龙章凤姿谈。
醉倒玉石崩，挺立形如仙。吕安流放信，叔夜受牵连。
仗义走单骑，洛阳舌辩战。钟会谗尽诬，司马屠刀砍。
临刑素琴索，奏弹《广陵散》。观者皆掩泣，太学生三千。
精神领袖亡，六贤心惊颤。重情山巨源，绍子不孤单。
赴死侩手惧，史册已清算。驻足遥相思，神交已飘远。
回念诗文句，似听在谈玄。拉至现实事，曲指越千年。
放眼神州望，大地新颜换。昔时人已没，魏晋风骨传。
明月依旧在，梅香竹菊兰。借问寻何意，撰写《品读篇》。

据专家考证、史料记载，嵇康在百家岩隐居近20年，他是什么时候来到这里的呢？

嵇康生于223年，卒于262年，按其20岁结婚计算，婚后即入仕，先拜为郎中，后加官，晋升为中散大夫。随着曹马之争愈演愈烈，嵇康不愿卷入其中，据此推理，为躲避灾祸，他在正始六年(245)前后从洛阳附近山阳嵇宅住处来到百家岩隐居下来，另建“别墅”。隐居期间，嵇康仍领取朝廷俸禄。除此之外，嵇康在别墅种菜自足，锻铁售卖以补贴家用。别墅幽静，他在这里过着衣食无忧、怡然自得的隐居生活。嵇康颇负盛名，愿结交者纷至沓来，他与来访者交游、谈玄于山中，抚琴赋诗。

七贤齐聚的竹林盛宴，应是在正始六年(245)至正始十年(249)举办的。

那么，嵇康为什么选择在百家岩这个地方隐居呢？

一是隐逸者一般选择山林作为隐居之地。古代隐逸者的隐居场所大都选在深山老林，这样的地方环境清幽，有飞瀑流泉，以便修身养性，免遭俗世打扰。向往老庄之道的嵇康也不例外。

二是百家岩距京都较近，便于与文人往来。嵇康在此期间经常与文人进行学术交流，若距京都太远，定带来不便。

三是避开曹马之争的政治环境的需要。嵇康奉行的是“避世”而不是“绝世”原则，他没有真正做到超凡脱俗，而是时刻洞察着时局变化。

四是山阳是汉献帝的封地。建安二十五年(220)，曹操病逝，曹丕继任魏王，同年十月，汉献帝刘协将皇位“禅让”给曹丕。曹丕称帝后，定都洛阳，封汉献帝为山阳公，汉献帝移居山阳城。《后汉书·孝献帝纪》记载：“(刘协)邑一万户，位在诸侯王上，奏事不称臣，受诏不拜，以天子车服郊祀天地，宗庙、祖、腊皆如汉制，都山阳之浊鹿城。”但有一条限制是山阳公必须遵守的，那就是终身不能离开山阳，只能在山阳活动。

尽管嵇康离京城洛阳而去，表面上轻名教、蔑礼法，以此表达对执政者打着“礼教”旗号而大肆诛灭异己的虚伪和残暴行为的极端不满，但事实上他骨子里是忠实的儒家信徒，更何况他是曹魏皇室姻亲，朝政的变故必然关系到他自身。而山阳距离当时的京城洛阳不过 200 余里，他在这里既可以观察朝政，又能暂避司马集团的拉拢或诛杀，从而成为他在政治和信仰之间的理想选择。

还有一点需要举证，那就是举办竹林盛宴的地点在哪里？

经史料考证，竹林之游的确切地点应在今修武县五里源乡以北、云台山以南一带，理由有二。

其一，有文为证。在山阳县，嵇康有两处住宅。一处是位于五里源附近的园宅。古山阳城在今焦作市山阳区墙南村一带，至今仍存有古城墙，而五里源在墙南东北方向，其直线距离也在 20 里左右，20 世纪 90 年代，该乡东水寨村还有大片竹林。南朝宋时期郭缘生所撰的《述征记》载："山阳县城东北二十里，魏中散大夫嵇康园宅，今悉为田墟，而父老犹谓嵇公竹林地，以时有遗竹也。"

另一处是位于方山镇云台山百家岩的山间别墅。魏晋士人除了经常性居住和经营的园宅，还在依山傍水处修建游乐性的别墅，史书中称为"山墅"。嵇康也不例外，他在距竹林泉庄园西北 25 里左右的嵇山建有别墅。嵇康在与二郭（郭遐周、郭遐叔，魏晋时期隐士、名士，与嵇康交好）兄弟互赠的诗中，透露了这一信息："昔蒙父兄祚，少得离负荷。因疏遂成懒，寝迹北山阿。"其中的"北山阿"，即今山阳天门山百家岩南坡峭壁下的小山丘"嵇山"。当笔者沿着漫长而曲折的进山古道，抵达群山环抱的山坳——天门山百家岩下的嵇山时，理解了“北山阿”一词的含义。“北山阿”不是表达理想憧憬的文学描写，而是指坐落在百家岩的嵇山别墅，也就是竹林之游的第二个处所。《修武县志》上附有古代地图，与考察结果相同。

百家岩是天门山南坡下一个约高180米、宽500米的巨大峭壁，峭壁下的一座低矮小山丘便是嵇山。峭壁与嵇山之间有处宽约30米、长100米的平缓之地，可供百家居住，故名百家岩，这里有清泉、山溪，风景秀丽，嵇康的山间别墅即建在此处，后被佛教庙宇百家岩寺取代。

其二，有史为证。关于竹林之游在修武的另一条有力证据是自五代后梁至宋、金、元、明等朝代存在的修武七贤乡建制。百家岩石幢有后梁贞明七年(921)“七贤乡李固镇韩绪造”字样，云台山药王洞中有“大金国河东南路怀州修武县七贤乡西冯营村修孙真人石像记”的碑刻文字，元代翰林编修、监察御史王恽《七贤乡》诗有“不到山阳二十年”句。综合各种历史、地理资料推测，当时的七贤乡应包括今天的修武县五里源乡、方庄镇及焦作市马村区九里山乡部分村庄，与史书所说的“竹林之游在修武县东北部”的记载高度契合。

(二)阮籍山涛荐四人

俗话说：物以类聚，人以群分。嵇康、阮籍聚会山涛家后，按照共同的志趣，阮籍向嵇康介绍了刘伶、阮咸、王戎，山涛向嵇康介绍了向秀。那么，竹林七贤中这四个人还有什么特别之处呢？

一是酒仙刘伶。

阮籍和刘伶两个人都爱喝酒，他们的关系已到了“酒逢知己千杯少”的地步，刘伶入竹林，给竹林之游注入了一种充满智慧和豪情的“酒神精神”。

《晋书·刘伶传》记载：

> 刘伶字伯伦，沛国人也。身长六尺，容貌甚陋。放情肆志，常以细宇宙齐万物为心。澹默少言，不妄交游，与阮籍、嵇康相遇，欣然神解，携手入林。

意思是：刘伶身高不过六尺，容貌很丑陋。但放纵情志，常以细宇宙齐万物为意。淡泊仕途而少言寡语，不与志趣相异者交往，和阮籍、嵇康相遇之后，豁然开朗，如神交已久，欣然携手共入竹林之游。

刘伶曾写过一篇《酒德颂》，从中可以窥见他的精神世界。文中塑造的“大人先生”形象，生动地表达了刘伶的世界观和人生观，他的时空观与众不同，无限广大。他可以把天地当作一处宫室，把一万年当作片刻；他以太阳为门，以月亮为窗，把天地八方作为庭院中的通道；他出外行走没有一定轨迹，居住也没有像样的房屋。“幕天席地，纵意所如”，他把天当作帐幕，把地当作席子，从心所欲，随遇而安。

刘伶与酒的故事，看似荒诞滑稽，其实大有深意。人的功名利禄都是虚幻的，不如眼前的一杯酒来得实在，来得纯粹。刘伶用酒神一样的狂欢精神，嘲弄了人类不懈追求的所有身外之物！

二是乐神阮咸。

《晋书·阮咸传》载："（阮咸）与叔父籍为竹林之游。"从这句话中推测，阮咸是经其叔父介绍加入竹林之游的。

《世说新语·任诞》中的记载更证明了这一点："阮浑长成，风气韵度似父，亦欲作达。步兵曰：'仲容已预之，卿不得复尔！'"意思是，阮籍的儿子阮浑长大后，风气韵度都和阮籍很相像。他听说父亲阮籍和朋友们在山阳的竹林之游很快活，十分羡慕，就向阮籍申请加入。但是阮籍没有答应，主要理由是："你阮咸兄已经参与进来，你就不要再申请了。"

这两则记载表明，加入竹林之游有三点值得注意：第一，没有合适的引荐，很难为其他竹林名士所接受；第二，竹林名士在一起做出的肆意酣畅的放达行为，也是不得已而为之，并非人人皆宜；第三，竹林精神表现为追求个性独立、自由，是性情的真实表达，不是故作姿态、装模作样。

那么，阮咸凭什么优势加入竹林之游呢？

《晋书·阮咸传》载："咸任达不拘。"阮咸天性通脱放达，行事不拘小节，他的"未能免俗，聊复尔耳！"非常符合超然物外、自由洒脱、我行我素的竹林精神。

阮咸还是一个杰出的音乐家，他的听觉特别灵敏，能通过乐声分辨出乐器存在的瑕疵类型。

阮咸不仅妙解音律，还善弹一种长柄、圆肚、四弦的琵琶，史书记载这种琵琶是阮咸创制的。其形象优雅，弹奏时好似"明月入怀"，音声美妙。相传在唐代，从晋朝古墓中出土过一件铜制的琵琶，被命名为“阮咸”，或“阮”。从此，“阮咸”二字也就成了这种古琵琶的代名词。以一个人的名字来给乐器命名，在中外音乐史上是不多见的，这也是阮咸对中国文化做出的贡献。现在，在日本奈良东大寺正仓院收藏的宝物中，就能看到不止一件唐代的镶嵌着螺钿的紫檀木制作的“阮”。

三是神童王戎。

王戎，字濬冲，是竹林七贤中年龄最小的。阮籍曾和王戎之父王浑在尚书台做过一段时间的尚书郎，王戎时年15岁。据《晋书·王戎传》记载：“阮籍与浑为友。戎年十五，随浑在郎舍。戎少籍二十岁，而籍与之交。籍每适浑，俄顷辄去，过视戎，良久然后出。谓浑曰：‘濬冲清赏，非卿伦也。共卿言，不如共阿戎谈。’”阮籍与王戎一见如故，阮籍每次去王浑处，说上几句话就去找王戎，交谈很久才出来。阮籍对王浑说道：“濬冲高尚，非你可比。与你说话，不如与阿戎交谈。”

《晋书·王戎传》曰：“戎幼而颖悟，神彩秀彻。”王戎在7岁时就出了名，有神童的称号。《世说新语·雅量》记载：

> 王戎七岁，尝与诸小儿游，看道边李树多子折枝，诸儿竞走取之，唯戎不动。人问之，答曰：“树在道边而多子，此必苦李。”取之，信然。

意思是，王戎在7岁的时候，有一次和一些小孩儿出去游玩，看见路边的李树挂了很多果，压弯了树枝，小孩儿们争先恐后跑去摘李子，只有王戎站着一动不动。别人问他，他回答说：“树长在路边还有这么多李子，这一定是苦的李子。”摘下李子来一尝，果真都是苦的。从此，王戎“神童”的美誉就传播开来。

王戎幼时不仅聪慧，而且胆量出奇。《世说新语·雅量》记载：“魏明帝于宣武场上断虎爪牙，纵百姓观之。王戎七岁，亦往看。虎承间攀栏而吼，其声震地，观者无不辟易颠仆。戎湛然不动，了无恐色。”《晋书·王戎传》中亦有相似记载。

魏明帝曹叡在宣武场上命人把老虎的爪牙拔掉，任凭百姓观看。王戎当时7岁，也去看了。老虎乘隙攀住栅栏大吼，吼声震天动地，围观的人全都吓得退避不迭，跌倒在地。王戎却平平静静，一动不动，一点儿也不害怕。

王戎不慌不忙的表现，让魏明帝惊叹不已，就派人询问王戎的姓名，于是王戎的名声更大了。

王戎的另一个特点是眼睛炯炯有神。《晋书·王戎传》记载：

> (王戎)视日不眩，裴楷见而目之曰：“戎眼灿灿，如岩下电。”

就是说，他能够直视太阳而不觉得头晕眼花。他的眼睛精光四射，犹如山岩下的闪电一样。

王戎还有一个特点，头脑灵活、反应快。《世说新语·排调》记载：

> 嵇、阮、山、刘在竹林酣饮，王戎后往，步兵曰：“俗物已复来败人意！”王笑曰：“卿辈意，亦复可败邪？”

一天，嵇康、阮籍、山涛、刘伶四人在竹林中畅饮，王戎迟到了一步，四人饮酒正酣，阮籍埋怨王戎道："你这个俗物又来败坏我们喝酒的雅兴了！"王戎笑着说："你们的意兴也是能够被败坏的吗？"意思是，若你们的雅兴被我败坏了，你们也称不上是高人了。

那么，王戎是凭什么条件加入竹林之游呢？笔者认为，主要是因为王戎幼小聪慧，胆大心细，机灵善变，善于识人荐人，还有一个重要的原因，那就是重情，这也是竹林精神的重要内核。

四是书生向秀。

《晋书·向秀传》记载：

> 向秀字子期，河内怀人也。清悟有远识，少为山涛所知，雅好老庄之学。

上述内容给我们提供了三条信息：第一，向秀与山涛是老乡，均为河内郡怀县人，向秀年轻时就为山涛所了解；第二，向秀清心聪慧，领悟贯通事物有远见；第三，向秀喜好老庄之学。这三条信息告诉我们，向秀因好学、有见识而出名，为山涛所赏识；重要的一点是向秀笃信并喜爱研究老庄之学，与嵇康、阮籍、山涛志趣相同，这是向秀进入竹林之游的敲门砖。

竹林七贤中，向秀与嵇康的关系很好。向秀十分崇拜嵇康，嵇康也对向秀喜爱有加，向秀甚至把家搬到了嵇康别墅，二人闲暇时锻铁售卖。嵇康抡起铁锤锻打，向秀配合默契地拉动鼓风箱,叮当叮当的金属撞击声充斥山谷,如波浪轮番涌起,弥漫开来,吸引着魏晋名士前来拜访,吸引着达官贵人去尊崇和效仿,而今,魏晋风度吸引着一批又一批的文学爱好者前去探寻其中的奥秘……

《庄子》是战国时代的庄周及其后学所作,继承并发展了《老子》的思想,是道家学派的重要著作。好学的书生向秀最大的愿望就是注释《庄子》。《晋书·向秀传》记载:"始,秀欲注,嵇康曰:'此书讵复须注,正是妨人作乐耳。'"意思是,向秀把计划注释《庄子》的想法告诉了嵇康,嵇康认为《庄子》玄妙深奥,注释效果不可能太好,还有可能误导他人。于是就对向秀说:"这书哪用再注释呢?莫要妨碍人们作乐了。"

一段时间后,向秀注释完成,把注释竹简拿给嵇康看,并对他说:"是否胜过没有注解呢?"嵇康读后甚是惊讶。名士吕安看后,高度评价道:"庄生不死矣!"

《庄子》一书,理论空洞玄远,历史上注释的人很多,向秀注释后,影响很大,人们普遍认为向秀对《庄子》的理解更贴近庄子的思想。

《世说新语·文学》记载:

> 初,注《庄子》者数十家,莫能究其旨要。向秀于旧注外为解义,妙析奇致,大畅玄风。唯《秋水》《至乐》二篇未竟而秀卒。秀子幼,义遂零落,然犹有别本。郭象者,为人薄行,有俊才。见秀义不传于世,遂窃以为己注,乃自注《秋水》《至乐》二篇,又易《马蹄》一篇,其余众篇,或定

点文句而已。后秀义别本出，故今有向、郭二《庄》，其义一也。

这段话的意思是：起初，注《庄子》的有几十家，可是没有一家能探索到它的要领。向秀在旧注外另求新解，其精到的分析、美妙的意趣使《庄子》玄奥的意旨大为畅达。其中《秋水》《至乐》两篇的注还没有完成，向秀就去世了。向秀的儿子还很小，没能保存好向秀的释义文本，可是还留有一个副本。西晋玄学家郭象，传言说他品行不好却才智出众。郭象的同时代人曾经指控郭象的《庄子注》剽窃了向秀的注释，认为郭象自己注释了《秋水》《至乐》两篇，又改换了《马蹄》一篇的注，其余各篇大概只是改正了向秀的文句而已。后来向秀释义的副本被发现了，所以现有的向秀、郭象的两本《庄子注》，内容相似。

（三）嵇康家中迎六贤

正始末年的一天，春光明媚，阮籍领着刘伶、阮咸、王戎，山涛带着向秀，六人按照约好的时间，几乎同时到达了云台山嵇康别墅。他们身穿宽袖长袍、褒衣博带，头戴布巾，下马拴桩，进入别墅。名士相见，拱手祝愿，互致问候。嵇康作为东道主，微笑着倾听阮籍、山涛对入主竹林之游人员的介绍，他那如孤松般伟岸的身躯、龙章凤姿的举止，让刘伶、阮咸、王戎、向秀四人惊叹不已，赞不绝口。

在嵇康的主持下，名士们席地而坐，每人身旁放一壶一瓢一杯，壶装酒、瓢添酒、杯喝酒。绿竹摇曳，觥筹交错，推杯问盏,席间谈玄论道,各抒己见,笑逐颜开。嵇康、阮籍、山涛、刘伶豪饮起来,王戎、向秀忙着添酒,山涛饮八斗而止,后与嵇康、阮籍攀谈起来;刘伶、阮咸行令猜拳,赢输皆欢,直至醉倒,口中仍念念有词;向秀不胜酒力,时微笑静听,时低头沉思。

几个时辰过后,酒宴散开,名士个性尽显,嵇康弹琴抒怀,阮籍长啸山林,阮咸挽袖拨琴,王戎挥舞如意,刘伶醉卧醒酒台,山涛、向秀游览于山水之间。

一连数日,酣畅饮酒,无拘交流,携手竹林,交心快意,志趣相向,情深意重,慨叹相见恨晚。

从此,相会的七个人就结成了竹林之游,被后世称为"竹林七贤"。

还有一位名士不可忽视,他就是吕安。史书记载,吕安恃才傲物,蔑视礼法,与竹林七贤的灵魂人物嵇康是至交好友。两人虽相隔遥远,但"每一相思,便千里命驾"。正始年间,吕安也搬到云台山隐居下来,经常和嵇康、向秀一起种菜灌园,自食其力。

这一阶段的竹林七贤是快活的,他们之间的相处是美好的,是值得永远回忆的。然而,这种美好即将被打破,洛阳朝堂里暗流涌动,一场政治搏杀即将上演。

值得思考的是,他们七人是怎么聚在一起的?七贤是否就在竹林之下活动?他们是不是经常七人聚会?下面逐一分析、论证,做一些学术探讨。

首先,竹林七贤是怎么聚在一起的?

七贤故里相距甚远，这是否会成为他们聚会竹林的障碍呢？

“白骨露于野，千里无鸡鸣。”史料记载，汉末长期战乱造成黄河以北人口锐减，出现了大量的无主荒田，这种现象在主战场首都洛阳更为明显，故曹操迁汉都于许昌，而定魏都于邺城。魏文帝曹丕于黄初元年（220）迁都洛阳时，这里地广人稀，官员们多在京畿地区占田建宅。由于对南方孙吴用兵，从皖北寿春到洛水以南被划为屯田区，故曹魏官员占田之处主要集中在洛水以北。于是，位于洛阳北部的河内郡成了战略后方。河内郡位于太行山南麓，土地肥沃，多泉水、瀑布、河流，遍布达官贵人的庄园水碓。

曹魏前期，士人多远离家乡，集中到京畿地区居住。竹林七贤的实际居住地与籍贯并无多大关系，他们多数居河内郡，少数居洛阳，相距不远。

嵇康原籍谯郡，其父为曹魏督军粮侍御史，他和兄长嵇喜的山阳庄园由其父所建。

王戎，原籍琅邪，也是魏初由其父王浑在山阳置下园宅，成为嵇康的邻居。

山涛与向秀原籍分别为河内郡怀县（山阳南邻，今武陟县西南）的小虹桥村和尚村。即使山涛、向秀仍住在故里，与嵇康园宅相距亦不过 70 多里，在“自由”占田的时代，可能住地更近。向秀在《思旧赋》说：“余与嵇康、吕安居止接近。”此处“居止”便是指居住地点。

沛人刘伶同样不在原籍居住，史书所见其活动范围大约在洛阳与河内一带。与山阳、怀县相邻的河内获嘉县有刘伶墓，距嵇康别墅几十里路程，比山涛、向秀故里距离嵇康别墅更近。

阮籍住在洛阳城外谷水曲折而东流处，该地因此得名“阮曲”。阮咸随其叔阮籍同居此地，《晋书·阮咸传》曰：“咸与籍居道南，诸阮居道北。”虽然洛阳与山阳相距较远，约250里，但并不能阻碍阮氏叔侄去参加竹林之宴。当时长住洛阳的达官贵人最喜欢北上河内，到太行山南麓的青山绿水间渔猎，在山墅中饮酒清谈。

可见七贤故里虽远但并不妨碍他们在竹林举行盛宴。

其次，七贤是否就在竹林之中活动？

这个问题，学术界有争论，争议的焦点就在“竹林”两个字上。也就是说，“竹林”作为修饰“七贤”的一个重要符号，它到底是一个实实在在的地理概念，还是一个有着丰富内涵的文化概念？

20世纪40年代，陈寅恪先生在《陶渊明之思想与清谈之关系》一文中提出一个石破天惊的观点，认为竹林七贤的“竹林”未必是现实的、自然的“竹林”，而是佛经翻译中的一个文化概念。

佛经里有一个很著名的故事，讲的是佛祖释迦牟尼在古印度的佛教圣地王舍城弘扬佛法时，当地有位长者迦兰陀，他在听了佛祖讲法之后，就开始笃信佛教。为表示一心向佛，他无偿捐出了自己的一片竹园，并在竹园内建造精舍供佛陀及其弟子居住。这成为佛教寺院的前身，佛教中称为“竹林精舍”。

陈寅恪先生认为，西晋末年，随着佛教经典的翻译，“竹林精舍”的故事开始进入人们的视野，于是人们就把“七贤”与“竹林精舍”联系在一起，最终形成了“竹林七贤”这个说法。他指出，“七贤”未必是在自然界的“竹林”之中活动，山阳在当时也未必真的盛产竹子。

陈寅恪先生的质疑，让本就遥远的“竹林七贤”的历史变得更加扑朔迷离。

其实，山阳这一带是盛产竹子的，但陈寅恪先生的这个假设依旧有重要的学术价值，他把竹林七贤引向了更高的层次，赋予竹林七贤更深的含义，更显示出竹林七贤的高洁、脱俗、放达。

七贤中的每一个人都是魏晋时期真实存在的人物，他们也经常聚在一起喝酒谈玄，那么，山阳地区是否有真实的“竹林”存在呢？陈寅恪先生提出的竹林精舍、竹园讲经与竹林之游有什么区别呢？

《大正新修大藏经》对释迦牟尼在王舍城的讲经园林的翻译一共有三种：竹园、竹林和竹林园。在“竹林七贤”典故形成的东晋初期，按照当时中国社会的思想观念和语言习惯，贵族园林多以“园”命名，因此释迦牟尼说法处大多被译为“竹园”，而不是“竹林”。

此外，两晋之际盛行的佛教“格义”，虽与“竹林七贤”存在可类比的共性，但七贤的“竹林之游”和佛教的“竹园讲经”的性质完全不同。前者是自由的清谈饮酒，后者是神圣的布道讲经，彼此并不能构成“格义”。因此，“竹林”因佛教“格义”得名之说并不成立。

自东晋初期“竹林七贤”说流行后，佛经翻译中才开始出现由“竹园”向“竹林”的缓慢转变。东晋十六国、南北朝、隋唐、宋元明清四个时期，“竹园”译名出现的频率逐渐下降，“竹林”“竹林园”的出现频率逐渐上升。也许是“竹林七贤”历史典故的广为流传，影响了佛教译名的变化。

清华大学教授、魏晋时期的思想史研究专家王晓毅先生不太认同陈寅恪先生提出的观点，他根据汉晋时期佛经中“竹林”这一译名的出现频率质疑了陈寅恪提出的“托天竺竹林精舍”一说，结合史料并通过实地考察发现，魏晋时期黄河流域确实有竹林，之后又从时间和地点上论证了竹林七贤聚会的可能性，从而认为文献中对“竹林七贤”名称由来的记载是真实可信的。

王晓毅教授的考证应该是确切的。太行山以南的北方地区自古便生长竹子，竹子甚至作为经济作物被大面积种植。《史记·货殖列传》记载：“渭川千亩竹……此其人皆与千户侯等。”汉晋之际，随着庄园经济的发展，北方的士大夫在修建风景秀丽、自给自足的庄园时，一般都会种植竹子。东汉末的仲长统是山阳高平（今山东微山县西北）人，年轻时活动于北方地区，“年二十余，游学青、徐、并、冀之间”，后参曹操军事，长期生活在邺城(今河北临漳县)。他在《乐志论》中这样描写理想中的庄园：“使居有良田广宅，背山临流，沟池环匝，竹木周布。”西晋文学家潘岳的庄园则位于洛阳南郊的洛水之滨，《晋书·潘岳传》载其《闲居赋》云：“爰定我居，筑室穿池……竹木蓊蔼，灵果参差。”竹林七贤也确实与“竹林”有关，《水经注》卷九《清水》记载：“又径七贤祠东，左右�篁列植，冬夏不变贞萋。”郭缘生《述征记》云：“白鹿山东南二十五里，有嵇公故居，以居时有遗竹焉……山阳县城东北二十里，魏中散大夫嵇康园宅，今悉为田墟，而父老犹谓嵇公竹林地，以时有遗竹也。”郭缘生是南朝宋时代的人，《述征记》是最早记载山阳嵇康园宅遗址生长竹林的文献资料。

宋仁宗明道元年(1032)八月，开封内廷发生火灾，烧毁了崇德、长春、滋福等八殿。宰相吕夷简负责修葺工作，征调各地可用的建筑材料，洛阳的竹林遂为之一空。当时欧阳修在洛阳任西京留守推官，他对这种不顾实际需要而横征暴敛的做法十分不满，于是写下《戕竹记》，文章开篇写道：“洛最多竹，樊圃棋错。包箨榯笋之赢，岁尚十数万缗，坐安侯利，宁肯为渭川下？”意思是：洛阳最多的是竹子，竹园星罗棋布。光是竹笋、竹竿的盈利，每年就不下十万缗钱，等于坐得丰厚的利润，其收入不在富庶的渭川流域之下。可见当时洛阳种植竹子已成产业。

洛阳距云台山不过100多公里，气候无差别，风土人情、生活方式相同，洛阳植竹，山阳亦植竹，何况魏晋时期写作、书信来往仍多是用竹简。

由此可见，河内山阳嵇康的庄园中有竹林是真实可信的，历史文献记载和实地考察也证明“竹林之游”的两处遗址——山阳园宅和嵇山别墅中的竹林并非虚构。

然而，竹林七贤留下来的诗篇中很少提及竹林，只有阮籍《咏怀诗·其四十五》中“修竹隐山阴，射干临增城”提及居住的地方有竹子。20世纪60年代在南京出土的《竹林七贤与荣启期》砖画上绘有梧桐、乔松、垂柳、银杏等树种，却没有竹子，这又是为什么呢？

有专家指出，在许慎的《说文解字》词条中，“竹”为“冬生草也”。在《汉书》中也有“观众树之蓊薆兮，览竹林之榛榛”“举玉杯藩露，清明竹林之属”等记载，这里的“竹林”就是由“冬生草”所组成的树林，并不是单指实际意义上的竹林。由此可知，描绘竹林七贤的砖画中没有竹子的身影也就不足为怪了。

也有专家认为，这是因为砖画的创作时间大致在晋宋之间，当时这七人被视为“不羁礼法”的名士，而不是文士，这一点可以从袁宏的《名士传》中得到证明。因此，作者没有选择描绘竹子，而是以其他树木来代表这一特定的内容。

笔者认为，砖画中没有竹子或有几种可能。其一，推测砖画的创作时间之时，还应考虑到“竹林七贤”称谓的流行情况。就目前掌握的材料看，“竹林七贤”一词较早见于东晋中期的孙盛、袁宏、孙绰、戴逵等人的著作，最迟不应晚于孙绰逝世的咸安七年（371）。此后，“竹林七贤”的称呼与“竹林之游”的高行在士人中广为流传。陶渊明《群辅录》称七贤“魏嘉平中并居河内山阳，共为竹林之游，世号竹林七贤”。如果砖刻壁画创作于晋末，其作者不应无视“竹林之游”这一特定内容而以其他树代竹。所以，砖刻壁画的创作时间或许可以提前到东晋中期（367 年前后），即在“竹林七贤”称谓广为流行之前。

其二，画家可能认为只画竹子太单一，不足以表达竹林七贤的性格特征，同时，目前所绘各树种也象征着东晋时期士大夫阶层的不同风貌。

其三，山阳嵇康园宅、百家岩嵇康别墅旁有茂林修竹，七贤集聚于此，酣畅饮酒，谈玄论道，故名竹林七贤；七贤相与友善，携游云台山林。嵇康住宅旁有竹林，其他六贤住宅旁不一定就有竹林存在，七贤聚饮于嵇康住宅旁的竹林，交游不一定在竹林里。南朝宋时的砖画、唐代的《高逸图》未画出竹林估计也是有此考虑。

其四，魏晋之前描写竹子的诗歌很少，东汉、魏晋时期黄河流域遍植竹林，竹子在当时只是一种经济作物。三国魏至西晋时期，文人还没有把竹内心的谦虚、性情的高洁与人品的高尚纯洁联系在一起，后经过东晋南北朝时期文化的融合发展，才形成了青竹文化，此后，竹被赋予新的内涵。唐宋以后，文学作品、绘画才把竹的高洁与七贤的品格联系起来，把竹的重节、重信与君子人格相贯通，诠释了竹林七贤人格的伟大，或许这也是砖画中没有竹的原因。

最后，竹林七贤是不是经常七人一起聚会？

关于“竹林之游”的时间是目前学术界争论最多的地方，争论的焦点在于山涛、阮籍和嵇康都曾在洛阳任职，七贤很难有机会同时相聚。

史料记载，从正始八年(247)起，面对曹爽与司马懿两派政治势力的矛盾激化，山涛、阮籍和嵇康像许多不愿卷入其中的士人一样，相继从政界退出，回乡隐居。

从山涛辞官回乡到嵇康被杀，“竹林之游”持续了15年左右。以嵇康甘露元年至甘露四年(256—259)离开河内赴河东学道这三年为界，“竹林之游”可划分为前期(247—256)和后期(259—262)。前期以嵇康、阮籍和山涛为核心，“竹林之游”的目的是避开京都洛阳曹爽和司马懿争斗的政治旋涡；后期以嵇康和向秀为核心，目的是消极应对司马氏的“名教之治”“以孝治天下”。

但无论是前期还是后期，“竹林之游”的人员组成并不严格。除了七贤之外，还有其他名士参加，加上阮籍还在为官，因此七贤很少有机会能同时相伴交游。但是经过史学家对史书的分析，发现在正始九年(248)，七贤都没有官职，并且都在山阳，因此“竹林之游”可能发生在这一年。而自正始十年(249)正月高平陵之变后，阮籍被司马懿网罗入仕，辟为从事中郎；嘉平四年(252)，山涛入仕；甘露二年(257)，王戎被司马昭辟为掾属。竹林七贤中的阮籍、山涛、王戎分别入仕，相聚的人数逐步减少，从此他们可能再无机会齐聚山阳竹林，一同交游了。

第二章　七贤曹马有渊源

竹林七贤的故事与曹魏、司马氏两个政治集团的斗争密不可分，可以说没有两个集团的争斗就没有竹林七贤的故事。嵇康、山涛、阮籍是竹林七贤的核心人物，他们三人与曹魏、司马氏集团的关系非同一般，在竹林七贤的故事展开之前，必须说清楚竹林七贤与曹魏、司马氏集团的关系。另外，曹操父子的诗歌也对竹林七贤产生了深刻的影响。

竹林七贤中，有的为曹魏政权（集团）服务，有的为司马氏集团服务。竹林七贤深受曹马之争的影响，那么他们之间究竟有什么渊源？

一、对酒当歌曹孟德

叙述曹操的故事看似与本书的主旨关系不大，但事实上曹操与司马氏、竹林七贤有着不可分割的内在联系。要说清楚竹林七贤和曹魏、司马氏集团的关系，必须讲清楚曹操和司马懿当权时期的所作所为。

一提起曹操，许多人马上就会想到“治世之能臣，乱世之奸雄”“挟天子以令诸侯”这两句话。千百年来，以《三国演义》为代表的文学作品和各种戏曲已经成功地把曹操塑造成反面人物了，“白脸奸臣”的标签已经牢牢地贴在了曹操的脸上。那么，这是否符合史实呢？

(一)阿瞒出身宦官家

建安二十五年(220)正月，曹操病逝于洛阳，谥曰武王，其子曹丕袭其位为魏王。这年十月，曹丕受禅为皇帝，国号魏，追尊曹操为武皇帝，庙号太祖。

据《三国志·魏书·武帝纪》记载：

> 太祖武皇帝，沛国谯人也，姓曹，讳操，字孟德，汉相国参之后。桓帝世，曹腾为中常侍大长秋，封费亭侯。养子嵩，嗣官至太尉，莫能审其生出本末。嵩生太祖。

上述记载传递以下信息：第一，曹操为沛国谯县(今安徽亳州)人，与嵇康为同乡。第二，曹操是西汉时期相国曹参的后代。曹参，字敬伯，沛县(今属江苏)人。据《汉书》记载，秦朝时，曹参与萧何为挚友，萧何担任汉朝相国期间，二人产生误会，后曹参在萧何去世后继任相国，却未对萧何在任时的制度进行更改，成语“萧规曹随”由此而来。公元前189年，曹参死于汉相任上，汉惠帝下旨哀悼，并追谥为“懿”。司马迁在《史记》评价道：“参为汉相国，清静极言合道。然百姓离秦之酷后，参与休息无为，故天下俱称其美矣。”第三，其父曹嵩为宦官曹腾养子。曹腾，字季兴，沛国谯县人，东汉宦官，曾侍四代皇帝，有一定名望。曹腾用事宫中30多年，未有明显过失，并能推荐贤人，曾受到种暠弹劾，却称种暠为能吏，因此受到人们赞美。史料对曹嵩的记载较少。《后汉书》记载，曹嵩字巨高，为人敦厚谨慎，讲究忠孝，曾任司隶校尉，汉灵帝擢拜为大司农、大鸿胪，代崔烈为太尉。

(二)年少机警善权变

曹操年少时就很机灵，且放荡不羁，对家财看得很淡，遇事善于权变，沉着冷静。

《三国志·魏书·武帝纪》记载：

> 太祖少机警，有权数，而任侠放荡，不治行业，故世人未之奇也。

《世说新语·假谲》记载：

> 魏武少时，尝与袁绍好为游侠。观人新婚，因潜入主人园中，夜叫呼云：“有偷儿贼！”青庐中人皆出观，魏武乃入，抽刃劫新妇。与绍还出，失道，坠枳棘中，绍不能得动。复大叫云：“偷儿在此！”绍遑迫自掷出，遂以俱免。

这则故事的意思是：魏武帝曹操年轻时，和袁绍两人常常喜欢做游侠。他们俩去看附近人家结婚，乘机偷偷进入主人的园子里隐藏起来，为把新郎引出房间，半夜时分大喊道：“有小偷！”青庐里面的新郎、家人均跑出来察看，曹操趁机便进入新房，拔出刀来劫持新娘子。接着和袁绍迅速跑出去，中途迷了路，陷入了荆棘丛中，袁绍动弹不得。曹操急中生智，大喊道："小偷在这里！"袁绍惊恐着急，使尽全身力气，迅速从荆棘丛中跳了出来，两人遂得以逃脱。这则故事反映了曹操的机警。

《世说新语·假谲》还记载了一则故事，反映出曹操的沉着：

> 袁绍年少时，曾遣人夜以剑掷魏武，少下，不著。魏武揆之，其后来必高，因帖卧床上。剑至果高。

意思是：袁绍年轻的时候，曾经派人在夜里投剑行刺曹操，刺客行刺时把剑稍微放低了一些，没有刺中。曹操沉着冷静，推测刺客第二次投来的剑一定会偏高，就紧贴床躺着，剑投来时果然偏高了，没有刺中。

史料记载中有三个故事体现出曹操善权谋。

故事一：曹操年轻时放荡不治产业，其叔父经常在其父曹嵩面前历数曹操的不是，曹操由此受到父亲曹嵩的指责。于是曹操以假中风骗叔父，叔父告诉了曹嵩，曹嵩发现事情有假，不再相信叔父所言。《曹瞒传》云：

> 太祖少好飞鹰走狗，游荡无度，其叔父数言之于嵩。太祖患之，后逢叔父于路，乃阳败面㖞口；叔父怪而问其故，太祖曰："卒中恶风。"叔父以告嵩。嵩惊愕，呼太祖，太祖口貌如故。嵩问曰："叔父言汝中风，已差乎？"太祖

曰："初不中风，但失爱于叔父，故见罔耳。"嵩乃疑焉。自后叔父有以告，嵩终不复信，太祖于是益得肆意矣。

故事二：曹操为防止他人谋反，故意授意身边的侍从怀揣利刃假装行刺于他，侍从听令行事，而后被杀。曹操以此震慑身边人。《世说新语·假谲》记载：

魏武常言："人欲危己，己辄心动。"因语所亲小人曰："汝怀刃密来我侧，我必说心动。执汝使行刑，汝但勿言其使，无他，当厚相报。"执者信焉，不以为惧，遂斩之。此人至死不知也。左右以为实，谋逆者挫气矣。

故事三：曹操害怕熟睡时被人谋害，故意编造梦中下意识诛杀靠近自己的人的故事，实施"梦中杀人"以确保睡眠安稳。自此以后，他睡觉时，身边的人都不敢靠近他。《世说新语·假谲》记载：

魏武常云："我眠中不可妄近，近便斫人，亦不自觉。左右宜深慎此。"后阳眠，所幸一人窃以被覆之，因便斫杀。自尔每眠，左右莫敢近者。

(三)桥玄品评名声扬

东汉末年，臧否人物已蔚然成风，一个人获得名人的评价越高，对今后走上仕途就有越大帮助；若别人对其评价不高，未来入仕就会希望渺茫，故青年人非常重视名人的褒贬。

曹操少年任侠，当时许多人认为曹操将来不会有大的作为，偏偏尚书令桥玄看出了曹操的潜力，预见曹操的前途不可估量，并把自己的家人托付给曹操。《世说新语·识鉴》记载：

曹公少时见桥玄，玄谓曰："天下方乱，群雄虎争，拨而理之，非君乎！然君实乱世之英雄，治世之奸贼。恨吾老矣，不见君富贵，当以子孙相累。"

意思是说：曹操年轻时去见尚书令桥玄，桥玄对他说："天下正动乱不定，各路豪强如虎相争，能拨乱反正的，难道不是您吗！可是您其实是乱世中的英雄，盛世中的奸贼。遗憾的是我老了，看不到您富贵那一天，我要把子孙拜托给您照顾。"

其他史料也有类似记载。《后汉书》曰："玄字公祖，严明有才略，长于人物。"《三国志·魏书》曰："太尉桥玄，世名知人，睹太祖而异之，曰：'吾见天下名士多矣，未有若君者也！君善自持。吾老矣！愿以妻子为托。'由是声名益重。"

桥玄擅长臧否人物，在当时很有名气。曹操被桥玄品评后，声名日隆，由此受到州府的关注，约20岁时被举为孝廉，出任洛阳北部尉，后迁顿丘令、征拜议郎，在任上，曹操也展示出了他非凡的政治才干。《曹瞒传》曰：

太祖初入尉廨，缮治四门。造五色棒，悬门左右各十余枚，有犯禁者，不避豪强，皆棒杀之。后数月，灵帝爱幸小黄门蹇硕叔父夜行，即杀之。京师敛迹，莫敢犯者。

（四）歌以咏志领建安

曹操不仅精于兵法，还善诗歌。他对文学的重视和推动使得建安文学能够在长期战乱、社会动荡的背景下得以勃兴。刘勰在《文心雕龙·时序》论述建安文学繁荣的原因时，就曾指出“魏武以相王之尊，雅爱诗章”。曹操在诗歌中抒发自己远大的政治抱负，反映军阀混战给人民生活带来的深重灾难，气魄雄伟，悲凉慷慨；其散文亦清峻整洁，给后人留下了宝贵的精神财富。

汉末，辽西、辽东、右北平三郡之乌桓人组成联盟，屡次侵扰边境，掳掠人口财物，此时，袁绍之子袁尚、袁熙已投奔三郡乌桓。曹操为了肃清袁氏残余势力，也为了彻底解决三郡乌桓入塞为害的问题，决定远征乌桓。建安十二年(207)八月，曹操攻破三郡乌桓。十月，在北征乌桓归来时路过河北省昌黎县，曹操登上了渤海之滨碣石山，写出了组诗《步出夏门行》。夏门，原是洛阳北面西头的城门，汉代称夏门，魏晋称大夏门。“步出夏门行”为乐府曲调名，属《相如歌·瑟调曲》。古辞多言升仙得道，慨叹人生无常，曹操的组诗内容与古辞并无太大关系，是借古乐府写时事。其中最为著名的两首为《观沧海》《龟虽寿》，已编入中学语文教材，是国人最熟悉的曹操诗歌代表作。

观沧海

东临碣石，以观沧海。水何澹澹，山岛竦峙。

树木丛生，百草丰茂。秋风萧瑟，洪波涌起。

日月之行，若出其中；星汉灿烂，若出其里。

幸甚至哉，歌以咏志。

这首诗是中国历史上第一首完整的山水诗。品读诗歌，我们似乎看到了诗人向东登上濒临大海的碣石山的身影，他居高临下，眺望远方，看到了大海扬波，海岛高耸，看到了树木生机盎然，百草茂盛生长，一阵秋风吹来，大海又涌起层层波浪，连续不断地拍打着岛礁，似是卷起千堆雪。

诗人面对生机勃发的杂草树木、波涛翻滚的大海陷入了深思与回顾之中。“日月之行，若出其中；星汉灿烂，若出其里。”那运行的日月、浩瀚的银河，都映照在大海里，在波浪中起落。这四句就是诗人所要表达的内心世界，他回想起数年的南征北战，路上见过的那些美景，怎么能与大海相提并论呢？日月、繁星都要在这里起落，这不正是自己宽阔心胸的写照吗？自己永远不服输的精神与大海的勇往直前又有什么区别呢？他想起了自己在《度关山》中所表达的政治抱负：“天地间，人为贵。”“兼爱尚同，疏者为戚。”当这些目标即将在自己的手中变为现实时，他的信念更加坚定了。

诗人又想到自己已年过半百，留给自己的时日已经不多，且实现国家统一的任务还非常艰巨时，他没有沮丧，应该怎么做，他在《龟虽寿》中给出了答案。

神龟虽寿，犹有竟时；腾蛇乘雾，终为土灰。
老骥伏枥，志在千里；烈士暮年，壮心不已。
盈缩之期，不但在天；养怡之福，可得永年。
幸甚至哉，歌以咏志。

诗歌前四句的意思是：神龟的寿命虽然很长，也有完结的那一天；腾蛇虽然能在天空中腾云驾雾，最终也难逃一死，腐烂成土灰。诗人清楚地知道人的寿命是有限的，这个自然规律无法抗拒。关于生死问题，曹操在《精列》诗中早有自己的观点："莫不有终期，圣贤不能免，何为怀此忧？"他知道人都会有死亡的那一天，即使是孔子、周公那样的圣贤也不能幸免，既然是这样，自己何必终日为此悲伤呢？

一个伟大的人物必须用伟大的事业来证明自己；而要建立不朽之功业，必然需要时间。但是，没有哪一个人能战胜生老病死的自然规律。那么，作为政治家的曹操，是怎么处理这一矛盾的呢？

他在诗中写道：千里马虽老，即使在马厩中仍然具有一日驰骋千里的雄心壮志；有远大志向的人，即使到了晚年，奋发进取的壮志依然丝毫不会减退。接着，诗人又想到了一些延年益寿的方法：寿命的长短不是完全由上天决定的，如果保养得当，或许能给自己争取更多时间去完成未竟的事业。

这是诗人无奈之中的应对之法，困惑之中的豁达之举。时间飞逝、生命无常，诗人想到还有许多事情在等待他去处理，北方有马超、韩遂等势力尚未平定，南方还有孙权、刘备等强敌没有消灭，所以要实现一统天下的梦想还很遥远，但是他非常清楚，上天留给他的时间确实不多了，他迫不及待地要去完成那些等待他去完成的事。

曹操的《步出夏门行》组诗共五章，其中四章为四言诗。

四言诗发端于《诗经》，之后慢慢走向没落，但到了汉末，又因曹操获得重生，走向了辉煌，不仅引领了建安文坛，还对后世影响深远。竹林七贤的灵魂人物嵇康就是受到曹操《步出夏门行》《短歌行》的影响，写下了很多著名而富有哲理的四言诗。

（五）短歌言行明心迹

建安二十二年（217）四月，汉献帝又命魏王曹操“设天子旌旗，出入称警跸”；“冬十月，天子命王（曹操）冕十有二旒，乘金根车，驾六马，设五时副车，以五官中郎将丕为魏太子”。世人认为，这些特殊的政治待遇都是曹魏代替刘汉的实际步骤，曹操距取代汉献帝的地位仅一步之遥。“名为汉相，实为汉贼”“挟天子以令诸侯”等议论，在曹操心中始终是一个解不开的心结，他该如何向世人解释“篡汉”这个问题呢？

一是用诗歌回答——文王齐桓吾效仿。

究竟是为国讨贼的汉相，还是“挟天子以令诸侯”的汉贼，曹操用《短歌行·其二》回答了这些疑问表明终身为人臣子的心迹。

周西伯昌，怀此圣德。三分天下，而有其二。
修奉贡献，臣节不坠。崇侯谗之，是以拘系。
后见赦原，赐之斧钺，得使征伐。
为仲尼所称，达及德行，犹奉事殷，论叙其美。
齐桓之功，为霸之首。九合诸侯，一匡天下。
一匡天下，不以兵车。正而不谲，其德传称。

孔子所叹，并称夷吾，民受其恩。

赐与庙胙，命无下拜。小白不敢尔，天威在颜咫尺。

晋文亦霸，躬奉天王。受赐珪瓒，秬鬯彤弓，

卢弓矢千，虎贲三百人。威服诸侯，师之者尊。

八方闻之，名亚齐桓。河阳之会，诈称周王，是其名纷葩。

在这首诗中，曹操提到了三个人物——周文王、齐桓公、晋文公，他们都掌握着比国君更大的权力，却没有取而代之。

诗歌中提到的西伯昌就是周文王姬昌，商朝的天下周文王就有三分之二，但他仍然保持臣子之心，按时进贡。后来因为崇侯虎进谗言，西伯昌被纣王拘禁在羑里城，受尽了酷刑。之后被释放，纣王还赠其能调兵遣将的斧钺，让西伯昌代替他南征北伐。西伯昌依旧坚守臣子的初心，一如既往侍奉天子，这种德行被孔子所称赞，后世不断赞美着西伯昌的美德。

曹操为什么提到周文王呢？笔者认为有两层意思：第一，曹操认为自己就像周文王，位高权重，树大招风，遭人非议；第二，认为自己作为一个臣子，一心一意治世安民，默默地尽自己的本分，却不被人理解，凭空遭到了诬陷。曹操举西伯昌的例子就是告诉世人，自己虽然背着“篡汉”的骂名，但是心胸坦荡，忠心可鉴，依然受王恩、遵王命、敬王事。

曹操又举了齐桓公的例子。齐桓公作为春秋第一位霸主，匡扶天下，居功甚伟。他匡扶天下靠的不是武力，而是至纯的美德、规矩的臣子本分，他奉行“尊王攘夷”，所以他的德

操传颂至今。曹操利用齐桓公的故事告诉世人，自己虽有功而不失臣节，会像齐桓公一样维护天子的尊严，并按照汉献帝的诏令行事。

接着曹操又讲到了晋文公重耳。与齐桓公形成鲜明对比的是，晋文公召周天子到河阳，名为朝见周王，实际上是“挟天子以令诸侯”。孔子在研究春秋史时曾批评晋文公，提到“哪有诸侯召王的道理”。晋文公这种“挟天子以令诸侯”的做法，被孔子批评为“谲而不正”。曹操举晋文公的例子就是告诉世人，自己绝不会像晋文公那样，胁迫汉献帝向天下发号施令。

二是用行动诠释——维护正统吾本分。

俗话说，言行一致方为君子。曹操在诗歌中表明自己没有篡汉的野心，那么，是否落实到行动上了呢？我们可以从四件事中看出曹操在此事上的态度和行为。

第一件事，中平五年(188)，冀州刺史王芬、南阳许攸、沛国周旌等联合一些朝中大臣、地方官员，商议废掉汉灵帝，立合肥侯为帝，曹操坚决反对。这件事记载于《三国志·魏书·武帝纪》:“顷之，冀州刺史王芬、南阳许攸、沛国周旌等连结豪杰，谋废立灵帝，立合肥侯，以告太祖，太祖拒之。芬等遂败。”此处已表明曹操的态度。

第二件事，中平六年(189)四月，汉灵帝刘宏病逝。何进、袁绍、曹操等大臣围绕先诛杀十常侍，还是先拥立新皇帝展开了激烈争论，何进、袁绍等主张先诛杀宦官，再拥立新皇帝；曹操主张先正君位，再铲除罪大恶极的宦官。争论到最后，何进听取了曹操的建议，拥立刘辩为汉少帝，暂时稳定了局势。可见曹操对朝政的稳固有自己的坚持。

第三件事，董卓进驻洛阳后，废刘辩为弘农王，立刘协为汉献帝，后刘辩被董卓鸩杀，据《后汉书》记载：“董卓使弘农郎中令李孝儒鸩于弘农王，曰：‘服此辟恶。’王曰：‘此必是毒也。’弗肯，强之。”曹操对此强烈不满，也由此做出了“乱汉者必董卓也”的判断。董卓认识到曹操乃忠勇之士，欲提拔重用他，共同干一番大事业，曹操却认清了董卓的奸诈动机，不仅没有接受任命，还改名换姓逃出了京都。这一史实记载于《三国志·魏书·武帝纪》：“卓到，废帝为弘农王而立献帝，京都大乱。卓表太祖为骁骑校尉，欲与计事。太祖乃变易姓名，间行东归。”这一行动表明曹操对董卓擅自废立皇帝的不满。

第四件事，《三国志·魏书·武帝纪》引《献帝起居注》曰：“公上言‘大将军邺侯袁绍前与冀州牧韩馥立故大司马刘虞，刻作金玺，遣故任长毕瑜诣虞，为说命录之数’。”意思是：袁绍与冀州牧韩馥商议废汉献帝，立刘氏宗室刘虞为帝，并刻制了新的玉玺。当时，汉献帝被董卓控制，若再立刘虞为帝，估计汉献帝刘协的生存就很成问题了。曹操对此表示坚决反对，其原因是，汉献帝刘协尚在，怎么能立宗室刘虞为帝呢？由此体现了曹操对汉皇室正统的维护。

而在是否称帝的问题上，曹操也有自己的坚持。建安二十二年(217)，孙权遣使上书称臣，力劝曹操称帝。但曹操机敏地察觉到这是孙权的阴谋，道：“是儿欲踞吾著炉火上邪！”

曹操手下群臣也乘机向曹操劝进，曹操坚决予以拒绝，明确告诉群臣："若天命在吾，吾为周文王矣。"

曹操以实际行动表明了自己称臣的态度，君臣几十年和谐相处，相安无事，东汉末年也出现了少有的安定与繁荣。他的所说、所做可与其建安十五年(210)所作的《让县自明本志令》相印证，正如他自己所说："设始国家无有孤，不知当几人称帝，几人称王。"

三是有史书评价——乱世之英雄。

曹操一生始终没有走到登基称帝这一步，最终终结汉王朝的是他的儿子曹丕。那么史书是怎样评价这位外扬武功、内修文学的乱世枭雄呢？《三国演义》评价曹操为"治世之能臣，乱世之奸雄"。汝南许劭以知人著称，《后汉书·许劭传》记录了其对曹操的评价："君清平之奸贼，乱世之英雄。"《三国志·魏书·武帝纪》评价曹操为："太祖运筹演谋，鞭挞宇内，揽申、商之法术，该韩、白之奇策，官方授材，各因其器，矫情任算，不念旧恶，终能总御皇机，克成洪业者，惟其明略最优也。抑可谓非常之人，超世之杰矣"。

鲁迅在《魏晋风度及文章与药及酒之关系》中也提到了曹操，评鉴为："曹操是一个很有本事的人，至少是一个英雄，我虽不是曹操一党，但无论如何，总是非常佩服他。"

毛泽东主席对曹操的评价是："曹操是个了不起的政治家、军事家，也是个了不起的诗人"，"曹操统一中国北方，创立魏国。那时黄河流域是全国的中心地区。他改革了东汉的许多弊政，抑制豪强，发展生产，实行屯田制，还督促开荒，推行法制，提倡节俭，使遭受大破坏的社会开始稳定、恢复、发展”。后又在词作《浪淘沙·北戴河》中提及曹操：“往事越千年，魏武挥鞭，东临碣石有遗篇。”

大权在握的曹操处理与刘汉皇室关系的方式方法，也教会了司马氏父子。司马氏父子三人初期似乎均是曹魏忠臣，但随着权力的扩大，逐步显露出政治野心，直至觊觎皇权，最后成为曹魏王朝的掘墓人、西晋王朝的奠基者。司马氏父子在政治舞台上的所作所为，或许大都能从曹操身上找到一些影子，或更是有过之而无不及。曹魏王朝建立短短几十年后便发生政权更迭，这大概是曹操始料未及的。

本书的主人公竹林七贤也在这个大变局中艰难地做出生死选择，与司马氏集团进行着迂回曲折的斗争，在血与火的洗礼中彰显出不可磨灭的竹林精神。

二、横槊赋诗求人才

曹操在官渡之战取得胜利，离不开许攸献计袭击乌巢；北征乌桓取得胜利，离不开田畴献计走捷径袭击乌桓老巢。而赤壁之战失败后，曹操慨叹道：“郭奉孝在，不使孤至此。”赤壁之战后，曹操深感人才在统一大业中的关键作用，他为人才的缺乏感到忧虑，求才若渴的心态就显得更加迫切，所以下面这首《短歌行·其一》就是对人才的急切呼唤。

对酒当歌，人生几何！譬如朝露，去日苦多。

概当以慷，忧思难忘。何以解忧？唯有杜康。
青青子衿，悠悠我心。但为君故，沉吟至今。
呦呦鹿鸣，食野之苹。我有嘉宾，鼓瑟吹笙。
明明如月，何时可掇？忧从中来，不可断绝。
越陌度阡，枉用相存。契阔谈宴，心念旧恩。
月明星稀，乌鹊南飞。绕树三匝，何枝可依？
山不厌高，海不厌深。周公吐哺，天下归心。

“对酒当歌，人生几何！譬如朝露，去日苦多。慨当以慷，忧思难忘。何以解忧？唯有杜康”这八句慨叹人生的短暂，为人才的匮乏而忧愁。对曹操来说，时间越是短促，实现国家统一的愿望就显得越迫切。这种焦灼的心态时刻伴随他左右，只好借酒浇愁。这种烦恼，如何解决呢？

曹操接下来说：“青青子衿，悠悠我心。但为君故，沉吟至今。呦呦鹿鸣，食野之苹。我有嘉宾，鼓瑟吹笙。”贤才们啊！“我”是多么思慕你们，若你们来到“我”的身边助“我”，“我”一定会像对待贵宾一样热忱地欢迎你们。

“明明如月，何时可掇？忧从中来，不可断绝。越陌度阡，枉用相存。契阔谈宴，心念旧恩。”那皎洁的明月是抓不住的，时光的流逝也是不会停止的，一想到这些，无尽的忧愁又袭上心头。但恍惚之间，又仿佛看到了那些如明月一样贤能的人才穿梭在路上，他们屈驾来到“我”这里，一起畅叙旧情。这八句表达了曹操对自己内心的无限宽慰，他相信那些贤能的人才一定会来投靠自己。假如人才真的能够到来，他便做出如下承诺:“月明星稀,乌鹊南飞。绕树三匝,何枝可依?山不厌高,海不厌深。周公吐哺,天下归心。”

这八句是在说:人才们啊,你们是否像乌鹊一样南飞,反复比较选择自己的主人呢?请你们下决心到“我”这里来吧,“我”就会像高山不离弃每块土石,大海不放弃涓涓细流一样对待大家。“我”还向各位人才保证,“我”一定会像周公那样礼贤下士,给你们提供施展才华的舞台,让我们一起成就天下归心的宏伟大业。

诗中“周公吐哺”是一个典故,据《韩诗外传》记载,周公自言:“吾文王之子,武王之弟,成王之叔父也;又相天下,吾于天下亦不轻矣。然一沐三握发,一饭三吐哺,犹恐失天下之士。”意思是周公为了接纳天下之士,有时洗一次头,吃一顿饭,都中断数次,这说明周公爱才胜于爱惜自己的身体,始终以国家利益为重。曹操在此以周公自比,表示自己对贤才的渴望。他还承诺“山不厌高,海不厌深”,做出了只要是人才都会得到重用的保证。

《资治通鉴》记载,曹操选择人才的标准是:“不拘微贱,随能任使,皆获其用。”

汉朝选拔官吏时,要求被选用人既要有仁义孝悌等方面的道德品质,又要有高贵的家世出身。曹操为维护和发展势力,让更多的人为自己的事业服务,选人用人不受上述标准限制,强调“唯才是举”。210—217 年,他先后发布了三次“求贤令”,选拔和任用了一批有才能的人。

建安十五年(210),曹操发布了著名的《求贤令》。《三国志·魏书·武帝纪》记载:

> 自古受命及中兴之君,曷尝不得贤人君子与之共治天下者乎!及其得贤也,曾不出闾巷,岂幸相遇哉?上之人不求之耳。今天下尚未定,此特求贤之急时也。“孟公绰为赵、魏老则优,不可以为滕、薛大夫。”若必廉士而后可用,则齐桓其何以霸世!今天下得无有被褐怀玉而钓于渭滨者乎?又得无盗嫂受金而未遇无知者乎?二三子其佐我明扬仄陋,唯才是举,吾得而用之。

《求贤令》与《短歌行·其一》一样,都表明曹操求贤若渴。那么,曹操求得贤才了吗?下面重点介绍曹操招募的与竹林七贤有关的两个人:阮瑀和司马懿。

(一)阮氏一族亲曹魏

此处的阮氏一族主要指阮瑀和竹林七贤中的阮籍、阮咸。阮籍的父亲阮瑀曾师从蔡邕,素有才名。曹操非常欣赏阮瑀的才能,多次召他做官。阮瑀进入曹魏集团后,投桃报李,倾心为曹魏集团服务,为曹操统一北方立下了汗马功劳。也正因为阮瑀与曹操的这层关系,阮籍亲曹魏反司马。他非常同情曹魏政权的遭遇,在司马氏集团中终日郁郁寡欢,饮酒度日,以反礼教、作咏怀诗的方式抵抗司马氏集团的淫威。

那么,阮氏一族与曹魏集团之间的故事是怎样的呢?

一是师从蔡邕赞奇才。

阮瑀(约165—212),生于东汉末年,字元瑜,陈留尉氏(今属河南)人,家中世代为官,家学深厚,与蔡邕是同乡。蔡邕(132—192),字伯喈,陈留圉(今河南省杞县西南)人,东汉文学家、书法家,为著名才女蔡琰(蔡文姬)之父。据《三国志·魏书·阮瑀传》记载:"阮瑀少受学于蔡邕。"意思是阮瑀少时拜蔡邕为师。蔡邕是东汉末年的通才,《后汉书·蔡邕列传》记载,蔡邕"以经籍去圣久远,文字多谬,俗儒穿凿,疑误后学",向皇帝报告,请求将《尚书》《周易》《春秋》《公羊传》等,书在石碑上,立于太学门前。皇帝采纳了他的意见。蔡邕是隶书大师,自觉承担此重任。用时年余,将字写在石碑上,精工雕刻,共立碑四十六通。碑成,前往观赏学习者络绎不绝,"车乘日千余两,填塞街陷"。

蔡邕认真教授阮瑀,阮瑀也刻苦钻研经典、学习书法及音律,其间,阮瑀也因有出色的表现,被蔡邕称为"奇才",从此声名大振。

二是曹操烧山辟阮瑀。

阮瑀才名在外,曹操也有所听闻,但因战事紧张,一直未有征辟阮瑀入仕的机会。建安中都护曹洪曾欲招阮瑀为掌书记,阮瑀坚决不从,曹洪也只好作罢。

建安五年(200)十月,曹操大破袁绍于官渡,此时又想起了阮瑀,遂征召阮瑀入幕府。阮瑀信奉老庄之学,欲做隐士不愿做官,于是逃入山林,躲避征召。

《三国志·魏书·阮瑀传》引《文士传》记载:"太祖雅闻瑀名,辟之,不应,连见逼促,乃逃入山中。太祖使人焚山,得瑀,送至，召入。”意思是：曹操多次征召，阮瑀均未答应入仕，后来躲进山林。曹操命人烧山，阮瑀被迫进入曹操幕府为官。

但这件事并非《三国志》所记，笔者认为，《文士传》的记载未必属实，原因有二：其一，此时的曹操重权在握，辟而不应，后果可想而知；其二，阮瑀入仕后十分卖力，并不断为曹操出谋划策，他撰写的章、表、书、记水平很高，或许也并非是如此被动地加入幕府。

三是撰写章表为知己。

阮瑀是建安七子之一，文才很高，他善于撰写章、表、书、记，与陈琳齐名，为当时一绝。有一次，曹操命阮瑀写一封讨伐关西军阀韩遂的信，因时间紧急，阮瑀就在马背上挥笔写就，一气呵成。把信交与曹操后，曹操竟未能增减一字，足见阮瑀文字的精准练达。曹操军中的一些关于征召或者声讨、揭发罪行的文书大多出于阮瑀、陈琳之手，《三国志·魏书·阮瑀传》记载：“军国书檄，多琳、瑀所作也。”

不仅如此，曹魏与东吴交涉时，阮瑀撰写的《为曹公作书与孙权》更显其水平高超，读起来文意顺畅，收放自如。全文动之以亲情，晓之以利害，明之以大义，恫之以威兵，借古喻今，正反呼应，言论宽厚通达，语句张弛有度，委婉动人，大涨了曹操之气势，令人观之无不动容，起到了规劝与震慑的双重效果，为东吴称臣起到了重要的作用，实为古代檄文之典范。曹丕感佩道：“元瑜书记翩翩，致足乐也。”刘勰评论曰：“魏之元瑜，号称翩翩。”

阮瑀还是一位出色的音乐演奏家。《文士传》曰：

> 太祖时征长安，大延宾客，怒瑀不与语，使就技人列。瑀善解音，能鼓琴，遂抚弦而歌，因造歌曲曰："奕奕天门开，大魏应期运。青盖巡九州，在东西人怨。士为知己死，女为悦者玩。恩义苟敷畅，他人焉能乱？"为曲既捷，音声殊妙，当时冠坐，太祖大悦。

阮瑀一边抚琴，一边高歌，曲终，听者击节称赞，曹操甚是高兴。阮瑀在琴歌中也袒露出了"士为知己者死"的信念，表达了至死跟随曹操的决心。

除了得到曹操的赞赏，阮瑀也颇得曹操之子的欣赏。在与曹丕、曹植的交往中，阮瑀和曹丕走得更近。在曹操立世子的问题上，他虽然没有明确表态，但还是倾向于曹丕。建安十六年(211)，曹丕为五官中郎将、副丞相。一天，阮瑀正在和曹丕谈诗论文，司马懿兴冲冲地进来了。曹丕见他足下生风，面露喜色，忍不住问："仲达满面春风，不知有何喜事？"司马懿神秘一笑，未言。阮瑀却道："眼下再没有比立嗣之事更大的了。"司马懿的高兴事果然被阮瑀言中。

建安十七年(212)，随曹操四处征战的阮瑀撒手人寰，撇下年轻的妻子和三岁的儿子。曹丕悲痛万分，亲自到阮家探望阮籍母子。看着年轻的母亲和幼小的孩子，曹丕伤心至极，提笔写下了《寡妇赋》，他在序中道："陈留阮元瑜与余有旧，薄命早亡，每感存其遗孤，未尝不怆然伤心，故作斯赋，以叙其妻子悲苦之情……"

曹丕对阮瑀的遗孤十分照顾，这个三岁大的孩子在曹丕的呵护下渐渐成长，成年后成了一个鼎鼎大名的人物，他就是阮籍。阮咸是阮瑀的孙子、阮籍的侄子，其父阮熙，官至武都太守。

由此可见，阮氏一族与曹魏集团关系密切，阮瑀、阮熙忠实地服务于曹魏集团，受到了曹氏父子的高度重视和悉心关照，他们是曹魏集团的重要成员。

阮瑀之子阮籍、孙阮咸均为竹林七贤的代表人物，阮氏一族可谓东汉末及曹魏、西晋时期一道靓丽的风景线。

（二）司马一族侍曹魏

司马氏最开始服务于东汉王朝，后曹魏集团成了东汉末期政权的实际控制者，甚至取代了东汉政权，司马氏又服侍于曹魏集团，成了曹魏集团的骨干力量。司马氏的代表人物就是司马氏父子三人，即司马懿、司马师、司马昭。朝野上下都赞扬司马懿很有才能，让爱惜人才的曹操记住了这个名字。

官渡之战后，曹操便征召司马懿进入自己的幕府。开始时司马懿称病不应召，曹操对司马懿称病一事表示怀疑，他始终关注着司马懿的一举一动。最终司马懿进入了曹操的幕府，走上了为曹魏集团服务的政治征程，并从曹魏集团中学到了很多政治、军事本领，他将这些本领手把手地传授给了自己的两个儿子——司马师、司马昭，为司马氏最后颠覆曹魏政权奠定了坚实基础。

那么，司马一族又有怎样的故事呢？

一是司马仲达少“奇节”。

司马懿(179—251),字仲达,司州河内郡温县孝敬里舞阳村(今河南省温县招贤镇)人,出身士族,三国时期著名政治家、军事家,西晋王朝的奠基人。西晋建立后,被追尊为宣帝。

司马懿的高祖父司马钧为汉安帝时的征西将军,曾祖父司马量为豫章太守,祖父司马儁为颍川太守,父亲司马防为京兆尹。司马防育有八子,因字中都有一个“达”字,当时号称“司马八达”。晋武帝司马炎曾说:“本诸生家,传礼来久。”

司马一族与曹操一家颇有渊源。司马防与曹操同为朝廷命官,彼此熟悉。司马防长子司马朗被曹操征召为司空掾属,应召后工作很卖力,名声也好,生活节俭,深得百姓爱戴。司马防的第三子司马孚性格温厚廉洁,以贞白自立,自言终生事魏。他博涉经史,在汉末动乱之时,迁徙途中也不忘读书学习。后被曹植选为文学掾。220 年曹丕继任后,司马孚又升为太子中庶子,辅佐曹丕。

此处需重点介绍的便是司马懿。据《晋书·宣帝纪》记载:“帝即防之第二子也。少有奇节,聪朗多大略,博学洽闻,伏膺儒教。汉末大乱,常慨然有忧天下心。”意思是:司马懿是司马防的第二子。司马懿少年时即有“奇节”,聪明而有谋略,博学而多闻,潜心于儒学研究。汉末天下大乱,经常发出感慨,为天下苍生安危而担忧。

当时的南阳太守杨俊是司马懿的同乡,素以善于识人而著称。有一次,他碰巧见到了未满 20 岁的司马懿,便觉得他是个非同寻常的人物。当时的尚书崔琰与司马懿之兄司马朗交好，崔琰对司马朗说："君弟聪亮明允，刚断英特，非子所及也。"

受到南阳太守杨俊和尚书崔琰的夸赞后，司马懿名声大振，为其后来入朝为官奠定了基础。

二是曹操征召患痹病。

不论出身、不论品行、只论才能是曹操选人用人的标准，名声、人品俱佳的司马懿便成为他征召的对象。

建安六年（201），曹操取得官渡之战胜利后，位列三公，是为司空。他深知官渡之战的胜利离不开谋士献计，在空闲之时又想起了有奇节的司马懿，于是征召司马懿到府中任职。

《晋书·宣帝纪》记载："郡举上计掾。魏武帝为司空，闻而辟之。帝知汉运方微，不予屈节曹氏，辞以风痹，不能起居。"当时州郡选拔人才，曹操听闻司马懿之才想征为己用。司马懿见汉朝国运已微，不想屈居在曹操手下，便借口自己中风，四肢不听使唤、身体不能自理，委婉拒绝了曹操。这说明司马懿很有政治远见，他看到目前政治形势还不太明朗，朝廷权力还没有全部集中于曹操手中，反曹势力仍暗流涌动，再加上曹操是宦官之后，故不情愿、不甘心到曹操幕府里做官。

对司马懿以"风痹"为由拒绝入仕，曹操甚是怀疑，为分辨真伪，他暗中派人求证。《晋书·宣帝纪》记载："魏武使人夜往密刺之，帝坚卧不动。"

按照曹操的安排，刺客夜间潜入司马懿家中，在其未入睡前进入卧室，故意发出动静，让司马懿知道有刺客前来，刺客快步走近床边，举刀刺向司马懿头部，他竟一动不动，只是眼含惊恐，此刻刺客突然收手，转身离开，向主人报告去了。司马懿的装病演技确实让人叹服，就连足智多谋的曹操都被蒙骗过去了，也验证了《晋书》对其"多大略"的精准评价。

司马懿装病暂时把曹操骗过去了，但为了不被别人看出破绽，他就必须真实地演下去。平日不独自出门，若出门必有人搀扶；若来人探望还要卧床不起，一日三餐需人服侍，就这样，司马懿一"病"竟长达七年之久，他的城府之深，耐性之稳，演技之好，可见一斑。

建安十三年(208)，曹操任汉朝丞相。赤壁之战的失败，促使曹操采取一些措施，稳定内部。这一次，曹操采取了强制手段辟司马懿为文学掾。《晋书·宣帝纪》记载："及魏武为丞相，又辟为文学掾，敕行者曰：'若复盘桓，便收之。'帝惧而就职。"曹操明确告诉征召官员："若司马懿再以其他理由不合作，就直接把他绑过来见我。"估计司马懿自知理亏，于是迅速应召了。心机颇深的司马懿可能已经看出了明朗的政治形势，曹操完全掌控了朝堂大局，出山的时机成熟了。

从此，司马懿就伴随曹氏父子左右，参与军机大事，开启参与政治、军事、外交事务的新生涯。

三是常为丞相出奇计。

既来之则安之，认清全国形势走向的司马懿不再装疯卖傻，而是在曹魏阵营里大显身手，将自己的政治、军事才能展现得淋漓尽致。他经常为曹氏父子出谋划策，参与了讨伐张鲁、孙权的军事行动。

《晋书·宣帝纪》记载：

> 魏国既建，迁太子中庶子。每与大谋，辄有奇策，为太子所信重，与陈群、吴质、朱铄号曰四友。
>
> 迁为军司马，言于魏武曰："昔箕子陈谋，以食为首。今天下不耕者盖二十余万，非经国远筹也。虽戎甲未卷，自宜且耕且守。"魏武纳之，于是务农积谷，国用丰赡。帝又言荆州刺史胡修粗暴，南乡太守傅方骄奢，并不可居边。魏武不之察。及蜀将关羽围曹仁于樊，于禁等七军皆没，修、方果降羽，而仁围甚急焉。
>
> 是时汉帝都许昌，魏武以为近贼，欲徙河北。帝谏曰："禁等为水所没，非战守之所失，于国家大计未有所损，而便迁都，既示敌以弱，又淮沔之人大不安矣。孙权、刘备，外亲内疏，羽之得意，权所不愿也。可喻权所，令掎其后，则樊围自解。"魏武从之。权果遣将吕蒙西袭羽公安，拔之，羽遂为蒙所获。

上述记载说明，司马懿颇具军事谋略，深得曹氏父子器重，从而成了曹丕不可或缺的幕僚。

四是狼顾之相受猜忌。

据《晋书·宣帝纪》记载，一个噩梦让司马懿备受曹操猜忌。

司马懿有一个生理上的异相，那就是“狼顾之相”。其特征就是能够像狼那样头部正面向后看而保持身体不动。据说有此特征的人，都是嗜血残忍的虎狼之辈，是随时可能反咬一口的危险人物。

于是，曹操找机会试探了司马懿。一天，他交代司马懿去办一件事情，司马懿没走多远，曹操突然叫住了他，司马懿转过头来，脸正好对着曹操，而他的整个身体依然保持向前走的姿势。从此，曹操对司马懿有了戒心。

没过多久，曹操又做了一个梦，梦见“三马同食一槽”，就是有三匹马同在一个槽里吃草料。曹操是个很多疑且迷信的人，他认为“三马”就是司马懿父子三人，“一槽”就是曹氏江山。

司马懿的“狼顾之相”，再加上这个梦，让曹操有一种挥之不去的不祥预感，他把自己的判断告诉曹丕：“司马懿非人臣也，必预汝家事。”意思是，司马懿非等闲之辈，不会长期甘居人臣的，将来他一定会干预咱们曹家的大事，一定要时时提防啊！

五是处处谨慎化险凶。

司马懿受到曹操猜忌后，更加小心翼翼，低调从事。除此之外，他要给自己找一个逢凶化吉的靠山，于是他把这个宝压在了曹丕身上。

司马懿凭借敏锐的政治嗅觉，看准曹丕将来要成大事，就开始尽心地为曹丕出谋划策，逐步和曹丕走进了一个阵营，建立起了牢不可破的亲密伙伴关系。司马懿为了表示对曹魏的忠心，更加忠于职守，不分分内分外，不分重活脏活，他都做得井井有条，甚至割草喂马都抢着争着去干。

建安二十五年(220)，曹操病逝，司马懿主动承办了丧事，并且办得隆重庄严，《晋书》云“内外肃然”。

这是曹马关系的第一阶段，曹操制服了司马懿，司马懿以委曲求全、俯首帖耳的高超演技赢得信任，化险为夷。

六是精心辅佐文帝、明帝。

司马懿依靠卓有成效的工作，取得了曹魏皇帝曹丕的高度信任，他再也不用担心“螳螂捕蝉，黄雀在后”的危险，开始了大显身手的辅佐生涯。

建安二十五年(220)十月，承继魏王的曹丕在华歆、贾诩、司马懿和众多亲信大臣的拥护下代汉自立，做了皇帝，史称魏文帝，改建安二十五年为黄初元年。可以说，司马懿是曹魏的开国功臣。曹丕登基后，对司马懿更加器重和信任，而司马懿对曹丕也是忠心耿耿，不遗余力地为曹魏政权服务。这点从曹丕的安排上可以得到验证。

《晋书·宣帝纪》记载：黄初二年(221)，司马懿督军官职撤销，迁为侍中、尚书右仆射。黄初五年(224)，曹丕南巡准备进攻东吴，在魏吴边界阅兵。司马懿留下镇守许昌，改封为向乡侯，“转抚军、假节，领兵五千，加给事中、录尚书事”。司马懿坚意辞让。曹丕安慰道：“我处理各种政务，夜以继日，没有片刻休息时间。任此职并非荣耀之事，只是为我分忧罢了。”

司马懿这才答应,并且很好地完成了留守后方的任务。

黄初六年(225),曹丕又大兴水师征吴,再次命司马懿居守,一则安定内部百姓,二则供应前线军需。临行下诏说:“后方的事我很不放心,所以才委托给你,汉初曹参虽有战功,但萧何的封赏最重。你能使我无后顾之忧,这不就行了吗?”曹丕自广陵回洛阳,给司马懿下诏说:“我东征,抚军你就统领西边的事;我西征,抚军就统管东边的事。”于是司马懿留镇许昌。作为皇帝的曹丕如此相信司马懿,让司马懿更加尽心尽力为曹魏政权服务。

黄初七年(226)五月,当曹丕临终之时,特意把中军大将军曹真、镇军大将军陈群、抚军大将军司马懿召到身边,颁布临终顾命,让他们共同辅佐太子曹叡。曹丕还告诫曹叡:“有间此三公者,慎勿疑之。”

227年六月,曹叡即皇帝位,史称魏明帝,改元太和,改封司马懿为舞阳侯。

太和四年(230),司马懿迁为大将军,加大都督、假黄钺,与曹真一起伐蜀。司马懿自西城凿山开道,水陆并进,沿沔水而上,到达朐䏰,打下新丰县。

如果说曹操对司马懿是压服,曹丕对司马懿是信任,那么曹叡对司马懿就是仰仗了。曹叡在位13年,司马懿除了继续扮演“忠臣”的角色,报答曹氏的知遇之恩外,还为自己赢得了“军事良将”的称号。

事实上,司马懿确实是个人才,他先后为曹操、曹丕和曹叡祖孙三代服务，时间长达 30 多年。

三、山涛司马中表亲

山涛是竹林七贤聚会的促成者，开始入仕于曹氏集团，后成为司马氏集团的重要成员。山涛与司马氏有非常特殊的关系，他进入司马氏阵营后，尽心竭力地为司马氏集团服务，为西晋政权的建立做出了重大贡献。

山涛与司马懿是同乡，在古代，特别是正逢乱世，这种同乡关系是比较亲近的，他们很容易结成政治上的同盟。

而山涛和司马懿不仅是老乡，还是中表关系。山涛的表姑张春华嫁给了司马懿，为其原配正妻，晋代魏后被追封为其宣穆皇后。张春华和司马懿共同生育了三子一女，其中长子司马师和次子司马昭都是影响魏晋历史进程的关键人物。

山姓族人与司马懿时常有亲戚走动，司马懿在正始年间已经知道了山涛的名字，山涛在河内郡的政绩、在河南郡从事岗位上的工作表现，司马懿、司马孚兄弟均已清楚知晓，并纳入了关注视野，他们也把山涛的情况告知了司马师、司马昭兄弟。

作为竹林七贤的重要人物，山涛有着远大的政治抱负和较强的从政能力，西晋建立后位列三公，仕途可谓一帆风顺。

四、嵇康相交曹魏家

山涛借助与司马氏的姻亲关系，成为司马氏集团的重要成员。那么,同为竹林七贤的嵇康及其父亲、兄长又会选择什么样的阵营呢?

一是嵇昭忠诚曹魏家。

嵇昭是嵇康的父亲,与曹操是同乡。那么,嵇昭是何时认识曹操的呢?又怎么进入曹操幕府的呢?

《三国志·魏书·武帝纪》记载:

> 光和末,黄巾起,拜骑都尉讨颍川贼。迁为济南相。国有十余县,长吏多阿附贵戚,赃污狼藉,于是奏免其八。禁断淫祀,奸宄逃窜,郡界肃然。久之,征还为东郡太守;不就,称疾归乡里。

意思是:曹操因平叛有功,被拜为济南相。他任职期间,不畏强权,打击豪强,使当地社会治安大为好转。但也由此受到排挤,后来让他去做东郡太守。曹操没去就职,称病回到了家乡。

曹操回到家乡后干了些什么事呢?《三国志·魏书·武帝纪》曰:"筑室城外,春夏习读书传,秋冬弋猎,以自娱乐。"曹操回到家乡后,春夏季节读书学习,秋冬季节骑马围猎,与朋友一起饮酒娱乐。曹操也是豪门出身,在家乡影响很大。

初平元年(190),曹操曾回到老家招募士兵,"至铚、建平,复收兵得千余人,进屯河内",嵇昭就是此时加入曹操的军队,成为督军粮治书侍御史。督军粮治书侍御史是监察军粮的一个执法官,这个官职很重要,足见曹操对嵇昭的高度信任,嵇昭可以算作曹魏集团的亲信之一。

从嵇昭这一层关系看，嵇家与曹家一是同乡关系，二是属僚关系，在政治上属于一个阵营。

而嵇康与曹家还有一层重要的关系——姻亲关系。这对嵇康的一生产生了重大的影响。

二是嵇康迎娶曹家女。

嵇康的才能、相貌引起了曹家的高度关注，经过曹家的精心考察后，他成为曹家的女婿。

嵇康大约20岁时，迎娶了曹魏的长乐亭主。这对嵇康来讲是人生道路上的一个重要转折点，从此他的命运与曹魏集团的命运紧紧地连在了一起。

曹林是曹操之子，其母是曹操的哪位夫人呢？

建安三年(198)，曹操攻克下邳后，纳吕布僚属秦宜禄之妻杜氏为妾。杜氏与曹操共育有二男二女：沛王曹林、中山王曹衮、金乡公主和高城公主。建安至黄初时，曹林的封地在谯郡，后改封沛国。曹魏时期的诸王，虽然几乎被剥夺了一切政治权力，但经济待遇仍和从前无异。曹林是位才气平庸而且安守本分的亲王，对帝位不构成任何威胁，因而没有受到迫害，并不断被增加封户，长寿善终。在曹林的子女中，史书留名的有三位——曹纬、曹赞和曹壹，后两位儿子先后奉旨继承已故无子的济阳王曹玹之家业，并相继夭折，曹纬作为长子则继承了父亲曹林的王位，曹纬的妹妹就是嵇康的妻子长乐亭主。

关于长乐亭主与曹林的关系，历史上有两种不同记载：一是据《三国志》卷二十《武文世王公传》注引《嵇氏谱》载:“嵇康妻,林子之女也。”意思是长乐亭主为曹林的孙女;二是据《文选·恨赋》注引王隐《晋书》载:“嵇康妻,魏武帝孙,穆王林女也。”意思是长乐亭主为曹林的女儿。

长乐亭主是曹林的女儿,还是曹林的孙女呢?

目前学术界多数学者认为长乐亭主是曹林的孙女,原因是撰写《三国志》的陈寿是三国时期人,《三国志》更接近史实。

但笔者认为,长乐亭主为曹林之女更为合理:第一,从年龄推测。假设建安三年(198)曹操纳杜夫人后即生曹林,曹林应生于建安四年(199)。而嵇康在景元二年(261)所作《与山巨源绝交书》一文中说:“女年十三。”嵇康的长女出生在 249 年前后。若长乐亭主为曹林孙女,这 50 年间隔要存在三代人,那么他们平均的结婚年龄在 15 岁之前,这不太符合当时的情况。第二,从身份推测。嵇康因与长乐亭主结婚而任中散大夫,可见,结婚时对方已具亭主身份。按照规定,诸侯王之女为亭主,若长乐亭主为曹纬之女,她的封号要等到甘露元年(256)曹林去世、曹纬袭爵之后才能获得,但嵇康与长乐亭主至少在 249 年之前就已完婚,故长乐亭主为曹林之女是比较符合事实的。

戴明扬教授在《嵇康集校注》中指出:“以叔夜之年计之,当以娶林之女为合。”认为长乐亭主为曹林之女。王晓毅教授在《嵇康评传》里也提出了类似的观点,并进行了合理的推理论证。

有一点是不争的事实，那就是嵇康是曹魏家族的女婿。

那么，嵇康究竟何时与长乐亭主成婚的呢？

嵇康出生于黄初四年（223），他与长乐亭主结婚的时间，应在正始十年（249）长女出生之前，而正始中期（正始五年前后）的可能性最大，当时嵇康的年龄是二十几岁。按照当时的惯例，与皇室宗亲之女成婚者都会被朝廷加官晋爵，委以官职，嵇康也不例外。《世说新语・德行》注引《文章叙录》曰："康以魏长乐亭主婿，迁郎中，拜中散大夫。"《晋书・嵇康传》载："与魏宗室婚，拜中散大夫。"从这两个记载看，嵇康先被授予郎中职务，俸禄是三百石，不久晋升为七品中散大夫一职，俸禄增加一倍，为六百石。"郎中"是对帝王侍从官的通称，其职责原为护卫、随从，备帝王顾问及差遣；"中散大夫"是汉朝时设立的一个散官，"中"说明属于皇宫内臣，侍奉皇帝左右，"散"是闲散之官的意思，有官名，有俸禄，一般是六百石，但没有固定员额，也没有固定职务和实权，是一个有名无实的闲职。

正因为这种婚姻的关系，嵇康受到了曹魏皇室的信任和重用，当山涛和阮籍选择隐居的时候，嵇康已经踏上了仕途。

嵇康的出身和婚姻也几乎决定了他未来的前途和命运走向，因为嵇康和长乐亭主喜结良缘的时候，也正值曹马之争渐趋白热化，很快便要到达博弈见分晓的时候。

三是兄长投靠司马攸。

嵇康的兄长嵇喜（生卒年不详）有自己独特的价值取向，

他亲眼看到了曹魏家族的衰败，为了生存和嵇氏家族的平安，选择了亲近司马氏，走向了与司马氏集团合作的道路。

嵇喜很有才华，《晋书·嵇康传》记载："兄喜，有当世才，历太仆、宗正。"曹魏时，嵇喜举秀才出身，有当世之才，任卫将军司马攸司马。西晋建立后，历任江夏太守、徐扬二州刺史、太仆、宗正。曾打退吴国进攻，平定建业之乱，卒于任上。

司马攸(248—283)，河内郡温县(今河南温县西南)人，西晋宗室、书法家，晋文帝司马昭次子，晋武帝司马炎同母弟，因伯父司马师无子而被过继，袭封舞阳侯。西晋建立后封齐王，嵇喜是齐王司马攸一派的重要幕僚。

《晋书·齐王攸传》记载，曹魏咸熙二年(265)，司马昭过世。其子卫将军司马攸因过分悲伤而绝食，左右劝阻皆不听。嵇喜时任卫将军司马，进谏且"躬自进食，攸不得已，为之强饭"。司马攸谓左右曰："嵇司马将令我不忘居丧之节，得存区区之身耳。"从对司马攸的劝慰上，足见嵇喜对司马攸之忠诚、服务之周到。

嵇喜也很有军事才能。《晋书·武帝纪》记载："(泰始十年)吴将孙遵、李承帅众寇江夏，太守嵇喜击破之。""(太康三年)吴故将莞恭、帛奉举兵反，攻害建邺令，遂围扬州，徐州刺史嵇喜讨平之。"嵇喜在两次对东吴的军事行动中都取得了胜利，为三国归晋立下了汗马功劳。

正因为嵇喜投靠了司马氏集团，故不为阮籍、吕安等清流所认可。

据《世说新语·简傲》记载，嵇康和吕安是莫逆之交，一次，吕安访嵇康未遇。嵇喜很热情地招呼吕安进屋，吕安拿出笔，在门上写了一个很大的“鳳”（“凤”的繁体字）字便扬长而去。嵇喜以为凤是吉祥之物，吕安是在恭维自己，当时甚是高兴。后来才知道把此字拆开，就是“凡鸟”之意，吕安只不过讽刺嵇喜是个平庸的俗人罢了。

四是兄弟相依又相容。

嵇康与嵇喜虽道不同，却有兄弟之间的情深义重。

嵇喜是长兄，在丧父后，担负起了照顾嵇康、撑起门楣的重任，他历经世事挫折，将嵇康抚养成人，其中的辛苦可想而知。

嵇喜曾为嵇康写过一篇《嵇康别传》，如今成为研究嵇康的第一手资料。开头一段话描述准确，用词精当：“康长七尺八寸，美音气，伟容色。土木形骸，不加饰厉，而龙章凤姿，天质自然。正尔在群形之中，便自知非常之器。”寥寥几笔就把嵇康的风度才情描画了出来，好像嵇康站在自己旁边一样。如果嵇喜没有对弟弟的爱，即使有很好的文学修养，恐怕也不可能写出这么优美的句子。

后来，嵇喜以秀才身份参军，进入了司马攸的幕府，嵇康非常担心，专门写了十八首四言诗相赠。诗中反复表达对嵇喜的思念和担忧，同时也表明自己对名利和富贵的鄙视，以及远离政治、洁身自好的隐居之志。

下面以嵇康《赠秀才入军》其中的几首诗为例，来看嵇氏兄弟的情谊。

赠秀才入军·其九

良马既闲，丽服有晖。左揽繁弱，右接忘归。
风驰电逝，蹑景追飞。凌厉中原，顾盼生姿。

繁弱是良弓，忘归是名箭，这是嵇康想象哥哥嵇喜身着戎装、跃马驰骋、左右开弓的飒爽英姿和镇静从容。从这首诗中可以看出嵇康眼中的嵇喜潇洒脱俗，绝非平庸凡俗之辈。

赠秀才入军·十四

息徒兰圃，秣马华山。流磻平皋，垂纶长川。
目送归鸿，手挥五弦。俯仰自得，游心太玄。
嘉彼钓叟，得鱼忘筌。郢人逝矣，谁与尽言。

诗歌词句幽美，如同剪影，情景交融，形神兼备。其中“目送归鸿，手挥五弦。俯仰自得，游心太玄”四句，与其说是描画嵇喜的风貌，不如说是嵇康本人的写真，形神并茂，意境幽远，成为传诵千古的名句；一句“郢人逝矣，谁与尽言”，抒发了对兄长的无尽思念，手足之情跃然纸上，溢于言表。

赠秀才入军·十六

乘风高游，远登灵丘。托好松乔，携手俱游。
朝发太华，夕宿神州。弹琴咏诗，聊以忘忧。

赠秀才入军·十七

琴诗自乐，远游可珍。含道独往，弃智遗身。
寂乎无累，何求于人。长寄灵岳，怡志养神。

赠秀才入军·十八

流俗难悟，逐物不还。至人远鉴，归之自然。
万物为一，四海同宅。与彼共之，予何所惜。
生若浮寄，暂见忽终。世故纷纭，弃之八戍。
泽雉虽饥，不愿园林。安能服御，劳形苦心。
身贵名贱，荣辱何在。贵得肆志，纵心无悔。

嵇康在这三首诗中表达出归隐山林的志向与决心，表明吟诗、弹琴、交游是多么快活，何必苦苦地求于他人，同时也希望兄长摒弃功名利禄，同自己携手俱游，聊以忘忧。

嵇康继曹操之后又一次把四言诗推向了高峰，诗歌音节流畅，意象清新。若没有对兄长的一片深情，不可能一气呵成写出十八首四言诗的。

嵇喜收到弟弟嵇康的赠诗，也写了四首赠答诗，对自己入司马攸军队的选择做了解释，也希望弟弟嵇康不要终日沉湎于弹琴、吟诗，要学会变通，适应社会，走出山林和自己一道干一番事业，光大嵇氏家族的门庭。他写了《秀才答四首》，在前三首中写道：

秀才答四首·其一

华堂临浚沼,灵芝茂清泉。仰瞻春禽翔,俯察绿水滨。
逍遥步兰渚,感物怀古人。李叟寄周朝,庄生游漆园。
时至忽蝉蜕,变化无常端。

秀才答四首·其二

君子体变通,否泰非常理。当流则蚁行,时游则鹊起。
达者鉴通塞,盛衰为表里。列仙徇生命,松乔安足齿。
纵躯任世度,至人不私已。

秀才答四首·其三

达人与物化,世俗安可论。都邑可优游,何必栖山原。
孔父策良驷,不云世路难。出处因时资,潜跃无常端。
保心守道居,视变安能迁。

其中第三首表达了自己的志向,同时也规劝弟弟嵇康"都邑可优游,何必栖山原"。大意是通达事理的人应该从善如流,顺应时势,与世俗相安无事;只要内心清静,即使在都市里也可以优游卒岁,洁身自好,何必一定要隐居在山林原野呢?应该说,嵇喜的这种思想并非全无道理,它包含了调和儒与道、仕与隐的愿望。

历史似乎塑造了一个追求名利、俗不可耐的嵇喜形象,但嵇康对自己的兄长却并不厌嫌，他们兄弟情谊极为深厚，嵇康《幽愤诗》有言："母兄鞠育，有慈无威。"他们在这个动乱的时代里相依相重相惜，嵇康对哥哥的情感在《赠秀才入军》诗中表达得十分直白。他将哥哥比作自己的伴侣，如"双鸾""鸳鸯""俦侣"，原是朝夕相伴，又写生离后的"哀吟"，以表达自己对兄长的牵挂，甚至还运用"运斤成风""绝弦"等典故以喻二人之情，颇有一种向兄长撒娇、偶有怨言的纯真可人之处。如果这位兄长真的是那么浅薄又无知，以嵇康的孤傲、狂放又怎会与兄长情谊深厚呢？显然嵇喜在文学和人品志向上还是为嵇康所认同的。胡应麟曰："及读喜诗，有《答叔夜》四章四言，殆相伯仲。五言'列仙徇生命，松乔安足齿。纵躯任度世，至人不私己'。其识趣非碌碌者，或韵度不侔厥弟，然以凡鸟流俗遇之，亦少冤矣。"且看嵇喜《秀才答四首》，四首诗整体上塑造了一个以世为己任的入世者形象。嵇喜劝慰弟弟"李叟寄周朝，庄生游漆园"，表明自己为世为民的洒脱心态，继承了儒家的积极入世精神，又辅以道家的变通思想。嵇喜作为兄长，在诗中先回应嵇康的情感，再以"都邑可优游，何必栖山原"传达自己积极入世的思想，体现了他沉稳明朗的性格。嵇喜确实是按照自己的选择，以他的方式入仕并且有所作为，与嵇康都具有坚守初心的美好品质。

竹林七贤中的人有的与曹魏集团有关，有的与司马氏集团有关，在高平陵之变前，他们与两大集团的关系并不清晰，不存在站队问题。其间他们远离尘嚣，避世风俗，游于竹林，酣畅饮酒，醉卧高台，赋诗弹琴，长啸高歌，谈玄问道，他们是快乐的、自由的、无拘无束的、放纵自我的。但好景不长，一场政变即将爆发，竹林七贤宁静的生活也将被打破。

高平陵之变后，在黑云压城城欲摧的形势面前，他们必须做出选择——“隐”还是“仕”。他们也按照自身与两大集团的关系开始选边、站队，阮籍、山涛、阮咸、王戎分别以不同的方式进入司马氏集团做官，嵇康、向秀、刘伶选择了继续隐居，留在了风景秀丽的云台山百家岩嵇康别墅，从此竹林七贤沿着各自选择的人生道路走向了远方。

第三章　曹马博弈分胜负

品读竹林七贤的故事，必须抓住曹马之争这个主要矛盾，波谲云诡的曹马之争直接把竹林七贤牵扯其中，“选择”成为他们的生死课题。那么，曹马之争是从什么时候开始的呢？

正始，是三国魏的一个年号，时间在240—249年，历史上的曹马之争就是从正始年间开始的。高平陵之变后，曹魏政权再无宁日，又经过16年的政治博弈，司马家族取得决定性胜利。那么曹马之争究竟是在什么情况下开始的？中间又有哪些人参与其中？我们的主人公竹林七贤又受到哪些冲击呢？本章将解开这个谜题。

一、明帝托孤两大臣

魏明帝曹叡（206—239），字元仲，沛国谯县（今安徽亳州）人，魏文帝曹丕长子，三国时期魏国的第二位皇帝，226—239

年在位，其间曾使用太和、青龙、景初三个年号，景初是最后一个。

景初三年(239)正月二十二日这一天，天寒地冻，京城洛阳更是寒气逼人，嘉福殿的皇帝寝宫一片肃杀悲凉景象，当朝皇帝曹叡即将驾崩，他奄奄一息地躺在龙床上，面如土色，双目紧闭，侍候的宫女、宦官都静候在旁。

《魏氏春秋》曰："时太子芳年八岁，秦王九岁，在于御侧。"当时在御床旁边侍立的，还有两个小男孩：一个是 8 岁的齐王曹芳，另一个是 9 岁的秦王曹询。这两个小男孩都是魏明帝曹叡的养子，本来曹叡有三个亲生的儿子，却无一例外地夭折了。为了延续曹魏大统，曹叡只好收养了两个男孩。至于这两个男孩来自谁家，史书语焉不详，《三国志·魏书·齐王芳传》记载："宫省事秘，莫有知其所由来者。"意思是宫廷里的事很秘密，没有人知道这是曹家谁的孩子。

此时此刻，病重的曹叡还在等待托孤大臣的到来，他有些身后事需要向他交代清楚，这个托孤大臣就是司马懿。那么这个时候司马懿去了哪里呢？

景初元年(237)，辽东太守公孙渊(？—238)，自立为燕王。曹叡命年近花甲的太尉司马懿带兵前往辽东征讨叛军。司马懿采取欲擒故纵策略，最终大败叛军。据《晋书·宣帝纪》记载：司马懿入城以后，立两个标杆以区别新旧。15 岁以上的男子 7000 余人全部杀死，集中尸首修成一个高大的坟墓；公卿以下的伪官吏也都杀掉，将军毕盛等 2000 余名军人被杀，收百姓 4 万户，30 余万人。辽东近万人一日之间便灰飞烟灭了。这次平叛屠杀，暴露出了司马懿的残忍本性。

司马懿刚到达襄平还未与公孙渊交战时，夜晚便梦见曹叡枕在自己膝上，说："看着我的脸。"司马懿俯视天子，见其面目异于平常。平定公孙渊之乱后，曹叡先下诏让司马懿走便道镇守关中，又下诏召司马懿回京，三日之内，诏书下达五次。天子亲笔写的诏书道："近时寝卧不安，望君早到，到京便直接撞开宫门而入，见我的面。"

接到五次诏书，政治斗争经验丰富的司马懿大为震惊，乘追锋车日夜兼行，白屋至京四百余里，一宿便到。

接着，便出现了曹叡托孤的动人场面。司马懿到达京城洛阳后便直接被引入嘉福殿曹叡病榻前。司马懿流着泪问候天子病情，天子握住他的手，看了看齐王，对司马懿说："我将后事托付给你了。我撑着最后一口气就是为了等你，能够见到你，也就没有遗憾了。"

《三国志·魏书·明帝纪》记载：

> 三年春正月丁亥，太尉宣王还至河内，帝驿马召到，引入卧内，执其手谓曰："吾疾甚，以后事属君，君其与爽辅少子。吾得见君，无所恨！"宣王顿首流涕。即日，帝崩于嘉福殿，时年三十六。癸丑，葬高平陵。

《魏略》载：

> 帝既从刘放计，召司马宣王，自力为诏，既封，顾呼宫

中常所给使者曰："辟邪来！汝持我此诏授太尉也。"辟邪驰去。先是，燕王为帝画计，以为关中事重，宜便道遣宣王从河内西还，事以施行。宣王得前诏，斯须复得后手笔，疑京师有变，乃驰到，入见帝。劳问讫，乃召齐、秦二王以示宣王，别指齐王谓宣王曰："此是也，君谛视之，勿误也！"又教齐王令前抱宣王颈。

文中的宣王就是司马懿。司马炎建立西晋后，追封司马懿为宣王。

上述托孤事件说明三件事：一是曹叡非常信任司马懿，等了许久就是为了见司马懿一面交代后事，一句"吾得见君，无所恨"可以看出司马懿在曹叡心中的分量之重。二是司马懿此前可能未见过齐王曹芳。曹叡指着曹芳告诉司马懿，"君谛视之，勿误也"，说明二人并不熟悉。三是托孤时曹叡向司马懿明确与曹爽共同辅佐幼主。曹爽是曹魏宗室、大司马曹真的儿子。《三国志·魏书·曹真传》记载："曹真字子丹，太祖族子也。太祖起兵，真父邵募徒众，为州郡所杀。太祖哀真少孤，收养与诸子同，使与文帝共止。"这段话的意思是：曹真是曹操同族的侄子。起兵时，曹真的父亲曹邵负责招募士兵，后被州郡长官所杀害。曹操可怜曹真小小年纪就成了孤儿，遂收为养子，像对待自己的儿子曹丕一样待他。

曹真是曹操的养子，曹爽也就是曹操的侄孙了。

曹爽、司马懿共同辅佐曹芳的安排还是比较合理的。在权力分配上，两位托孤大臣都有行政权和军队指挥权，可以共执朝政。从辅佐架构上看，曹爽为曹魏宗室之人，担任大将军，位在司马懿之上；司马懿曾辅佐曹魏三代主人，三朝元老，担任太尉，可以说鞍前马后，尽心尽力。按理说，二人互相牵制，权力制衡，若他们对曹魏皇室忠诚，则有利于政权稳固。但曹爽自我膨胀，专权跋扈，为司马懿夺权提供了借口和机会；而司马懿也终于暴露自己的野心，曹叡肯定没有料到，这个自己硬撑着等待的司马懿，最终会带领他的两个儿子司马师和司马昭，窃取了曹魏的政权。

二、曹爽架空司马懿

曹叡去世后，朝堂之上渐渐形成曹爽集团与司马懿集团斗争的局面。两大集团的政治争斗到底经历了哪几个回合呢？曹爽集团又是怎样一步步把司马懿架空的呢？

（一）爽初尊重司马懿

《三国志·魏书·曹爽传》是这样记载曹爽的：

> 爽字昭伯，少以宗室谨重，明帝在东宫，甚亲爱之。及即位，为散骑侍郎，累迁城门校尉，加散骑常侍，转武卫将军，宠待有殊。帝寝疾，乃引爽入卧内，拜大将军，假节钺，都督中外诸军事，录尚书事，与太尉司马宣王并受遗诏辅少主。明帝崩，齐王即位，加爽侍中，改封武安侯，邑万二千户，赐剑履上殿，入朝不趋，赞拜不名。

曹爽年少时谨慎持重，深得魏明帝喜爱。曹叡驾崩前拜曹爽为大将军，并令其与太尉司马懿共同辅佐少主曹芳。曹叡驾崩后，曹芳赐曹爽带剑上殿的殊荣，可谓富贵至极。

司马懿和曹爽之父曹真都是曹魏重臣，魏文帝、魏明帝时期，二人相互协作，共同抵御蜀汉、东吴，为曹魏政权的巩固做出了很大贡献。曹芳即位之初，曹爽坚守年少时谦虚谨慎的作风，对司马懿很尊重，始终以父辈视之。他自认为在治国理政方面不如司马懿经验丰富，每遇到国家大事，唯恐出现失误，不敢擅作主张，经常趋前请教司马懿，司马懿也把曹爽当作晚辈看待，对曹爽请教的问题都知无不言。两位托孤大臣曾融洽相处，史书上均有记载。《三国志·魏书·曹爽传》载："初，爽以宣王年德并高，恒父事之，不敢专行。"北宋史学家裴松之作注曰："初，宣王以爽魏之肺腑，每推先之，爽以宣王名重，亦引身卑下，当时称焉。"

齐王曹芳登基之初，曹爽、司马懿相处还是比较融洽的，辅佐幼主也是尽力的，二人也相安无事。但好景不长，手握重权的曹爽，在一些大臣的挑唆下，开始慢慢蚕食司马懿的权力，司马懿见状称病避开曹爽锋芒，历史上的曹马之争即将上演。

（二）正始改革失败终

司马氏与朝中诸多大臣有政治联姻，这一点让曹爽很是忌惮。比如司马懿长子司马师，先是娶了夏侯尚的女儿、夏侯玄的妹妹夏侯徽，夏侯徽去世后又续娶了泰山羊氏的羊徽瑜。羊徽瑜的母亲是蔡邕的女儿、蔡文姬的妹妹蔡卫姬，羊徽瑜有一个会打仗的将军兄弟羊祜；司马懿次子司马昭则娶了大魏第一辩论家王朗的孙女王元姬；四子司马伷则娶了琅琊诸葛诞的女儿；司马懿还有一个女婿是名门京兆杜氏杜畿的孙子杜预。

曹爽看到满朝文武都与司马懿有着千丝万缕的关系，就与夏侯玄商议进行改革，试图把拥护自己的一些青年才俊网罗进来，让他们为曹魏集团、为自己服务，以此制衡司马氏家族。

夏侯玄与曹爽有什么关系呢？

夏侯玄（209—254），字泰初（《三国志》等记载为太初），沛国谯县（今安徽亳州）人。他是三国时期曹魏的玄学家、文学家和官员，征南大将军夏侯尚之子，右将军夏侯霸之侄，夏侯玄的母亲就是曹真的妹妹、曹爽的亲姑姑，与竹林七贤中的嵇康也存在亲戚关系。

夏侯玄少年时就展现出了杰出的才华，仪表堂堂，被人称为“朗朗如日月之入怀”。他在官场上历任散骑黄门侍郎、羽林监、散骑常侍、中护军、征西将军等职务。

曹爽重用夏侯玄后开始一系列改革，史称“正始改革”，其改革的主要内容有三个方面：

第一，对九品中正制进行改革。曹操成长于乱世，他在世之时重用寒门子弟，提拔了诸多无名之辈；其子曹丕没有其父那样的雄才大略，无法与世家大族抗衡，为了保住自己的皇权，就只能向豪门世家一味地妥协，将父亲当年所制定的“唯才是举”制度逐渐转向豪门选官制度，从一定程度上催生了九品中正制。这一制度的设想是，在州郡设立中正官，由他们对人才进行评定。然而，中正官权力过大，长此以往，成为维护世家大族利益的工具，影响了选人时的公平，因而夏侯玄提议改革，将中正官的权力收归中央，发挥吏部的作用。

夏侯玄提出的改制想法虽好，但低估了世家大族的巨大反对力量，所以这项改革注定失败。

第二，改革行政机构，取消郡，保留州、县，裁撤官员，提高办事效率。郡县制是从春秋到秦代逐渐形成的地方行政制度。秦始皇当年统一六国之时，将天下分为三十六郡。随着时间的推移，汉朝又在郡县制的基础上设立了州，魏文帝曹丕在州的基础上设立了都督制，这冗杂而繁多的制度使得当时出现了管制混乱的问题。

曹魏的冗官冗吏现象比较严重，夏侯玄认为，地方官员太多，而他们没有办法真正做到各司其职，所以办事效率极其低下，这种情况不仅无端耗费了大量财政收入，加重了朝廷负担，而且不利于国家的长足发展。为了改变这种情况，他提倡统一管制，将全国从原来的州、郡、县三级制直接变成州、县两个行政级别，明确每个官员的责任，裁掉没有用的官员，为国家省下一大笔开支。夏侯玄认为："今之长吏，皆君吏民，横重以郡守，累以刺史。若郡所摄，唯在大较，则与州同，无为再重。宜省郡守，但任刺史。"

夏侯玄推行这项举措的初衷是好的，但他长期在中央做官，不太了解地方的实际情况。世家大族和地方豪强早就在地方发展出了强大的势力，要想从他们手中收回权力并非易事，所以这项政策也使他成了地方官员的眼中钉、肉中刺。同时，州郡的很多官员，都是士族豪门子弟，州郡撤销后，这些官员怎么安置、怎么任命，夏侯玄并没有提出解决办法，所以此项改革也难以执行。

第三，禁止逾制的奢侈服饰。主要内容是：

> 车舆服章，皆从质朴，禁除末俗华丽之事，使干朝之家，有位之室，不复有锦绮之饰，无兼采之服，纤巧之物。自上以下，至于朴素之差，示有等级而已，勿使过一二之觉。若夫功德之赐，上恩所特加，皆表之有司，然后服用之。夫上之化下，犹风之靡草，朴素之教兴于本朝。

自魏明帝曹叡大造宫室以来，曹魏的奢侈之风愈演愈烈，同时服饰逾制现象也特别突出。夏侯玄深知民为贵的重要性，因此他想劝诫皇室成员节俭做事，节俭生活，消除奢侈之风，但是已经过惯了好日子的皇室成员怎么可能那么轻易地让出自己手中的钱财呢？

曹爽和夏侯玄所推行的这些改革并不顺利，在推行过程中受到多重阻挠，导致世家大族和地方官员迅速站队，找到了司马懿诉苦。司马懿原本就在韬光养晦，对夺走自己权力、架空自己势力的曹爽怀恨在心，所以在正始改革之后，立即联络朝中大臣，频频向曹爽等人施压。

夏侯玄看到改革无法进行下去，便向司马懿请教。司马懿也马上回信，明确表示应该改革，但条件不成熟，应立即停止，等待以后让贤能之人做这件事。史书记载了司马懿给夏侯玄的回信：

审官择人、除重官、改服制，皆大善。礼乡闾本行，朝廷考事，大指如所示。而中间一相承习，卒不能改。秦时无刺史，但有郡守长吏；汉家虽有刺史，奉六条而已。故刺史称传车，其吏言从事，居无常治，吏不成臣，其后转更为官司耳。昔贾谊亦患服制，汉文虽身服弋绨，犹不能使上下如意。恐此三事当待贤能然后了耳。

改革难，难在利益分配。既得利益群体的力量是否强大，决定了改革的成败。夏侯玄、曹爽等人推行的改革过于理想主义，忽视现实因素，他们不仅没有抓住社会存在的突出问题，没有科学制定改革配套政策，而且还把这场改革搞得声势浩大，扰乱了朝纲。代表豪门望族的司马懿在这次争斗中占据了上风，这让曹爽集团认识到，司马懿不可能甘心失败，他在各个领域展示着巨大的影响力。

由此，曹马之争这场更加激烈的博弈正式拉开了大幕，斗争由暗处走向了明处。

(三)激烈博弈三回合

曹马之间的激烈博弈大约经历了三个回合：

第一个回合，尊封太傅削实权。

曹爽集团并不满足于与司马懿平分秋色，他们要把司马懿手中的权力“蛋糕”再切一部分给自己。《三国志·魏书·曹爽传》记载：

> 丁谧画策，使爽白天子，发诏转宣王为太傅，外以名号尊之，内欲令尚书奏事，先来由己，得制其轻重也。

意思是：曹爽的亲信丁谧给曹爽出了一个主意，让曹爽奏明天子，司马懿功高盖世，应该加封为太傅，名声虽好，但实际上架空了司马懿，剥夺了他的实权，曹爽自己负责官员任免，遇到国家大事也不再向他请教了。北宋史学家裴松之注《三国志》言："丁谧、毕轨等既进用，数言于爽曰：'宣王有大志而甚得民心，不可以推诚委之。'由是爽恒猜防焉。"

司马懿被尊为太傅，名义上是尊崇，是辅佐皇帝的老师，实际上实权被削弱，这一点老谋深算的司马懿心里非常清楚，他只好将计就计地做了太傅，将太尉的职位让了出去。

这一回合的较量，曹爽暂居上风。

第二个回合，军事战场比高下。

正始二年(241)至正始五年(244)，东吴派出四路大军入侵曹魏的扬州、荆州，樊城告急。司马懿主动请缨，先后和东吴打了两仗，他战无不胜，取得战功，被赐封五千户，受到朝野上下的高度赞誉，威名再一次得到提升。

看到司马懿大胜归来，曹爽心中暗恨。邓飏、丁谧等趁机向曹爽建议西征伐蜀，和司马懿一较高下。于是曹爽上奏皇帝请求西征伐蜀。当时曹芳已经十三四岁，有了些判断能力，没有同意曹爽的请求。司马懿知道曹爽不会打仗，也劝曹爽不要草率行事。但曹爽听信手下人的怂恿，一意孤行，坚决带兵伐蜀。

正始五年(244)二月，曹爽就迫不及待地上了一道伐蜀的奏疏，调雍凉都督赵俨回京，领兵与蜀军作战，自己坐镇长安指挥，让夏侯玄接替赵俨的职务。司马懿极力反对西征，曹爽提出让司马昭跟随，司马懿才勉强同意。夏侯玄本是文官，不会打仗，接到任命后，他只好放弃即将失败的正始改革，领兵七万，从骆谷进入蜀地。道路狭窄崎岖，运输粮草的牛马驴骡死伤很多，入谷数百里，因蜀军固守关隘而不能前进，士兵怨声载道。

郭淮原是司马懿部下，对司马懿很忠诚，常在夏侯玄调任雍凉都督一事上表达不满，他知道西征不能胜蜀，在得知军队不能前行时，便引兵返回。《资治通鉴》记载，参军杨伟劝谏曹爽应急还，否则将败。并与邓飏、李胜争于曹爽面前，说道："飏、胜将败国家事，可斩也。"

此时，散骑常侍钟毓写信劝谏曹爽："见可而进，知难而退，盖自古之政。惟公侯详之。"意思是：知难而退不是坏事，希望大将军以国家利益为重，考虑清楚。

《汉晋春秋》记载，司马懿写信对夏侯玄说："春秋责大德重，昔武皇帝再入汉中，几致大败，君所知也。今兴平路势至险，蜀已先据；若进不获战，退见缴绝，覆军必矣。将何以任其责!"司马懿说得很直接，你领兵打仗，致使全军覆灭，你担得起这个责任吗？曹爽兴师动众，劳民伤财，忙活了两个多月，落得个无功而返。

第二个回合的较量，以曹爽的失利而告终。

第三个回合，重要职位安亲信。

曹爽认为论打仗他不是司马懿的对手，他要寻找另一个途径与司马懿再比高低。这个途径就是把自己的亲信党羽安插到重要岗位，让司马懿的人挪挪位置。

首先，让他的三个兄弟曹羲、曹训和曹彦分别担任皇帝身边的禁军统领和侍从大臣。三兄弟把小皇帝围在中间，名义上是护卫，实际上是软禁。

其次，把一些和自己关系好的名士何晏、邓飏、丁谧等人，都提拔进尚书台，架空司马懿的弟弟司马孚。何晏与并州刺史毕轨及名士邓飏、李胜、丁谧等都有才名，但急于富贵，趋炎附势。魏明帝曹叡继位后，厌恶他们虚浮不实，都加以抑制而不录用，而曹爽却重新起用了这些人。

何晏（约 190—249），字平叔，南阳郡宛县（今河南南阳市）人，三国时期曹魏大臣、玄学家，东汉大将军何进之孙。与夏侯玄、王弼等倡导玄学，竞事清谈，遂开一时风气，为魏晋玄学的创始者之一。何晏是曹操的养子，娶曹操之女金乡公主为妻，在高平陵之变中被杀身亡。根据《世说新语》的记载，“神明开朗”“傅粉何郎”“七岁神童”“连梦青蝇”“利口覆邦”“巧累于理”等都是何晏留下的轶事典故。比如“傅粉何郎”，何晏容貌俊美，而且喜欢打扮修饰，皮肤细腻洁白，魏明帝曹叡疑其脸上涂抹了一层厚厚的白粉。为验证真假，夏日的一天，魏明帝赏赐他一碗热汤面。何晏吃完面便大汗淋漓，只好用自己穿的衣服擦汗。可他擦完汗后，脸色显得更白了，明帝这才相信他没有搽粉。后人用“傅粉何郎”来形容男人面容白净光滑。唐代诗人刘禹锡在《题于家公主旧宅》一诗中，就有“何郎犹在无恩泽，不似当初傅粉时”的诗句。唐代宰相宋璟在《梅花赋》中也有“俨如傅粉，是谓何郎”的语句。

除何晏等人外，曹爽还安插毕轨、李胜担任要职。曹爽让毕轨任司隶校尉，这是个很有实权的官，主管中央直属地区的行政和治安事务，有权弹劾甚至逮捕京城周边地区的大小官吏。同时，曹爽又让李胜担任河南尹，虽是河南郡的太守，地位却高于其他太守，因为河南郡的治所在京城洛阳。

曹爽作为宗室弟子，无大功于魏朝，虽然成为首辅大臣，但是自身的政治根基是比较弱的。为了提高威望，曹爽只能去任用那些有一定名望或者和他关系比较好的公卿子弟和谯沛同乡，如王基、郑冲、羊祜、裴秀、王沈、荀勖、王浑、卢钦等。

此外，曹爽授意毕轨进行人事清洗。把在中央机关任职的钟毓、卢毓（卢植之子）、王观等人从中央外放到地方或剥夺实权。王昶原本担任荆豫都督，曹爽举荐幽州刺史毌丘俭担任豫州刺史兼豫州都督这一重要职务，把王昶的防区一下子削去了一半左右。曹爽还让自己的同乡文钦担任庐江太守，让诸葛诞接替扬州刺史兼扬州都督，等等。

曹爽安插的八名亲信、征召的公卿贵族子弟，对司马懿形成了合围之势。从此以后，朝中政务直接报呈曹爽处理，不再向司马懿汇报。裴松之注《三国志》曰：

礼貌虽存，而诸所兴造，皆不复由宣王。宣王力不能争，且惧其祸，故避之。

第三个回合的较量，曹爽集团占据了绝对优势，表面看是以曹爽完胜而告终。

但凡事我们不能只看表面，要透过现象看本质。政治斗争本质上是权力的争夺，曹爽的所作所为逼得司马懿走投无路，同时也得罪了既得利益集团，为高平陵之变的顺利发动铺平了道路。

（四）山涛辞官仲达病

山涛直至正始五年（244）才开始做官。在他任司隶校尉部河南郡从事一职时，担任司隶校尉和河南尹的，正是曹爽集团的两个得力干将毕轨和李胜。这样一来，山涛似乎站在了他的表姑父司马懿的对立面。

正始八年（247）四月，山涛的表姑、司马懿的原配夫人张春华病逝了。

张春华作为司马懿的原配正妻，颇有政治头脑和手段，她大概在建安十二年（207）嫁给了司马懿。而这一年恰好是司马懿为了躲避曹操征召，装病在家的第六个年头。司马懿装病期间，张春华曾杀过一个婢女。

据《晋书·后妃传·宣穆张皇后传》记载：

宣帝初辞魏武之命，托以风痹，尝曝书，遇暴雨，不觉自起收之。家惟有一婢见之，后乃恐事泄致祸，遂手杀之以灭口，而亲自执爨。帝由是重之。

意思是:司马懿装病期间,有一天天气晴朗,艳阳高照,他就让家里人把家藏的书籍拿出去翻晒。没想到突降暴雨,司马懿一时冲动,忘了自己是个卧床不起的“病人”,竟然自己跑出去收书了。这事碰巧被家里一个烧饭的婢女撞见,张春华担心丈夫装病一事泄露,就把那个婢女杀了。然后自己下厨,生火烧饭,亲自去做应由婢女做的事。由此可见张春华也是一个心狠手辣的女人。她的做法,让司马懿更加看重她。

正始八年(247)五月,司马懿办完张春华的丧事之后,立即向皇帝上书,说自己年老丧妻,痛不欲生,加上旧病复发,卧床不起,不能再上朝参政了。

其实,丧妻之痛不过是一个借口。司马懿称病不朝的真实原因是他对曹爽一伙的专权独断、得寸进尺已经忍无可忍。

曹爽除了安插自己的亲信外,又干了两件让司马懿更难以忍受的事。其一,把郭太后从皇帝曹芳身边隔离出去,迁到永宁宫。这样一来,小皇帝就失去了太后的关照和支持,更加人单势孤。其二,改变皇宫禁军的编制,取消了司马师的中领军职务,宫廷的禁卫军全由曹爽的弟弟曹羲和曹训统领。这两件事充分暴露了曹爽的专横跋扈,这不仅对司马懿而言是一种挑衅,甚至对曹魏皇室来说也是一种公然的蔑视。

在这样一种十分紧张的政治形势下,司马懿以丧妻病重为由,宣布退出政坛,不再过问朝政。其实,这是以退为进,以守为攻,是为了麻痹敌人,使其放松警惕,然后积蓄力量,等待时机,后发制人。

司马懿称病不朝这件事引起了朝野震动，很多人都以为司马懿大势已去，曹爽已经稳操胜券了。

对政治敏感的山涛从司马懿卧病不朝这件事中嗅到了一种不祥的气息。于是，他毅然弃官归隐。

三、典午变后仲达死

司马懿称病不朝后，暗中观察朝中动静，等待时机，为政变做准备。他一方面安排长子司马师暗地里豢养三千死士，积蓄军事力量；另一方面联络朝中受排挤的大臣，历数曹爽的不是，散布曹爽集团对皇帝不利的言论，取得朝野上下的舆论支持。

那么，司马懿称病是否引起了曹爽集团的怀疑呢？政变是怎么发生的呢？竹林七贤又受到什么影响呢？

（一）间谍李胜把泪流

《晋书·宣帝纪》记载：

爽之徒属亦颇疑帝。会河南尹李胜将莅荆州，来候帝。帝诈疾笃，使两婢侍，持衣衣落，指口言渴，婢进粥，帝不持杯饮，粥皆流出沾胸。胜曰："众情谓明公旧风发动，何意尊体乃尔！"帝使声气才属，说"年老枕疾，死在旦夕。君当屈并州，并州近胡，善为之备。恐不复相见，以子师、昭兄弟为托。"胜曰："当还忝本州，非并州。"帝乃错乱其辞曰："君方到并州。"胜复曰："当忝荆州。"帝曰："年老意荒，不解君言。今还为本州，盛德壮烈，好建功勋！"

司马懿称病不朝,引起了曹爽集团的怀疑,他们商议,让李胜趁赴任荆州刺史之机,到司马懿府上侦察一番。司马懿听说李胜要来府上探病慰问的消息后,断定曹爽集团探病是假,侦察是真。

李胜来探病时,司马懿立即让婢女把正在看的书籍收起来,自己迅速地躺在了床上,双目紧闭,呈现出老态龙钟、行将就木之态。李胜刚走进院落,就听到司马懿连续的干咳声,进得屋来,两婢女服侍左右,司马懿两眼半睁示意李胜坐下。婢女要给司马懿穿上外衣,司马懿的手刚触碰到衣服,就颤抖起来,衣服迅速抖落在地上。司马懿用手指指口,意为口渴,婢女又端来稀饭,刚喂到嘴里,粥就顺着嘴角流了出来,淌满了前胸衣服。李胜看到后很诧异,叹了一声说,没想到太傅病得如此严重。他告诉司马懿,自己要回本州(李胜籍贯荆州,故说荆州为本州)出任刺史了。司马懿打岔说:你要去并州(主要包括现在的山西、河北两省的大部分地区,以及内蒙古的一部分),并州乃北方重地,一定要格外小心呀!李胜又解释是要去荆州,不是并州。司马懿表示自己年老愚钝,不懂得李胜在说什么,又说了几句祝贺的话。

经过一番观察,李胜对司马懿生病一事深信不疑,还当场流下了悲伤的眼泪。

《资治通鉴·魏纪》记载:"胜退,告爽曰:'司马公尸居余气,形神已离,不足虑矣。'他日,又向爽等垂泣曰:'太傅病不可复济,令人怆然。'故爽等不复设备。"

李胜回去后即如实告诉了曹爽，曹爽听到汇报，高兴得手舞足蹈，以为从此可以高枕无忧了。唯独大司农桓范不肯相信，他告诉曹爽，司马懿鹰视狼顾，诸葛孔明尚不能胜他，今后还要多加留心。但被喜悦冲昏了头脑的曹爽坚信不疑。

（二）法理诛杀八家族

曹爽集团得知司马懿已经病入膏肓，不久于人世，再无顾忌，利用宦官张当将宫中才人调出，供曹爽享乐。曹爽甚至还阴谋颠覆社稷，篡夺帝位，连日期已经都商量好了。据《晋书·宣帝纪》记载：

> 九年春三月，黄门张当私出掖庭才人石英等十一人，与曹爽为伎人。爽、晏谓帝疾笃，遂有无君之心，与当密谋，图危社稷，期有日矣。

另据《资治通鉴·魏纪》载：

> 大将军爽，骄奢无度，饮食衣服，拟于乘舆；尚方珍玩，充牣其家；又私取先帝才人以为伎乐。作窟室，绮疏四周，数与其党何晏等纵酒其中。弟羲深以为忧，数涕泣谏止之，爽不听。爽兄弟数俱出游，司农沛国桓范谓曰："总万机，典禁兵，不宜并出，若有闭城门，谁复内人者？"爽曰："谁敢尔邪！"

这段记载更说明曹爽一伙骄侈淫逸，专横跋扈，狂妄至极。

曹爽集团正始改制、安插亲信、排挤朝中大臣及地方官员等行为，引起了司马家族及朝中士族的不满，为司马懿顺利发动政变奠定了基础。

《晋书·宣帝纪》记载："帝亦潜为之备。"《资治通鉴·魏纪》也记载："太傅懿会与其子中护军师、散骑常侍昭谋诛曹爽。"表明司马懿和他的两个儿子司马师、司马昭已经做好了诛杀曹爽的准备，只是还在等待机会。

机会终于来了。正始十年(249)正月，曹爽和他的三个弟弟曹羲、曹训、曹彦陪着皇帝曹芳，到洛阳城南高平陵祭祀魏明帝曹叡。

曹爽一伙刚离开京城洛阳，司马懿就发动了高平陵之变，即典午之变。根据史书记载，司马懿发动政变大致分以下步骤。

第一，以皇太后令奏免大将军曹爽、中领军曹羲、武卫将军曹训、散骑常侍曹彦官职。

第二，关闭各个城门，防止曹爽亲信进出。

第三，调兵占据武器库。召司徒高柔假节行大将军事，占领曹爽军营；太仆王观行中领军事，占领曹羲军营。

第四，亲自率领太尉蒋济等屯兵于洛水浮桥，迎接天子归来。然后向皇帝曹芳表奏历数曹爽的罪恶：

> 先帝诏陛下、秦王及臣升于御床，握臣臂曰"深以后事为念"。今大将军爽背弃顾命，败乱国典，内则僭拟，外专威权。群臣要职，皆置所亲；宿卫旧人，并见斥黜。根据盘牙，纵恣日甚。又以黄门张当为都监，专共交关，伺

候神器。天下汹汹,人怀危惧。陛下便为寄坐,岂得久安?此非先帝诏陛下及臣升御床之本意也。臣虽朽迈,敢忘前言。昔赵高极意,秦是以亡;吕霍早断,汉祚永延。此乃陛下之殷鉴,臣授命之秋也。公卿群臣皆以爽有无君之心,兄弟不宜典兵宿卫;奏皇太后,皇太后敕如奏施行。臣辄敕主者及黄门令罢爽、羲,训吏兵,各以本官侯就第,若稽留车驾,以军法从事。臣辄力疾将兵诣洛水浮桥,伺察非常。

司马懿在奏章中所要表达的有四层意思:一是自己受先帝重托辅佐皇帝尽心尽力;二是曹爽一伙败坏国典,窥视神器,有不臣之心,已引起朝廷上下的公愤;三是这样做是经郭太后批准的;四是自己将驻扎在洛水浮桥迎接天子回宫。司马懿这个奏章写得有理有据,特别是写曹爽专权这一点直击要害,可见这是司马懿早已预谋好的,托病是假,预谋是真。他还特别指出,曹爽一伙可先回府第,以安其心。

曹爽一伙对这个突发的事件束手无策,怎么也想不到久病不朝的司马懿会发动政变。

曹爽接到司马懿的奏章后,因害怕便压了下来,不敢上报皇帝曹芳。大司农桓范逃出京城后,力劝曹爽拥天子到许昌,传檄文征天下兵。曹爽不用其谋,夜间派遣侍中许允、尚书陈泰来见司马懿,观望风声。司马懿告诉陈泰,让曹爽放宽心,只是免官,不究其责。陈泰回去后向曹爽报告,并劝他递上奏文。司马懿又派遣曹爽所信赖的殿中校尉尹大目去告知曹爽，说明自己的意图，并指洛水发誓，不背诺言，曹爽开始动摇。桓范等又援引古今事例，千方百计劝说他，曹爽终是不听，却说："司马公正想夺我的权罢了。我能以侯爵还府第，还不失为一个富家翁。"桓范拍着胸痛哭说："为你受株连，我也要遭灭族之灾啊。"曹爽被司马懿说动了，随即将司马懿的奏文送交天子。然后皇帝曹芳回到皇宫，曹爽一伙回到了府第，还梦想着做富家翁。

《三国志·魏书·桓范传》引《魏末传》曰：

> 爽兄弟归家。敕洛阳县发民八百人，使尉部围爽第四角，角作高楼，令人在上望视爽兄弟举动。爽计穷愁闷，持弹到后园中，楼上人便唱言："故大将军东南行！"爽还听事上，与兄弟共议，未知宣王意深浅，作书与宣王曰："贱子爽哀惶恐怖，无状招祸，分受屠灭。前遣家人迎粮，于今未反，数日乏匮，当烦见饷，以继旦夕。"宣王得书大惊，即答书曰："初不知乏粮，甚怀踧踖。令致米一百斛，并肉脯、盐豉、大豆。"寻送。爽兄弟不达变数，即便喜欢，自谓不死。

曹爽兄弟回家后，在司马氏监督下，仍然有粮食吃，便认为司马懿没有食言，可安心做富家翁。

第五，司马懿并不急于逮捕曹爽一伙，他深知要除掉曹爽并非易事，必须用法理作为支撑，才能让皇帝、太后、天下人信服。于是，他安排人先弹劾黄门张当入狱，一阵乱棒之后，张当主动揭发曹爽兄弟及其党羽何晏、丁谧、邓飏、毕轨、李胜、桓范等谋反的事。司马懿又让曹爽党羽、何晏协助调查，何晏自以为司马懿能原谅自己，调查时非常卖力。《魏氏春秋》记载："初，宣王使晏与治爽等狱。晏穷治党与，冀以获宥。"

《资治通鉴·魏书》引《魏氏春秋》记载，司马懿取得证据后，经皇帝曹芳批准下诏，让何晏参与将张当、曹爽兄弟、丁谧、邓飏、毕轨、李胜、桓范逮捕下狱一事。

待七姓被捕后，司马懿问何晏：共有八姓，怎么只捕七姓？何晏脸上露出了诧异的表情，问司马懿：太傅，难道还有我吗？司马懿点头道：正是，你说对了。于是又将何晏逮捕入狱，八姓俱夷三族，就连已经出嫁的女儿也无一幸免。

诛杀曹爽前，太尉蒋济对司马懿说：你我曾指洛水发过誓，应念曹爽之父曹真之功，不能赶尽杀绝啊！司马懿没有听从蒋济的建议，将曹爽兄弟三族斩杀殆尽。事后，蒋济常自责不已，懊悔自己失信于人。后来曹芳因蒋济在诛杀曹爽一伙之事上有功想加封其为都乡侯，他一再推辞不受，仅三个月后，蒋济就郁郁而终。

《魏末传》记载，何晏的妻子金乡公主是曹操的女儿，与曹操第十子沛王曹林同母，曹林平时与司马懿有旧交。金乡公主很贤惠，多次告诉其母："晏为恶日甚，将何保身？"何晏被灭族后，司马懿派人到何府捕人，金乡公主将她五六岁的儿子藏起来，自己跪在门前扇打自己的脸，乞求放她们母子一条生路，经沛王曹林求情，司马懿最终下令赦免了金乡公主母子。

这次高平陵之变，司马懿诛杀曹爽集团一千多人，大获全胜。

（三）阮籍首入司马府

作为政治家的司马懿深知，大肆杀戮后需要稳定的环境，把人心收拢起来，一方面，司马懿令曹爽集团的其他部下官复原职，一概不追究责任。《晋书·宣帝纪》记载，政变刚发动时，司马鲁芝、主簿杨综斩关夺隘投奔曹爽。当曹爽准备向司马懿服罪时，二人哭着劝道："您处在伊尹、周公的地位，挟持天子，仰仗天威，谁敢不从？舍此义举而到东市就死，岂不痛心啊！"当有司上奏逮捕鲁芝、杨综并判罪时，司马懿赦免了他们，说："以此勉励那些忠义之士。"另一方面，司马懿征召那些有影响力的名士进入司马氏幕府，让他们来为司马氏家族服务。

《资治通鉴·魏纪》载：

> 民习于旧，众莫之从，故虽势倾四海，声震天下，同日斩戮，名士减半，而百姓安之，莫之或哀，失民故也。今司马懿情虽难量，事未有逆，而擢用贤能，广树胜己，修先朝之政令，副众心之所求。

于是，竹林七贤便成了司马懿的征召对象。

竹林七贤中，到底是谁最先被司马懿所网罗呢？面对司马氏的政治高压，他们该何去何从？

首先引起司马懿注意的是阮籍。司马懿当年曾和阮籍之父阮瑀共事，对阮籍的才华、社会影响很了解；最重要的一点，就是一年多前，司马懿的政敌曹爽试图拉拢阮籍做大将军府的参军时，阮籍没有答应。这样一个有曹家背景又拒绝过曹爽的人，如果被招入麾下，会在政治上给自己加分。正是由于这些原因，司马懿在诛灭曹爽等人后不久，便向阮籍发出了征召的任命，邀请他到太傅府中任职。

阮籍作为一介书生，想到司马懿就连曹操的养子、公主的丈夫都敢杀戮，何况自己呢？在万般无奈之下，阮籍不得不告别隐居生活，做了司马懿的从事中郎。从事中郎，是三公府中专设的一个属官，职责是参议谋划，地位在长史、司马之下，也是很重要的僚属。

这一年是嘉平元年(249)，阮籍年近不惑。在此后的十几年里，阮籍一直没有离开司马氏的掌控，直到他离开这个世界。而竹林七贤中的其他人，或因种种缘由，此时未得征召。

山涛与司马懿是中表亲关系，为什么司马懿没有率先征召山涛进入自己的太傅府呢？笔者认为可能有以下几个原因：一是司马懿认为山氏乃小族，不可能出现特别优秀的人才；二是山涛当时的名声没有阮籍大；三是山涛曾经做过曹氏集团的官，司马懿对其立场有些疑问；四是山涛弃官而去，无法进行联系；五是回避中表亲关系，担心别人批评其任人唯亲。

司马懿与沛王曹林有旧，嵇康是曹林的女婿，为何不征召嵇康入幕府？笔者认为：其一，嵇康与何晏关系太近，均善于清谈，司马懿恐嵇康不配合司马氏；其二，嵇康素有隐逸之志，众所周知；其三，司马懿担心嵇康徒有虚名，只会说不会做。

至于酒仙刘伶，司马懿也许看不上，故弃之；对书生向秀司马懿可能不够了解，而阮咸的名气无法与其叔父阮籍相比；至于神童王戎，司马懿应该早就知道他的名字，可能认为年龄太小，没有从政经验，故未征召。

（四）王凌魂魄吓仲达

史书记载，嘉平元年(249)二月，皇帝曹芳加封司马懿为丞相，增封颍川之繁昌、鄢陵、新汲、父城，并前八县，邑二万户，奏事不名。司马懿坚辞丞相之职，自言无法与曹操相比。冬十二月，又加九锡之礼，朝会不拜，司马懿仍然推辞。所谓九锡（“锡”通“赐”），就是天子赐给诸侯或有特殊功勋的大臣的九种礼器，在古代是最高礼遇的代表。天子赏赐这九种礼器，不仅是物质奖励，更是一种权力的象征。

嘉平二年(250)正月，司马懿称疾不朝在家休养，朝廷每有大事，皇帝曹芳便亲自到司马懿府第咨询。

太尉王凌看在眼里，恨在心头。他认为皇帝曹芳太软弱，形同傀儡，司马懿作为臣子对皇上大不敬，把曹芳当作孩子戏耍，久而久之，司马懿一定会觊觎曹魏皇位。王凌基于对曹魏的忠诚，认为自己有责任换一个强硬的曹操后代取代曹芳。思来想去，王凌认为楚王曹彪很会打仗，又有驾驭朝廷的能力，做皇帝后不会受制于司马懿。

于是，便联络其外甥，即时任兖州刺史的令狐愚，计划废掉曹芳，谋立楚王曹彪为帝。

王凌为何对曹魏皇室忠心耿耿呢？事实上，他与曹家三代关系匪浅，是忠于曹家的老臣。

王凌（172—251），字彦云，是计杀董卓的王允的侄子，当年王允被杀，满门抄斩，王凌时年20岁，与兄长王晨一起翻越城墙，逃回了家乡太原。

王凌年轻时和司马懿的哥哥司马朗，以及后来成为曹魏重臣的贾逵等人是好朋友。王凌是孝廉出身，在任发干县县令时，因公犯罪，受到髡刑（剃光头发）五年、打扫街道的处罚。曹操当时是兖州刺史，发干县在兖州管辖范围内。曹操有次巡察路过这里，看到光着头扫地的王凌，就问是谁、所犯何事。得知他是王允的侄子，又是因公犯罪，立即撤销处罚，任其为骁骑将军主簿，这是曹家第一代对王凌的知遇之恩。曹丕称帝后，任命王凌为散骑常侍、兖州刺史；曹叡即位后，先后任命王凌为扬州、豫州刺史，其在任上皆有政绩。这是曹家第二代、第三代对王凌的厚爱。

高平陵之变后，曹爽被灭族，司马懿开始全面掌控曹魏大权，升镇守寿春的王凌为太尉。

王凌与司马懿是老相识，知根知底，都以曹魏忠臣自居。王凌手握重兵，长期镇守淮南重镇寿春（今安徽寿县），在曹魏一朝地位举足轻重。王凌的外甥、兖州刺史令狐愚，屯兵平阿，临近寿春。舅甥二人手中有军权，自认为可以与司马懿一决高下，在确定拥立楚王曹彪为帝后，就开始有步骤地实施计划。

嘉平元年（249）九月，令狐愚派人秘密联络曹彪，传话道：

“使君谢王,天下事不可知,愿王自爱。”曹彪心中也领会了令狐愚的意思,便回复道:“谢使君,知厚意也。”

双方达成一致意见后,准备实施下一步计划,可惜的是,就在当年十一月,令狐愚病死了,但执着的王凌并没有因此而放弃计划。第二年,天出异象,王凌认为当有王者兴起,彻底打定了拥护曹彪的主意;第三年,王凌诈称吴国对魏国有军事行动,认为机会来了,下令全军备战,同时上表朝廷请求出征伐吴。

王凌派门客劳精到洛阳把起兵拥立曹彪的事情告诉儿子王广。王广不同意起兵,认为司马父子都手握兵权,不容易被歼灭,王广还告诫王凌说:“废立大事,勿为祸先。”但王凌不听。

令狐愚有两个心腹,一个是别驾单固,另一个是治中杨康,二人都知道令狐愚和王凌密谋之事。在令狐愚病重期间,杨康应司徒高柔的征召到洛阳进入司徒府为官,并将此事告诉了高柔,高柔迅速告诉了司马懿。司马懿不给王凌虎符调兵,王凌没办法集结更多的军队,于是又派将军杨弘把废立的事情告诉接替令狐愚为兖州刺史的黄华,希望得到黄华的支持。然而,黄华、杨弘二人联名向司马懿举报王凌谋反。

《晋书·宣帝纪》记载:

> 三年春正月,王凌诈言吴人塞涂水,请发兵以讨之。帝潜知其计,不听。夏四月,帝自帅中军,泛舟沿流,九日而到甘城。凌计无所出,乃迎于武丘,面缚水次,曰:“凌

若有罪,公当折简召凌,何苦自来邪!"帝曰:"以君非折简之客故耳。"即以凌归于京师。道经贾逵庙,凌呼曰:"贾梁道!王凌是大魏之忠臣,惟尔有神知之。"至项,仰鸩而死。收其余党,皆夷三族,并杀彪。悉录魏诸王公置于邺,命有司监察,不得交关。

王凌的计划早已暴露,司马懿亲率大军逼近寿春。王凌自知大势已去,放弃了抵抗,向司马懿投降。

在被押解回京的路上,王凌为试探司马懿对自己的处置方式,向司马懿索要钉棺材的钉子,司马懿马上给了他棺钉,王凌自知必死,走到项城这个地方,路过一生忠于曹魏的军政奇才贾逵的祠堂时,大呼道:"贾逵啊,只有你知道我王凌是大魏的忠臣啊!"并与下属诀别:"行年八十,身名并灭邪!"之后便服毒自杀了。其子王广也被抓捕,司马懿念在他曾经写信劝过其父,免除了他的连坐之罪,但王广却不愿苟活,对司马懿说:"父亲是太傅的敌人,却是曹氏的忠臣。我是太傅的忠臣,却成了父亲的敌人。把父亲当作敌人而求生,我不为也。"说完伏剑而死。

司马懿大军进入寿春后,参与此事的人纷纷自首,楚王曹彪被赐自裁,妻儿被贬为平民,迁移到平原郡。曹彪手下的官员以及监国谒者,以知情而不加以辅正教导之罪,全被处死,相关联者皆被夷灭三族。王凌、令狐愚的坟墓也被挖开,曝尸三日。至此,淮南三叛中的第一叛被司马懿平定。

王凌等人虽然没有干成大事,却也给了司马懿一个重创。

王凌以八十高龄仍然奋起余勇，要和司马懿决一死战，这给司马懿敲响了警钟。司马懿明白，虽然他现在拥有大权，但亲曹拥曹、反对司马氏的势力仍然很强大，随时可以联合起来，给自己致命一击。

同年六月，司马懿患病，精神恍惚，经常梦到王凌、贾逵。秋八月戊寅，也就是高平陵之变两年半后，司马懿发病亡于洛阳。

成大事者，必有其过人之处。司马懿这位在三国时期闪耀的人物，被赞为“三国英雄士，四朝经济臣”，可算得上是笑到最后的大赢家。他的智慧和深藏不露体现在以下五个方面。

第一，“受人之辱，不动于色”。曹爽掌权时期，毫不顾忌同为辅政大臣的司马懿，明目张胆地削弱司马懿的权力，逼郭太后迁宫，以此来掌控年幼的皇帝。但司马懿却选择了退让，韬光养晦，积攒力量，并不正面与曹爽集团对抗，直到时机成熟，才一举击败了曹爽集团。

第二，“察人之过，不扬于人”。这体现了司马懿的宽容和谨慎。他明白，每个人都有犯错的时候，而将这些错误公之于众，只会加剧矛盾和冲突。因此，他选择宽容对待他人的过失，同时保持自己的警惕和谨慎，避免重蹈覆辙。在打败曹爽集团后，他赦免了原来曹爽的部下。这种宽容和谨慎的态度，有助于收拢人心，避免不必要的纷争。

第三，“觉人之诈，不愤于先”。当发现他人的欺诈行为时，他并不急于发泄愤怒或采取报复行动，而是冷静分析、审慎处理。在与诸葛亮的对战中，他能忍住出手的欲望，选择坚守不战，不管蜀军在营前用怎样的脏话骂他。甚至当蜀军送来一套女装时，司马懿也不会被激怒，而是从容接受，坚守阵地，不给敌人可乘之机。

第四，“藏器于身，待时而动”。司马懿深知，成功需要时机和条件的配合。从他辅佐曹操夺天下起，就备受曹氏家族的防备和折磨，但他一直隐忍，十几年不发，历经四主，静待时机，最终在高平陵之变后一举夺得大权，成为实际掌权人。

第五，“欲为苍鹰，勿与鸟争”。人要有远大的志向和抱负，不要满足于与平庸之辈为伍。司马懿一生都在追求着更高的成就、更大的事业。

司马懿的智慧箴言，不仅是对个人修养的深刻阐述，更是对人生智慧的精准提炼，要以沉稳待时的态度去面对人生的每一个阶段，品味生活的每一刻。

在曹爽集团被剿灭之后，曹马之争依然存在。但其重心发生了变化，转为拥曹的大臣联合曹魏宗室与司马氏家族之间的斗争。

接下来又会发生什么大事，竹林七贤又有哪些人受到冲击？阮籍的命运能不能改变呢？

四、司马子元承父位

司马师(208—255)，字子元，司马懿长子。司马懿病亡后,袭父位,拜为抚军大将军,录尚书事。嘉平四年(252)春正月,司马师被拜为大将军;二月,曹芳立光禄大夫张缉之女张氏为皇后。

(一)沉毅大略司马师

《晋书·景帝纪》记载:

> 雅有风采,沉毅多大略。少流美誉,与夏侯玄、何晏齐名。晏常称曰:“惟几也能成天下之务,司马子元是也。”

意思是:司马师志趣高雅,气度不凡,遇事沉着冷静,坚毅笃行,志向远大,谋略超前。他年少时就有很好的声誉,和夏侯玄、何晏齐名。何晏时常称赞说:“差不多可以成就天下事的,就是司马子元。”

从这段记载中看出,司马师平时与玄学家过从甚密,也曾参加过清谈,在论辩中出类拔萃。但和夏侯玄、何晏不同的是,司马师没有停留在口头上,而是更注重提升自己的能力,脚踏实地,务求实效。从他处理问题的方式上可以看出他的果敢、坚毅。

正始年间,司马师就知道了其父司马懿迟早要和曹爽集团一决高下,暗中训练三千死士。正始十年(249),司马氏父子发动高平陵之变,这三千死士就发挥了很大作用,以迅雷不及掩耳之势控制了局面。

《晋书·景帝纪》记载：

> 宣帝之将诛曹爽，深谋秘策，独与帝潜画，文帝弗之知也，将发夕乃告之。既而使人觇之，帝寝如常，而文帝不能安席。晨会兵司马门，镇静内外，置阵甚整。宣帝曰："此子竟可也。"

司马懿非常相信司马师的组织能力，诛杀曹爽前只和司马师一人密谋筹划，司马昭开始并不知道这件事，直至政变前夜，司马昭才知此事。为测验两个儿子的心理素质，司马懿派人暗中观察他们的表现，司马师安然入睡，与平常没有任何不同，但司马昭躺在床上，焦躁不安，翻来覆去，一夜未眠。第二天早晨，司马师调集军队，安排布置井然有序，妥当非常，司马懿甚是满意。司马师的这些举动，更验证了史书对其"沉毅多大略"的评价。

（二）阮籍山涛入幕府

《晋书·景帝纪》载："为选用之法，举不越功，吏无私焉。"司马师掌控曹魏政权后，继续网罗名士进入司马氏幕府，来为他们这个家族服务。

首先，阮籍被动被接管。司马师袭父位后，也想到了阮籍，他就像从他的父亲那里接收物品那样把阮籍原封不动地接收了过来，让阮籍到他的幕府继续担任从事中郎。阮籍知道司马师的为人，更知道他的残忍，不敢拒绝司马师的征召，内心的痛苦可想而知，他只有在诗文中发泄自己的苦闷。

阮籍是当时首屈一指的大诗人，他的82首咏怀诗写得深沉幽怨，如泣如诉。因为当时高压的政治环境，阮籍的诗写得很晦涩，“言在耳目之内，情寄八荒之表”，以至于“百代之下，难以情测”。他的诗被后人称为“忧生之嗟”，字里行间寄托着人生情怀，充满着感人至深的情感力量。

其次，山涛主动入幕府。闲居在家的山涛，一边与竹林名士饮酒交游，一边关注着朝堂的变化。高平陵之变后，经过司马懿两年半的整顿，司马氏基本控制了曹魏政局。司马懿病死后，司马师顺利接班，继续掌控曹魏朝堂，政权已入司马氏囊中。此时，具有远大政治抱负的山涛看清了大局，联想到阮籍也在司马师幕府，认为到了拜别嵇康等好友走出竹林的时候了。

嘉平四年(252)，山涛拜别嵇康、向秀、刘伶，主动至京城洛阳找到了司马师，言明来意，司马师热情接待了这位表兄。

《晋书·山涛传》记载：“(涛)与宣穆后有中表亲，是以见景帝。”山涛比司马师大三岁，山涛以这种姻亲关系主动向司马师求官，原因主要有四：一是自己有政治抱负；二是曾向妻子韩氏许诺要官至三公；三是年龄已经快到知天命的时候了；四是曹魏江山终被司马氏篡夺，此时不出山更待何时？

司马师见到山涛来找自己求官，高兴地问：“吕望欲仕邪?”他了解眼前的这位表哥“少有气量，介然不群”，更知道山涛在河内郡三个职位上因政绩突出被举为孝廉，也知道他夜半弃官之事。司马师确信，山涛的到来一定会加强司马氏集团的力量，也会给司马氏家族最终夺权做出贡献。因此，司马师把山涛比作辅佐周武王建立周朝的姜子牙，希望山涛也能像吕望那样全力辅佐司马氏。

司马师也确实把山涛当作了自家人，他命令司隶校尉察举山涛为秀才，接着拜其为郎中。

司马师不仅屡次提升山涛的官职，还非常关心山涛的家庭和生活。皇帝曹芳赐给司马师一件春服，司马师看到山涛穿着破旧，就把春服给了山涛。山涛的母亲年龄大了，行路不便，司马师就赐给山涛母亲一根蒺藜拐杖。

从此，山涛彻底成了司马氏集团的一位重要成员，彻底摘掉了隐士的帽子，竭尽全力为司马氏家族服务，不再与嵇康等竹林名士一起喝酒、谈玄、交游了。

最后，征召李喜树权威。司马懿掌控朝政后，多次征召魏晋名士为国家效力，有的积极响应，有的婉言拒绝。拒绝司马懿征召的一些名士，被颇有心计的司马师记在了心里，他想着有朝一日终会完成父亲的遗愿。

于是，司马师向上党郡的一位名士李喜发出了征召，李喜马上无条件地接受了任命。

司马师见到李喜后问：当年太傅征召不就，今日召你，何故速来？李喜郑重道：令尊征召，均以礼相待，我可以以礼婉拒。今日明公相召，依法见绳，惧怕法办，故不敢拒绝。

这件事说明，司马师招揽人才的手段比司马懿更强硬，可以说“顺我者昌，逆我者亡”。司马师以强悍的方式征召名士，以此树立自己的权威。

(三)太初被杀名士惧

夏侯玄才学渊博,声誉远播,还很有政治才干,曾与司马懿讨论过治国方略,深得司马懿的欣赏。他本来是曹爽集团的重要成员,正始五年(244),夏侯玄与曹爽骆谷伐蜀失利,导致他受到时人嘲笑,声望大跌。正始十年(249),夏侯玄被剥夺兵权,随后被任命为大鸿胪,不久后调任太常。在此期间受到司马父子的限制,心情怏怏,郁郁不得志。曹爽被诛杀后,夏侯玄高度紧张,终日闭门不出,并断绝了以前的交游,生怕引起司马氏的猜忌。幸运的是,夏侯玄未受曹爽牵连。

《魏氏春秋》记载,司马懿死后,朋友许允对夏侯玄说:“以后你不用再担心了!”夏侯玄却长叹道:“你有所不知啊,司马懿尚且可以把我当作晚辈看待,就怕司马师、司马昭两兄弟不会容我啊!”

夏侯玄的遭遇,引起了中书令李丰和张皇后之父张缉的同情。这两位皇亲国戚也看不惯司马师的霸道行径,平时与夏侯玄过从甚密,在征得皇帝同意后,几人密谋刺杀大将军司马师,而后拜夏侯玄为大将军,使曹魏大权归位。

中书令李丰把这个计划告诉了女婿贾充,贾充本为司马氏集团的一员,表面未反对,随之告密于司马师。

司马师听闻,惊骇异常,大为恼怒,三千死士蓄势待发,张网以待。

《魏氏春秋》曰:“大将军责丰,丰知祸及,遂正色曰:‘卿父子怀奸，将倾社稷，惜吾力劣，不能相禽灭耳！'大将军怒，使勇士以刀环筑丰腰，杀之。"李丰平时摇摆于曹马之间，为世人所不齿，这次他表现出了大义，成为拥护曹魏皇室的忠诚卫士。

嘉平六年(254)二月，司马师又逮捕了夏侯玄、张缉、苏铄、乐敦、刘贤等人，并将他们送到廷尉监拘留。调查取得证据后，在洛阳东市处以斩刑，夷灭三族。夏侯玄在行刑时依旧神色镇定，举止从容，泰然自若。

嘉平六年(254)三月，司马师诛杀曹芳皇后张氏。《资治通鉴·魏纪》评论道："曹操杀汉后伏氏，而司马师杀魏后张氏；此不惟天道，亦操之有以教之也。"

《世说新语·方正》记载：

> 夏侯玄既被桎梏，时钟毓为廷尉，钟会先不与玄相知，因便狎之。玄曰："虽复刑余之人，未敢闻命。"考掠初无一言，临刑东市，颜色不异。

这段话展现出了夏侯玄的气节，可谓"死去何所道，托体同山阿"。夏侯玄被逮捕了，当时钟毓任廷尉，他弟弟钟会先前和夏侯玄不相交好，这时趁机侮辱夏侯玄。夏侯玄说："我虽然是罪人，也还不敢遵命。"经受刑讯拷打，他始终不出一声，临到解赴法场行刑，也依然面不改色。

司马师杀害夏侯玄，笔者认为有以下四个原因：一是他的确参与了叛乱，想顶替自己做大将军；二是他主持的正始改制惹怒了士族阶层；三是他征伐西蜀损兵折将，失败而返；四是他内外威望太高，杀他是为震慑包括竹林七贤在内的魏晋名士。

其实,夏侯玄和司马师也有姻亲关系,夏侯玄的妹妹夏侯徽嫁给了司马师,不过此时夏侯徽已去世多年。因为这层姻亲关系,当夏侯玄被抓治罪时,司马昭流着泪为夏侯玄求情。司马师却问:“你忘记赵司空葬礼上的事了吗?”原来,不久前司马师兄弟参加了司空赵俨的葬礼,当时前来吊唁的宾客有一百多人。夏侯玄来得比较晚,但是他一到场,所有的宾客都从席位上站起来前去迎接。夏侯玄的威望,让司马师耿耿于怀,故杀掉夏侯玄,不仅除掉了心腹大患,还对名士们起到震慑作用。

夏侯玄、李丰、张缉事件是曹马之争的延续,他们用自己的鲜血告诉司马氏,拥曹卫曹的势力不仅没有被消灭,而且还很强大,司马氏篡夺皇位不是那么容易的。

夏侯玄是名士,也是玄学领袖,他的死是司马师蓄谋已久的,司马师以夏侯玄的鲜血告诉那些魏晋名士,不要轻举妄动,若是不配合司马氏,无论是高官、皇族,还是名士,皆有可能成为刀下之鬼。

夏侯玄的死再一次让竹林名士内心恐惧,更给身为皇亲国戚的嵇康带来了巨大的精神压力。他看到曹魏集团的人士一个个倒下,心中的压抑无以言状,他将何去何从呢?此时,又一件大事发生,迫使他必须做出选择。

(四)敢把皇帝拉下马

李丰、夏侯玄等人密谋杀掉司马师一事,曹芳也同意了,司马师处置完李丰、夏侯玄、张缉等人后，便轮到皇帝曹芳了。他在权衡是杀掉曹芳，还是废掉曹芳。杀皇帝会留下千古骂名，最后他选择了废曹芳，换上一个年纪小或好控制的曹姓皇帝，自己继续掌控曹魏朝政。

《三国志·魏书·齐王芳传》：

> 秋九月，大将军司马景王将谋废帝，以闻皇太后。甲戌，太后令曰："皇帝芳春秋已长，不亲万机，耽淫内宠，沉漫女德，日延倡优，纵其丑谑；迎六宫家人留止内房，毁人伦之叙，乱男女之节；恭孝日亏，悖傲滋甚，不可以承天绪，奉宗庙。使兼太尉高柔奉策，用一元大武告于宗庙，遣芳归藩于齐，以避皇位。"是日迁居别宫，年二十三。使者持节送卫，营齐王宫于河内重门，制度皆如藩国之礼。

254年九月，司马师托太后诏令，以大逆不道、淫乱后宫、败坏人伦、不理朝政等罪名，废掉了皇帝曹芳，贬其为齐王，遣送回封地齐国。《魏世谱》曰："晋受禅，封齐王为邵陵县公。年四十三，泰始十年薨，谥曰厉公。"

国不可一日无君。废掉曹芳后，该迎立哪位曹氏后裔为皇帝呢？此时，司马师和太后郭氏发生了矛盾。

司马师提议，迎立曹操的儿子彭城王曹据为帝。这个意见遭到了郭太后的强烈反对。理由是曹据是先帝曹叡的叔父，让叔父继承侄子的皇位，岂不乱了辈分？又置郭太后于何地？

郭太后提出了一个人选，立魏明帝曹叡的弟弟东海定王曹霖的儿子高贵乡公曹髦为帝。司马师认为太后说的有一定道理，不得不依允。这个时候，郭太后还有一定的影响力，她提出的迎立人选也获得了通过。

《魏略》曰：

> 景王将废帝，遣郭芝入白太后，太后与帝对坐。芝谓帝曰："大将军欲废陛下，立彭城王据。"帝乃起去。太后不悦。芝曰："太后有子不能教，今大将军意已成，又勒兵于外以备非常，但当顺旨，将复何言！"太后曰："我欲见大将军，口有所说。"芝曰："何可见邪？但当速取玺绶。"太后意折，乃遣傍侍御取玺绶著坐侧。芝出报景王，景王甚欢。又遣使者授齐王印绶，当出就西宫。帝受命，遂载王车，与太后别，垂涕，始从太极殿南出，群臣送者数十人，太尉司马孚悲不自胜，余多流涕。王出后，景王又使使者请玺绶。太后曰："彭城王，我之季叔也，今来立，我当何之！且明皇帝当绝嗣乎？吾以为高贵乡公者，文皇帝之长孙，明皇帝之弟子，于礼，小宗有后大宗之义，其详议之。"景王乃更召群臣，以皇太后令示之，乃定迎高贵乡公。是时太常已发二日，待玺绶于温。事定，又请玺绶。太后令曰："我见高贵乡公，小时识之，明日我自欲以玺绶手授之。"

根据郭太后的提议，司马师召集群臣商议，立高贵乡公曹髦为帝，随即发布命令，将高贵乡公曹髦过继给魏明帝曹叡为嗣。

《三国志·魏书·齐王芳传》记载：

> 丁丑，令曰："东海王霖，高祖文皇帝之子。霖之诸子，与国至亲，高贵乡公髦有大成之量，其以为明皇帝嗣。"

这番博弈，表面上郭太后胜利了，但从根本上说还是司马师占了上风，毕竟他敢把皇帝拉下马。

就这样，不到 14 岁的曹髦登上了皇位，成了魏朝的第四个皇帝，年号由嘉平改为正元。

废立皇帝依旧是曹马之争的延续，这一次宫廷政变又引发了一场激烈的军事动乱，亲曹势力掀起了新一轮反抗司马氏的浪潮。

（五）淮南叛乱子元亡

接下来，司马师又干了两件大事，迎立新皇帝、平定淮南第二次叛乱，并最终因眼疾疼痛而死。

一是迎立曹髦做皇帝。

《三国志·魏书·高贵乡公髦传》载：正元元年（254）十月四日，司马师派大臣数人持节将高贵乡公迎至京都洛阳北郊邙山的玄武馆。群臣奏请他住在前殿，曹髦回答说前殿乃先帝寝殿，不敢越礼，于是暂住在西厢房中。群臣又奏请以天子之礼迎他入京，他仍不同意。五日，曹髦正式进入京都洛阳，文武百官都到西掖门南拜迎，曹髦见状也赶紧下车答拜百官。司礼官奏说："按礼仪您为天子，不必答拜臣下。"曹髦回答："眼下我也是臣子啊！"遂对群臣答拜还礼。行到宫廷的正门，曹髦也要和群臣一样下车步行。左右皆劝阻:“按惯例您可以一直乘车进去。”他说道:“我被皇太后召来,还不知道要做什么呢。”遂和群臣一起步行到达太极东堂,晋见了皇太后。当天他便在太极前殿正式登基称帝。朝中百官看到曹髦如此谦恭知礼,都非常高兴。

《魏氏春秋》记载:

> 公神明爽俊,德音宣朗。罢朝,景王私曰:“上何如主也?”钟会对曰:“才同陈思,武类太祖。”景王曰:“若如卿言,社稷之福也。”

曹髦即皇帝位后,司马师私下问钟会对曹髦的印象,钟会夸奖了一番,说曹髦与魏武帝曹操相似。对曹髦的这个评价,司马师估计是不愿意听到的。

正元元年(254)冬十月,曹髦下诏,让司马师进位相国,假黄钺,入朝不趋,奏事不名,剑履上殿。如此加封司马师,曹髦也是情非得已,他已经感到了作为一位皇帝的无奈,这加剧了曹髦与司马氏之间的矛盾。同时,这也引起了地方军政大员的不满,一场军事政变也随之而来。

二是淮南平叛子元亡。

《资治通鉴·魏纪·高贵乡公传》记载:扬州刺史文钦,与曹爽为同乡,二人较为亲厚,曹爽被杀后,文钦心中不安。他又常虚报俘虏数目来邀功赏赐,司马师常压制他,由是怨恨司马师。镇东将军毌丘俭素与夏侯玄、李丰交好,夏侯玄等人死后,毌丘俭也很不安,乃以计厚待文钦。毌丘俭的长子毌丘甸时任治书侍御史，对毌丘俭说：“大人居方岳重任，国家倾覆而晏然自守，将受四海指责也。”毌丘俭回忆起曹魏皇帝对自己的厚爱，看到司马师有篡位之心，更坚定了起兵的决心。

由此可见，文钦因与曹爽为同乡，长期受司马师的压制而不满，毌丘俭因夏侯玄被杀而畏惧又不满司马师的专权，于是二人在淮南寿春假借郭太后诏书，举兵讨伐司马师。

曹髦登基不到三个月，即正元二年(255)正月，在淮南，亦即王凌当年兵变的根据地，镇东大将军毌丘俭、扬州刺史文钦举起了反抗司马师的大旗。

这次起兵的两位主帅先把四个儿子送到吴国做人质，希望得到吴国的援助。然后，毌丘俭、文钦亲自率领五六万大军讨伐司马氏，大军渡过淮水，向西挺进中原，在项县驻扎下来。

司马师留下司马昭镇守洛阳，自己亲率大军，带病出征，并召三方兵马向项县开进，驻扎于汝阳。他兵分三路，先派遣镇南将军诸葛诞率军占领东南门户寿春，以切断吴军的援助；又令征东将军胡遵领军出击谯国、宋国之间，切断毌丘俭的退路；同时又派兖州刺史邓艾进军乐嘉(今河南项城西北)。三路兵马对毌丘俭、文钦形成合围之势，很快平定了这次叛乱。毌丘俭兵败被杀，夷灭三族，党羽七百余人被杀；文钦败走吴国，留在魏国的族人被斩草除根。

司马师似乎在和其父司马懿干着同样的事：司马懿发动了高平陵之变，剿灭了曹爽一伙；司马师粉碎了李丰发动的政变，杀了夏侯玄等人。司马懿平定了王凌、令狐愚的叛乱，司马师粉碎了毌丘俭、文钦的叛乱。父子二人皆手段强硬。

毌丘俭的叛乱虽然被镇压,但司马师也付出了生命的代价。

史书记载,司马师出征前就患有眼疾,眼睛上长了一个瘤子,华佗的徒弟刚为其做完手术。手术后,不能激动,不能受惊吓。文钦的儿子文鸯武功高强,英勇无敌。双方交战期间的一天夜里,文鸯带领一支部队前来偷袭,他冲进司马师的军营,左冲右突,如入无人之境。司马师被他打了个措手不及,惊吓过度,眼珠子竟然迸出了眼眶。大军班师回朝途中,司马师痛死在许昌。

三是嵇康起兵被制止。

毌丘俭、文钦起兵后,作为曹魏家的女婿、竹林七贤核心人物之一的嵇康再也坐不住了,他要组织人员起兵响应,以实际行动反抗司马氏的残暴统治和对幼帝的欺辱。据《三国志·嵇康传》裴松之注引《世语》云:“毌丘俭反,康有力,且欲起兵应之。”

这个记载可以说是嵇康研究中的一个谜团,嵇康一介书生,哪来的军事力量呢?我们可以根据史料记载做如下推测。

首先,嵇康是曹家的女婿,又曾在京城任职,和皇室应该有很深的关系。如果形势需要,他可以组织皇室宗族反抗司马氏的统治。

其次,嵇康的性格和阮籍不同。《三国志·嵇康传》说:“谯郡嵇康,文辞壮丽,好言老庄,而尚奇任侠。”由“尚奇任侠”

四字可知，嵇康并非文弱书生，而是文武双全、侠肝义胆的豪杰人物。嵇康和向秀经常打铁，或许他们打造的铁器里面包括兵器。

最后，当时毌丘俭在淮南起兵，司马师带兵出征，京城只有司马昭留守，后方空虚，战略上正是一个避实击虚的最佳时机。这对嵇康来说，不能说不是一个巨大的机遇。

那么，嵇康是否采取了行动呢？

《世语》曰："（康）以问山涛，涛曰：'不可。'俭亦已败。"也就是说，嵇康找山涛商量是否要起兵响应毌丘俭。山涛阻止了嵇康，告诉他此事绝不可行。果然不久后，毌丘俭、文钦起兵失败了。

对嵇康起兵的阻止，再一次证明了山涛的政治判断力。

那么，这件事有没有给嵇康带来危险呢？司马师去世之后，司马氏家族会如何发展呢？

五、子上之心路人知

司马昭（211—265），字子上，司马师的同母弟。正元二年（255）二月，司马昭由卫将军晋升为大将军，录尚书事，辅助朝政，带剑穿履上殿。第二年，改正元三年为甘露元年（256），八月加封司马昭为大都督，假黄钺，奏事不名。《三国志》及《资治通鉴》均记载，甘露三年（258）夏五月，曹髦下诏封司马昭为相国、晋公，食邑八郡，加九锡，司马昭前后九让乃止。

司马昭比其父、其兄更为霸道、强悍，手段更为毒辣、残忍，那么，司马昭与英武聪慧的小皇帝会如何相处？其间又发生了哪些大事？竹林七贤的命运又受到哪些影响呢？

（一）山涛职务再升迁

刚上台的司马昭也非常重视对士人的拉拢，竹林七贤的三个核心人物他都想网罗到自己的幕府中。

因为有中表亲这一层关系，山涛的仕途平顺，路越走越宽，官越做越大，岗位越来越重要。

在司马昭的照顾下，山涛先是转到骠骑将军王昶府中，担任从事中郎。不久，山涛又被派到河北邯郸的赵国郡，做了相当于太守的赵国相。这是山涛第一次担任地方行政长官。

过了一段时间，山涛又迁任尚书吏部郎。尚书吏部郎是六品官，俸禄400石，隶属于吏部尚书。官职虽然不高，但很有实权，主要负责官吏的选拔、任免和调动等事务，对五品以下官员的任免有建议权。

山涛在尚书吏部郎的职位上任职数年，选拔官吏，才尽其用，政绩和口碑都不错，深得司马昭的赞赏。

司马昭也非常关心山涛这位表哥，除委以重任外，还对其生活多加照顾，据《晋书·山涛传》记载：

> 文帝与涛书曰："足下在事清明，雅操迈时。念多所乏，今致钱二十万、谷二百斛。"

（二）阮籍再次被接管

司马师死后，阮籍再次被司马昭接管，继续就职从事中郎。阮籍在司马昭执政期间的行为表现可以概括为：口不能言、如履薄冰、度日如年、生不如死。

第一，酩酊大醉拒司马。

司马昭有一个儿子名为司马炎，他后来成为西晋的开国皇帝。司马昭上台后，对在皇帝身边的阮籍很不放心，千方百计进行拉拢。阮籍有一个女儿尚未嫁人，司马昭便派人到阮籍家里，向他提亲，要和阮籍做儿女亲家。对很多人来说这是个攀龙附凤的好机会，追求名利之人一定会欣喜若狂、求之不得，但是阮籍不愿与司马家族同流合污，更不愿把女儿送入虎口，落下千载骂名，于是阮籍日日喝酒，天天喝醉，每次提亲的人来，他都是躺在床上烂醉如泥，胡言乱语，答非所问，让提亲的人哭笑不得。就这样，阮籍竟然连醉六十日。司马昭听完汇报后，知道了阮籍的用意，这门亲事最后只好作罢。

阮籍越是这样，司马昭越不放心，于是他派了一个人前去刺探，这个人就是钟会。钟会是三国时期的大书法家钟繇之子，才华很高，很早就投靠了司马氏，成了司马氏的心腹。钟会接到这个特殊任务后，就经常到阮籍家里刺探情况，时不时地拿当时发生的一些军政大事询问阮籍，试探阮籍的看法，以便借此罗织罪名。

但是，他每次去阮籍家，阮籍都是酩酊大醉，最终钟会无功而返，阮籍也由此化险为夷。

阮籍喝酒醉酒是无奈之举，他以此躲避现实，排解心中的苦闷。据《世说新语·任诞》记载：

王孝伯问王大："阮籍何如司马相如？"王大曰："阮籍

胸中垒块，故须酒浇之。”

垒块，比喻胸中郁积的不平之气。此处王孝伯问王大：“阮籍与司马相如相比如何？”王大说：“阮籍心里郁积着不平之气，所以需要借酒浇愁。”

第二，三十六计走为上。

俗话说，不怕贼偷，就怕贼惦记。置身于这样一种风声鹤唳、草木皆兵、令人窒息的环境中，阮籍已经到了无法忍受的地步。于是，他想出了一个办法，以此来摆脱司马昭的束缚。

一天，他对司马昭说：“我曾经到东平游览过，喜欢那里的风土人情。”言下之意是，如果让“我”到东平担任个地方官，“我”是不会拒绝的。

司马昭一听，非常高兴，马上拜阮籍为东平相。

阮籍这样做有两个好处：一是离开皇帝曹髦身边，让司马昭对自己放心；二是远离司马氏的监控。

于是，阮籍就骑上一头毛驴，来到了东平郡。据《晋书·阮籍传》记载：阮籍一到东平，“坏府舍屏障，使内外相望，法令清简，旬日而还”。也就是说，阮籍在东平只做了一件事，就是把官府衙门中的墙壁和屏障都推倒，让衙门里面各个部门的人能互相看见，就像今天写字楼里的办公间一样，既增加了透明度，又提高了办事效率。阮籍执法断案，清通简要，不搞繁文缛节，不搞形式主义，使当地风化为之一变。

十天之后，阮籍就打道回府了。他这种不拘一格的为官之道与那些只会搞政绩工程的官僚形成了鲜明对比，一时传为佳话。唐代诗人李白在《赠闾丘宿松》一诗中赞扬了阮籍的做法。

阮籍为太守，乘驴上东平。剖竹十日间，一朝风化清。
偶来拂衣去，谁测主人情。夫子理宿松，浮云知古城。
扫地物莽然，秋来百草生。飞鸟还旧巢，迁人返躬耕。
何惭宓子贱，不减陶渊明。吾知千载后，却掩二贤名。

为什么阮籍不好好在东平大干一番，偏要这么来也匆匆，去也匆匆呢？

笔者认为，大概是阮籍原本就无心于仕途，既然脱离不了苦海，那就做点事再走。

阮籍从东平回到洛阳后，还是没能摆脱司马昭的控制，很快又被召到大将军府担任从事中郎，绕了一圈，又被司马昭“收编”了。

其实，司马昭对阮籍还算比较客气，甚至对他的名士风度十分欣赏。所以，在司马昭的手下，阮籍倒是可以干些别人干不了的事。

第三，守口如瓶为避祸。

司马昭执政期间，加紧了思想控制，一方面以当年辅佐周成王的周公自比；另一方面鼓吹儒家的礼法名教，号称“以孝治天下”，其目的就是加强自己的统治地位。

司马昭为什么不提倡“以忠治天下”呢？鲁迅先生在《魏晋风度及文章与药及酒之关系》中说，是因为司马氏的政权是巧取豪夺而来，“若主张以忠治天下，他们的立脚点便不稳，办事便棘手，立论也难了，所以一定要以孝治天下”。不过历代的统治者都是这样，鼓吹“孝”，最终还是为了宣扬“忠”。

对于这种虚伪的说教，阮籍非常反感，但又怕祸从口出，所以别人和他说话时，他一般都三缄其口，守口如瓶。久而久之，竟留下一个“谨慎”的名声。

有一次，司马昭和几个大臣讨论为官之道，提出了三个要素：一是清，二是慎，三是勤。司马昭说：“当官如果都能做到这三点，何愁天下不治？”说完又问大家：“这三要素，哪一个更重要呢？”有的言“清”最重要，有的道“勤”最重要，司马昭都摇头否定。有个叫李秉的官员认为，“慎”最重要，一个人一生谨慎从事、谨慎为官，自然容易成为清官了。司马昭表示满意，点了点头。接着又问：“你能不能告诉我，当今之世，谁是最为谨慎的人呢？”李秉列举了好多人，司马昭都摇头说不对。最后，司马昭慢悠悠地说：“然天下之至慎，其唯阮嗣宗乎！每与之言，言及玄远，而未曾评论时事，臧否人物，真可谓至慎矣。”他认为，普天之下，最谨慎的人莫过于阮籍了，每次和他谈话，他总是说得玄虚缥缈，从不评论时事，褒贬人物，谨慎至极。

还有一次，阮籍在司马昭府中做客，碰巧司法部门的官吏前来报告，说刚发生了一起儿子杀母的案件。这种案件对于“以孝治天下”的司马昭来讲，当然是要“严打”的大案、要案。没想到阮籍一听，竟然说：“嘻！杀父还说得过去，怎么可以杀母呢？”

当时在座的有不少宾客，大家都瞪大眼睛，责怪阮籍失言。司马昭也没想到一向谨慎的阮籍竟然如此唐突，就质问他："杀父，乃天下之极恶，你竟然以为可以吗？"

此时氛围紧张，大家都盯着他，看他怎么自圆其说。而阮籍不慌不忙地说："禽兽只知有母，而不知有父。杀父，等同于禽兽；杀母嘛，连禽兽都不如！"

大家一听，无不心悦诚服。一场危机就这么化于无形。

可见阮籍对于什么话不该说、什么话可以说、怎么说才不至祸从口出，是有过精密研究的，分寸、火候把握得非常到位。

那么，我们该怎么看待阮籍的明哲保身呢？

阮籍身处那个专制独裁的时代，对他来说，自己更像是司马氏的一名"体面的人质"。很多时候他并没有选择的权利。被迫为司马一家效力之后，他也只能为了活下去而妥协。

所以，对于阮籍，我们无论如何也说不出"哀其不幸，怒其不争"的话，如果我们与阮籍换个位置，未必会比阮籍做得更好。

（三）欲辟嵇康无音信

嘉平年间（249—254），也就是高平陵之变后，嵇康主要在以洛阳为中心的范围内活动，有时在云台山和向秀一起打铁、和吕安一起浇园；有时在洛阳太学抄写石经古文，撰写学术文章，与太学生进行学术交流。嵇康在京师学术界影响很大。司马昭也早已知道了嵇康之名。

掌控朝政后，司马昭准备征召名士进入幕府，嵇康也就成了司马昭网罗的名士之一。据《魏氏春秋》记载："大将军尝欲辟康。康既有绝世之言，又从子不善，避之河东(指黄河以东地区，即现在山西省西南部，特别是运城地区)，或云避世。”这则记载表明，司马昭一上台，就曾表达过征召嵇康的意思。但是嵇康的志向是隐居，不想出来做官，又因他的一个侄子“不善”，嵇康到河东郡暂避起来了。“或云避世”四字，让我们联想到孔子“贤者辟世，其次辟地，其次辟色，其次辟言”那句话，表达的是一种“危邦不入，乱邦不居”的避世志向。

“从子不善”可能是一个托词，嵇康、嵇喜兄弟情深，嵇喜之子不可能不善待嵇康，只是嵇康以此为借口来躲避司马氏的淫威罢了。

司马昭表面征召，实则试探嵇康是否会妥协。嵇康深谙司马氏的意图，若拒绝其征召，恐招杀身之祸，只好“今当寄他域，严驾不得停”，快马加鞭地离家去往河东避祸。

嵇康在河东待了约三年，最主要的原因可能是摆脱司马昭的网罗，再加上他曾欲起兵响应毌丘俭叛乱的举动，有点避祸的意思。

司马昭是否会就此罢休呢？后来发生的事情，就连嵇康也始料未及。

(四)淮南三叛反司马

甘露二年(257)五月，淮南又发生了一次兵变。主导此次兵变的是在镇压毌丘俭、文钦叛乱中立功的功臣诸葛诞。

据《世说新语·品藻》记载：

诸葛瑾、弟亮及从弟诞，并有盛名，各在一国。于时以为蜀得其龙，吴得其虎，魏得其狗。诞在魏，与夏侯玄齐名；瑾在吴，吴朝服其弘量。

诸葛谨和弟弟诸葛亮及堂弟诸葛诞都有很大的名望，各在一个国家任职。当时，人们认为蜀国得到了其中的龙，吴国得到了其中的虎，魏国得到了其中的狗。诸葛诞在魏国，和夏侯玄齐名；诸葛谨在吴国，吴国朝廷官员佩服他的宽宏大量。“于时”句中的龙、虎、狗，只是表明才智品德等级的不同，虎低于龙，狗低于虎。《尔雅·释兽》云“熊虎丑，其子狗”，狗是熊虎幼子。

三国时，诸葛瑾在吴国，任大将军兼豫州牧；诸葛亮在蜀国，任丞相；诸葛诞在魏国，任征东大将军，并被召为司空。三人名望都很大。

那么，诸葛诞为什么要以勤王的名义起兵反对司马昭呢？《资治通鉴》记载：

征东大将军诸葛诞素与夏侯玄、邓飏等友善，玄等死，王凌、毋丘俭相继诛灭，诞内不自安，乃顷帑藏振施，曲赦有罪以收众心，畜养扬州轻侠数千人以为死士。

说明诸葛诞也不满司马昭的残暴压榨，夏侯玄、邓飏的伏诛使之不安，他知道司马昭早晚要收拾自己，不如拼死一搏。

诸葛诞欲起兵之事，司马昭早已知晓，特派贾充前去慰问。贾充是三国名将贾逵之子。贾逵忠于曹魏政权，死后曹丕专门为其立庙祭祀，其子贾充忠于司马氏。因贾充的告密，其岳父李丰被杀，他马上与妻子李氏离婚，后与郭配的女儿结婚，生一女儿贾南风，嫁给后来的晋惠帝司马衷，最终造成了达数年之久的八王之乱，此乃后话。贾充来到淮南寿春，采用启发式询问的方式，引诱诸葛诞说出他的真实想法。

《魏末传》记载：

> 贾充与诞相见，谈说时事，因谓诞曰："洛中诸贤，皆愿禅代，君所知也。君以为云何？"诞厉色曰："卿非贾豫州子？世受魏恩，如何负国，欲以魏室输人乎？非吾所忍闻。若洛中有难，吾当死之。"充默然。

贾充将此事报告司马昭后，司马昭请皇帝亲征讨伐，自己率军二十万击之。

甘露三年(258)二月，朝廷军队攻破寿春城，诸葛诞被杀，夷灭三族。

这三次大的军事叛乱均发生在淮南，历史上称作"淮南三叛"。淮南三叛有一个奇怪的共性，那就是都为外姓大臣起兵反抗，没有一个曹姓宗室挺身而出、揭竿而起。这似乎不太合乎常理？其实是因为曹丕登上皇帝宝座后，从曹姓宗室手中收走了军权，曹姓诸侯不是不争，而是没有实力去争。

诸葛诞起兵，是曹马之争的延续，只是重点发生了转移，转向了亲曹、拥曹势力与司马氏之间的博弈。

(五)捅死皇帝又如何

当然，比起249年司马懿的洛水之誓，他的儿子司马昭可谓是"青出于蓝而胜于蓝"。而年轻有为的皇帝曹髦面对司马昭的压制，将何去何从？嵇康是袖手旁观，还是挺身而出呢？

第一，驾临太学论长短。

少年皇帝曹髦并不甘于做傀儡，他想走进太学，走进学生中间，通过与青年学生的交流，把他们团结在自己的周围，来对抗司马氏的围猎。

甘露元年（256）四月十日，曹髦来到太学，与太学生讨论《易经》《尚书》，以及圣贤对《易经》的不同解释，研讨如何教化民众、圣贤者应具有的品德等问题，皇帝如此博古通今令太学博士深深折服。

甘露二年（257）五月一日，曹髦又来到国学馆，命群臣赋诗。侍中和荄、尚书陈骞等人作诗时拖延时间，掌管文化教育的朝官上奏请求免去他们的官职。曹髦说："我不是太聪明的人，却比较爱好风雅，今天让群臣即席吟咏，不过是想从中了解朝政的得失。但你们不能理解我的意图，说的内容不着边际。这次就原谅你们了，从今以后群臣都应认真钻研古书的含义，弄明经典的意旨，这样我才会高兴。"

甘露三年（258）九月四日，曹髦下诏："尊崇有德行的老人，推行教化，这是古代尧、舜、禹三代树立风范垂之不朽的仁政。朝廷理应推举德高望重的三老、五更给予极高的荣誉，不断请他们对国家大事和朝政得失予以指导，把他们的德行言语记录下来，然后全国都仿效他们，便可以收到教化之功。现在我们就该找出这样仁德兼备的长者，来作为三老、五更的人选。关内侯王祥，历来以仁、义的标准修身处事，温文尔雅；关内侯郑小同，温良恭俭，依礼而行，都是当今著名的贤者。朝廷决定推举王祥为三老，郑小同为五更。”诏令发布后，曹髦亲率有关朝臣，按照古代的习惯举行聘任礼仪。

可见，曹髦年纪虽小，却自幼熟读经书，很有思想，可以说是少年老成，胸有大志。即皇帝位之后，曹髦很想有一番作为，真正把曹魏的天下掌握在手中。他经常以天子的身份关注国家的礼乐制度、风俗教化，特别重视太学的教育。

第二，周公管蔡论公案。

甘露元年(256)四月，皇帝曹髦驾临太学，同太学的博士儒生们探讨儒家经典。在与太学博士的讨论中，这位少年天子突然问到“周公、管蔡之事”。

周公，即周公旦，他是周文王的儿子、周武王的弟弟，辅佐周天子的大功臣。管叔和蔡叔也是周武王的弟弟。按年龄排行，管叔是周公的哥哥，蔡叔是周公的弟弟。周武王灭掉商朝之后，曾大封功臣和兄弟，管叔封于管(今河南郑州一带)，蔡叔封于蔡(今河南上蔡一带)。周武王去世后，他的儿子周成王即位。

但成王年幼即位，尚无治理天下的能力。周公旦德高望重，就担当起摄政的重任，史称周公。周公摄政之后，管叔、蔡叔心中不服，就在全国放出流言，说“公将不利于孺子”，然后联络商纣王的儿子武庚，以及东夷部族发动叛乱。周公为此率军东征，苦战三年，最后平定了叛乱，杀掉了武庚和管叔，并将蔡叔流放。

这就是小皇帝曹髦所谈的“周公、管蔡之事”。历史上对这桩公案是有定论的，就是认为管、蔡二人居心叵测，阴谋叛乱，周公大义灭亲，维护国家的安定。那么，为什么曹髦又提起此事呢？

若把当时的政局和“周公、管蔡之事”做对比，便不难找到答案。两者有三点相似之处：

一是曹髦和周成王都是年幼即位。魏明帝曹叡去世后，即位的曹芳不到10岁；曹芳被废之后，后继的曹髦也不过十来岁，这和当年登基的周成王年龄相当。

二是均是权臣摄政。曹爽集团被剿灭后，司马氏父子先后擅权，这和当年周公的摄政在权力结构上是一致的，且司马氏把自己比作周公。

三是摄政期间都曾发生过叛乱。司马懿父子主政之后，在淮南先后发生过王凌、毌丘俭的叛乱，特别是毌丘俭叛乱刚好发生在曹髦登基之后不久，这令他想到了当年管叔、蔡叔的叛乱。

作为一位聪慧的少年皇帝，曹髦早已看出了司马昭的不臣之心。司马昭自比周公，实际是想篡权，他把这件事拿出来和太学博士讨论，其实也是借古讽今，表达对司马昭的不满。

当时曹髦还拿这件事问一个名叫庾峻的太学博士，庾峻不敢正面回答，也许是怕得罪以周公自居的司马昭，只是说：“关于这个问题，微臣才疏学浅，无法究论。”

从曹髦这次太学之行可以看出，他不甘心受制于人。

当时嵇康在京城洛阳活动，经常到太学抄写石经古文，已经成了太学生的精神领袖。曹髦到太学问学这件事当然很快传到嵇康耳中。嵇康曾经想起兵响应毌丘俭、文钦的兵变，由于山涛的劝阻才没有铤而走险，但是他对司马氏的残暴统治早已忍无可忍。当听到皇帝谈到周公、管蔡之事时，其中的寓意嵇康当然心知肚明，故他发挥专长，写下了一篇《管蔡论》。他在文章中说：

> 管、蔡皆服教殉义，忠诚自然，是以文王列而显之，发、旦二圣，举而任之。非以情亲而相私也，乃所以崇德礼贤。济殷弊民，绥辅武庚，以兴顽俗，功业有绩，故旷世不废，名冠当时，列为藩臣。逮至武卒，嗣诵幼冲。周公践政，率朝诸侯，思光前载，以隆王业。而管、蔡服教，不达圣权；卒遇大变，不能自通，忠疑乃心，思在王室，遂乃抗言率众，欲除国患，翼存天子，甘心毁旦。斯乃愚诚愤发，所以徼福也。

嵇康主要表达了两层意思：一是肯定管叔、蔡叔原本都是忠良之臣，否则以文王、武王和周公的圣明，绝不会“列而显之”“举而任之”。二是强调这桩公案其实是一场误会。武王去世后，成王年幼，周公摄政，目的是光大父兄的王业。遭此大变之后，管叔、蔡叔心里想不通，加上他们远离京城，误以为周公有意篡权，为了保护王室，这才兴兵讨伐周公。他们也是和周公一样怀抱赤诚的忠心来保护王室的。周公东征，大义灭亲，固然是圣人之举，但管、蔡二人也绝不是乱臣贼子！

曹髦太学谈论“周公、管蔡之事”，嵇康配合曹髦撰写的《管蔡论》很快传到了司马昭耳里。这是用舆论对司马昭进行反抗，由此引起了司马昭的警觉和激烈的反应。

第三，潜龙诗中呻吟声。

甘露四年(259)又发生了一件大事，令司马昭和曹髦的矛盾进一步升级，司马昭也由此萌生了弑君之心。

《三国志·魏书·高贵乡公髦》记载，甘露元年(256)春正月辛丑，青龙见轵县井中；这年五月，邺及上洛并言甘露降；夏六月丙午，改元为甘露；乙丑，青龙见元城县界井中；甘露二年(257)春二月，青龙见温县井中；甘露三年(258)是岁，青龙、黄龙仍见顿丘、冠军、阳夏县界井中；甘露四年(259)春正月，黄龙二，见宁陵县井中。

青龙、黄龙频繁出现，朝中大臣都认为是好兆头，是吉祥天象，但皇帝曹髦却不这么认为，他说：“龙者，君德也。上不在天，下不在田，而数屈于井，非嘉兆也。”于是触景生情，顾影自怜，十分伤感，作了一首《潜龙诗》自比：

伤哉龙受困，不能跃深渊。上不飞天汉，下不见于田。

蟠居于井底，鳅鳝舞其前。藏牙伏爪甲，嗟我亦如然！

诗中感叹潜龙受困于井中的悲惨命运，说龙既不能飞上九霄，也不能畅游田间，只能屈辱地蜷缩在井底之中，眼睁睁地看着泥鳅、黄鳝在自己眼前耀武扬威，空有锋利的牙齿，爪子和鳞甲也只好蛰伏在泥沼中。最后一句分明在说自己虽然贵为真龙天子，但在这个乾坤颠倒、君臣失位的世道，作为皇帝的自己和那井中的黄龙又有什么区别呢，只叹自己命运的悲惨。

这首《潜龙诗》是曹髦压抑多年的一次情感爆发，一方面说明他的确是一位很有见识和自尊的皇帝；另一方面也说明司马昭的淫威已经把这位天子逼到了墙角，不能再后退了。

曹髦以“潜龙”作为诗题，正好对应了《周易·乾卦》中“潜龙勿用”的爻辞，意思是潜龙毕竟是龙，现在处于潜伏阶段，是为了积聚力量，等待时机。

贾充、钟会把《潜龙诗》拿给司马昭看后，司马昭非常愤怒，大骂小皇帝不知好歹，竟敢把司马氏比作泥鳅、黄鳝。贾充趁机道：这个小皇帝若不及早除掉，将来必为后患。司马昭点头表示同意。

第四，宁为玉碎不瓦全。

《三国志·魏书·高贵乡公髦传》记载，甘露五年(260)正月初一，发生了一次日食。古人认为，天文现象和自然灾害是跟社会政治相关联的，日食的出现预示朝廷将有不好的大事发生。

夏四月，贾充、钟会在朝会上向皇帝曹髦奏报，大将军司马公功高盖世，应拜封相国、晋公，加九锡，众大臣均跪拜附和。奏报后，曹髦没有立刻表态。此刻，朝堂上一片寂静，都在观察着这位少年天子的态度。

最终，曹髦被逼无奈，复进司马昭为相国，封晋公，加九锡。

《三国志·魏书·高贵乡公髦传》注引《汉晋春秋》记载，曹髦下朝后，看到自己的皇权几乎被司马昭剥夺殆尽，感到天子的威严在群臣面前荡然无存，心中气愤至极。于是，召侍中王沈、尚书王经、散骑常侍王业，说道："司马昭之心，路人所知也。吾不能坐受废辱，今日当与卿等自出讨之。"意思是说：司马昭篡夺皇位之心，全天下的人都知道了，今天我和你们商议去讨伐他。

王经曰："昔鲁昭公不忍季氏，败走失国，为天下笑。今权在其门，为日久矣，朝廷四方皆为之致死，不顾逆顺之理，非一日也。且宿卫空阙，兵甲寡弱，陛下何所资用？而一旦如此，无乃欲除疾而更深之邪！祸殆不测，宜见重详。"尚书王经劝告曹髦，司马氏掌控朝政太久了，要从长计议，不要以卵击石，自取其辱。

但曹髦把写好的诏令扔在地上，说朕已经决定了，就是死也没有什么可怕的。"行之决矣。正使死，何所惧？况不必死邪！"

曹髦遂进入后宫，把亲自出宫讨伐司马昭的事告诉了郭太后，还未等郭太后回话，便亲率僮仆数百人鼓噪而出。

侍中王沈、散骑常侍王业担心受株连，迅速奔走告诉了司马昭，司马昭接到报告后，也马上做好了应对准备。

司马昭先派其弟屯骑校尉司马伷去阻止曹髦，两队人在东止车门前相遇了。曹髦亲随说道：天子在此，讨伐逆臣司马昭，谁敢阻拦。面对皇帝一方的呵斥，司马伷不敢上前阻拦，便带着他的士兵散去了。

司马昭又派中护军贾充阻挡，两队人马战于南阙之下，曹髦举起宝剑，大声呵斥，贾充带领的人马心存忌惮，纷纷败下阵来，正准备退却。此刻，太子舍人、司马昭豢养的死士成济急切地问贾充："情势紧急，该当如何？"贾充答道："司马公养你们多年，正为今日之事。今日你们不要想那么多，只管按商定的决议行事，不必再多问了。"成济接到命令，浑身是胆，无所顾忌地提着长矛向曹髦刺去，长矛从其前胸刺入，后背穿出，曹髦迅即从战车跌落，摔在地上，鲜血直流，当场死亡。

就这样，堂堂的大魏天子，竟被一介武夫"秒杀"于车驾之下。《魏氏春秋》记载，在那一刻，原本晴朗的天空突然之间电闪雷鸣，乌云翻滚，暴雨如注，暗无天日。

惨案发生后，举国震惊。司马昭听闻曹髦之死，大惊，自投于地曰："天下其谓我何！"太傅司马孚奔往，枕帝股而哭，哀甚，曰："杀陛下者，臣之罪也。"

在此之后，司马昭召集百官讨论如何处置此事。尚书左仆射陈泰坚持杀了贾充，以谢天下。司马昭当然于心不忍，遂将直接杀人者成济治罪，并夷灭三族，成济成了历史上最著名的替罪羊。《魏氏春秋》记载，成济兄弟不服罪，赤身登上屋顶，大骂其所为乃司马昭授意，士兵乱箭齐发，成济兄弟随即被射杀，从屋顶滚落了下来，"弑君之徒"得到了应有的下场。

曹髦死后，陈泰（字玄伯）忧愤不平，遂呕血而亡。据《世说新语·赏誉》记载："王右军目陈玄伯'垒块有正骨'。"王羲之评价陈泰，认为他有骨气。

《资治通鉴·魏纪·元皇帝传》记载，司马昭让廷尉逮捕尚书王经，王经拜谢其母养育之恩，其母面不改色，笑着说道："人哪有不死的，怕的就是死得没有意义，你忠心地为保护皇帝而死，何恨之有！"王经被杀后，"故吏向雄哭之，哀动一市"。而因密报有功的侍中王沈被封安平侯。

郭太后因主张迎立曹髦被司马昭奚落，被迫下令历数曹髦罪状，道其"不能事母，故绝之于位也。今高贵乡公肆行不轨，几危社稷，自取倾覆，人神所绝"，遂废为庶人，以一般百姓的规格埋葬高贵乡公。司马懿之弟、时任太傅的司马孚上言以王礼安葬曹髦，太后也同意了。东晋史学家习凿齿在《汉晋春秋》中记载：

> 丁卯，葬高贵乡公于洛阳西北三十里瀍涧之滨。下车数乘，不设旌旐，百姓相聚而观之，曰："是前日所杀天子也。"或掩面而泣，悲不自胜。

对这段记载，为《三国志》作注的裴松之表示怀疑，认为"若但下车数乘，不设旌旐，何以为王礼葬乎？斯盖恶之过言，所谓不如是之甚者"。

司马昭为转移因弑君对自己造成的负面影响，开始发动征伐西蜀的战争，分别派出邓艾、钟会两路大军，经过苦战、巧战，最终取得了胜利，蜀汉皇帝刘禅被解送至洛阳，封为安乐公，成语"乐不思蜀"由此诞生。司马昭也因此在朝野上下挽回了一点面子，并加速了以晋代魏的步伐。但司马昭弑君的历史是不容篡改的。

曹髦面对屈辱，敢于提剑讨伐司马昭，虽未成功，但他确实做到了以百分之百的努力力争百分之几的机会。在政治凌辱和死亡威胁下，曹髦没有软弱、退让，而是敢于奋起抗争，视死如归。在中国古代有类似遭遇的皇帝群体中，他是独一无二的。曹髦既是壮志未酬的皇帝，更是值得尊敬的斗士，他以刚烈的血性，活出了人性的高贵和生命的骄傲，用壮烈的死亡，赢得了一个帝王的尊严，以及后世的尊重。真可谓纵然曹髦死，青史侠骨香。

曹髦死后，司马昭派其子司马炎到邺城迎接了常道乡公，他是曹操之子燕王曹宇的儿子曹璜，过继给魏明帝曹叡，后郭太后诏令更名为曹奂。甘露五年（260）六月甲寅，曹奂入洛阳，是日即皇帝位，改年号为景元。景元四年（263）十二月乙卯，郭太后崩。

此后，皇宫中只剩下一位孤立无援的小皇帝，被司马昭玩弄于股掌之中，曹魏上下再也没有人能阻止司马昭篡魏的步伐了。

曹奂是魏国的第五个皇帝，也是魏国最后一个皇帝。本质上讲，他不过是司马昭为了顺利完成政权交接而设置的一个“工具”。

这个时期，竹林七贤中的山涛、阮籍、王戎都是司马昭手下的官吏了，他们是否对曹髦之死有所表达呢？史书没有记载。或许阮籍等人暗自流泪了，但他们面对司马昭的残酷统治不便表态，也不敢表态。

曹髦被杀之后，文人名士无不噤若寒蝉，唯恐一不小心就身首异处。那么，作为曹魏家女婿的嵇康有什么举动呢？

《资治通鉴·魏纪》记载：

> 山涛为吏部郎，举康自代；康与涛书，自说不堪流俗，而非薄汤、武。昭闻而怒之。

此事的背景是：司马昭征召山涛到大将军府任从事中郎，山涛举荐嵇康代替自己任吏部郎一职，嵇康接到山涛书信后，压抑多年的愤怒迸发出来，立即撰写了著名的《与山巨源绝交书》，信中列出自己有“七不堪”“二不可”，坚决拒绝出仕。司马昭听说后非常愤怒，此前嵇康对司马氏采取不合作态度，已招致司马昭的忌恨。他的《与山巨源绝交书》再次惹怒了司马昭。后来又发生了一件大事，彻底把嵇康推向了死亡的深渊。

第四章　嵇康之死惹众怒

嘉平六年(254)九月，司马师废曹芳。同年十月，曹髦即位。甘露五年(260)，曹髦被刺身亡。同年六月，曹奂即皇帝位。

在这样动荡的社会背景下，嵇康仍能坚守初心，匡扶正义，最终慷慨赴死。嵇康之死，原因是复杂的，与很多人、很多事有关。接下来，让我们一起回顾这一段悲伤往事。

一、书香败类钟士季

嵇康之死与钟会有很大关系。那么，钟会何许人也？他与嵇康有何关系呢？

《三国志·魏书·钟会传》记载：

> 钟会字士季，颍川长社人。太傅繇小子也。少敏惠夙成。中护军蒋济着论，谓："观其眸子，足以知人。"会年

五岁，繇遣见济，济甚异之，曰："非常人也。"及壮，有才数技艺而博学，精练名理，以夜续昼，由是获声誉。

陈寿评价他："王凌风节格尚，毌丘俭才识拔干，诸葛诞严毅威重，钟会精练策数，咸以显名，致兹荣任，而皆心大志迂，不虑祸难，变如发机，宗族涂地，岂不谬惑邪！"

钟会出身官宦之家，少时聪慧早熟，中护军蒋济观其相认为钟会是"非常之人"。钟会稍年长后，昼夜苦读，学识渊博，精通玄学，因此获得很大声誉。钟会此人，若概括起来有两大特点。

第一，少小聪明有胆略。

钟会的父亲钟繇是三国时期著名的政治家、书法家，钟繇是曹魏的老臣，在曹丕做皇帝的时候，任廷尉，明帝即位后，官至太傅，位高权重，地位还在司马懿之上。钟繇老年得子，70多岁时才有了次子钟会。

《世说新语·言语》记载：

钟毓、钟会少有令誉。年十三，魏文帝闻之，语其父钟繇曰："可令二子来！"于是敕见。毓面有汗，帝曰："卿面何以汗？"毓对曰："战战惶惶，汗出如浆。"复问会："卿何以不汗？"对曰："战战栗栗，汗不敢出。"

魏文帝曹丕听说他们兄弟俩的名声，就对钟繇说："可以让你的两个儿子来见我。"一天，钟繇领着钟毓、钟会来到皇宫，见到了曹丕，钟毓非常紧张，脸上渗出汗来。曹丕指着钟毓问："你脸上怎么出汗了？"钟毓回答道："战战惶惶，汗出如浆。"曹丕又问钟会:“你何故不出汗?”钟会说:“战战栗栗,汗不敢出。”

从这个记载可以看出,钟会小时候就反应快,有计谋,胆子大,能言善辩。

第二,常出计谋得信任。

曹髦即位后,发生了毌丘俭、文钦反对司马氏的军事叛乱,司马师在平叛中因受惊吓而眼疾加重,急召其弟司马昭至许昌。此时,小皇帝欲夺回兵权,下诏让司马昭留在许昌不必回京,让傅嘏把军队带来。《资治通鉴·魏纪》记载:“以东南新定,权留卫将军昭屯许昌为内外之援,令嘏率诸军还。”

可惜的是,此计谋被钟会识破。《资治通鉴·魏纪》云“中书侍郎钟会从师典知密事”,他力劝司马昭尽快带兵返回洛阳。司马昭遂与傅嘏、贾充商议,并秘密带兵驻扎在洛水南。曹髦这次虽然没有夺回兵权,但也让司马氏集团大吃一惊,暗暗佩服曹髦的智谋。在不得已的情形下,曹髦只好拜司马昭为大将军、辅政,钟会迁黄门侍郎,封东武亭侯,邑三百户。这是钟会的计谋第一次挽救了司马昭。

甘露二年(257),诸葛诞被任命为司空。当时钟会在洛阳守丧,他估计诸葛诞一定不会听从任命,于是驰马报告司马昭。待诸葛诞在寿春反叛后,钟会劝告司马昭,平叛时要接受上次皇帝曹髦欲夺兵权的教训,司马昭遂让皇帝、太后跟随,把他们安置在项县,派重兵把守,以防万一。司马昭至寿春,钟会再次从行。《资治通鉴·魏纪》记载:“司马昭之克寿春,钟会谋划居多。”

钟会屡次给司马昭出谋划策，深得司马昭的信任。《资治通鉴·魏纪》记载：“昭亲待（钟会）日隆，委以腹心之任，时人比之子房。”意思是钟会受重用的程度，堪比西汉时期的张良。此时钟会已经成为司马氏集团的重要成员。

二、嵇康冷对埋祸根

钟会与竹林七贤关系很密切，他直接或间接地改变了竹林七贤中嵇康、阮籍和王戎三人的命运。

嵇康和钟会怎么会打交道呢？二人之间到底发生了什么？结果如何？

一是投书未得嵇康评。

嘉平年间，嵇康主要在京师洛阳一带活动，他的风度、学问、气节，很快使他成为学术界、名士圈的名人。

钟会对玄学也颇有研究，他曾写过一本《四本论》，探讨才性问题。写完后，他想拜访嵇康，请他指点。

《世说新语·文学》记载：“钟会撰《四本论》始毕，甚欲使嵇公一见。置怀中，既定，畏其难，怀不敢出，于户外遥掷，便回急走。”钟会带着《四本论》来见嵇康，到嵇康门口时又犹豫起来，不敢进嵇康家门。于是钟会就从外边把《四本论》手稿扔进了嵇康家的院子里，然后掉头就跑。

钟会一直等待嵇康的反馈，哪怕只言片语，可一等二等，心血之作如石沉大海，杳无音讯。被忽视的钟会内心受挫，从此埋下了嫌隙的种子。

钟会谋略双全、心思诡秘，很快成为司马氏心腹，在朝中炙手可热。司马昭是爱才之人，他看到了嵇康的影响力和学识，想把嵇康笼络过来为己所用。钟会看出了司马昭的心思，二人经过一番探讨，决定再由钟会去会一会嵇康。

二是钟会来访受蔑视。

已经成为司马昭心腹的钟会，以为这次嵇康应该给足自己面子，热情接待他。

这一次拜访，他做了充分准备，带领了一大帮京城的名流阔少，穿着锦衣绣裳，骑着高头大马，耀武扬威地簇拥而来。

据《世说新语·简傲》记载：

> 钟士季精有才理，先不识嵇康；钟要于时贤俊之士，俱往寻康。康方大树下锻，向子期为佐鼓排。康扬槌不辍，傍若无人，移时不交一言。钟起去，康曰："何所闻而来？何所见而去？"钟曰："闻所闻而来，见所见而去。"

钟会一行骑马寻到嵇康住处，远远看到嵇康正和向秀二人打铁，你一下我一下，十分专注，旁若无人，也没有理睬钟会等人。钟会看了一会儿，决定离去。就在这时，嵇康终于说了一句话："何所闻而来，何所见而去？"钟会随即回答："闻所闻而来，见所见而去。"

嵇康的做法显然让钟会在京城名士面前丢尽了面子，把钟会狠狠得罪了，这让他后期十分被动。

除嵇康外，钟会与阮籍、王戎也曾有交集。钟会曾替司马昭监视过阮籍，但阮籍天天喝醉以逃避陷阱，最终钟会无功而返，阮籍逃过一劫。

而王戎与钟会则颇有渊源。钟会观察过王戎，认为他很有才干，就向司马氏推荐，后来王戎果然做了官。《世说新语·赞誉》记载：

> 王濬冲、裴叔则二人总角诣钟士季，须臾去后，客问钟曰："向二童何如？"钟曰："裴楷清通，王戎简要。后二十年，此二贤当为吏部尚书。冀尔时天下无滞才。"

三、假绝巨源反司马

嵇康得罪了钟会，为自己埋下了祸根，而他与山涛的绝交，则更惊天动地，令司马昭大为不满。

山涛是一个谨言慎行、识时务的人，也是一个宽仁厚德、重贤举能的人。在竹林七贤中，山涛年龄最长，因喜爱老庄之学，和嵇康等人关系十分亲密，他加入竹林七贤是因风神气度胜出，王戎曾称赞山涛如"璞玉浑金"。山涛与嵇康本来颇为投缘，怎么会走到绝交这一步呢？这与他们离开竹林后的选择有关。

在权力面前，山涛是一个谨慎小心的人，在曹马之争的关键时刻，他辞官归隐，远离纷争。大局已定，司马家族掌权后，他又借助与司马家族的姻亲关系入仕。恰恰因为远离曹氏，他被司马师起用，从此飞黄腾达，官运亨通。

山涛为官 30 余年，宠辱不惊，不仅勤俭廉洁，而且知人善任,在朝中享有很高威望,多年来掌管选拔官吏的重任。嵇康与山涛绝交,便是因为山涛推荐他做官。

《晋书·嵇康传》记载:“山涛将去选官,举康自代。康乃与涛书告绝……此书既行,知其不可羁屈也。”山涛禀旨举荐了嵇康,但很快就收到了一封绝交信。也许山涛早就料到会被嵇康拒绝,但嵇康的决绝和郑重却在意料之外,他颤抖着双手展开厚厚的信笺,不禁泪流满面——

与山巨源绝交书

康白:足下昔称吾于颍川,吾常谓之知言。然经怪此意尚未熟悉于足下,何从便得之也?前年从河东还,显宗、阿都说足下议以吾自代,事虽不行,知足下故不知之。足下傍通,多可而少怪;吾直性狭中,多所不堪,偶与足下相知耳。闲闻足下迁,惕然不喜,恐足下羞庖人之独割,引尸祝以自助,手荐鸾刀,漫之膻腥,故具为足下陈其可否。

吾昔读书,得并介之人,或谓无之,今乃信其真有耳。性有所不堪,真不可强。今空语同知有达人无所不堪,外不殊俗,而内不失正,与一世同其波流,而悔吝不生耳。老子、庄周,吾之师也,亲居贱职;柳下惠、东方朔,达人也,安乎卑位,吾岂敢短之哉!又仲尼兼爱,不羞执鞭;子文无欲卿相,而三登令尹,是乃君子思济物之意也。所谓达能兼善而不渝,穷则自得而无闷。以此观之,故尧、舜之君世，许由之岩栖，子房之佐汉，接舆之行歌，其揆一也。仰瞻数君，可谓能遂其志者也。故君子百行，殊途而同致，循性而动，各附所安。故有处朝廷而不出，入山林而不反之论。且延陵高子臧之风，长卿慕相如之节，志气所托，不可夺也。吾每读尚子平、台孝威传，慨然慕之，想其为人。少加孤露，母兄见骄，不涉经学。性复疏懒，筋驽肉缓，头面常一月十五日不洗，不大闷痒，不能沐也。每常小便而忍不起，令胞中略转乃起耳。又纵逸来久，情意傲散，简与礼相背，懒与慢相成，而为侪类见宽，不攻其过。又读《庄》《老》，重增其放，故使荣进之心日颓，任实之情转笃。此由禽鹿，少见驯育，则服从教制；长而见羁，则狂顾顿缨，赴蹈汤火；虽饰以金镳，飨以嘉肴，愈思长林而志在丰草也。

阮嗣宗口不论人过，吾每师之而未能及；至性过人，与物无伤，唯饮酒过差耳。至为礼法之士所绳，疾之如仇，幸赖大将军保持之耳。吾不如嗣宗之贤，而有慢弛之阙；又不识人情，暗于机宜；无万石之慎，而有好尽之累。久与事接，疵衅日兴，虽欲无患，其可得乎？又人伦有礼，朝廷有法，自惟至熟，有必不堪者七，甚不可者二：卧喜晚起，而当关呼之不置，一不堪也。抱琴行吟，弋钓草野，而吏卒守之，不得妄动，二不堪也。危坐一时，痹不得摇，性复多虱，把搔无已，而当裹以章服，揖拜上官，三不堪也。素不便书，又不喜作书，而人间多事，堆案盈机，不相酬答，则犯教伤义，欲自勉强，则不能久，四不堪也。不喜吊丧，而人道以此为重，已为未见恕者所怨，至欲见中伤者；虽瞿然自责，然性不可化，欲降心顺俗，则诡故不情，亦终不能获无咎无誉如此，五不堪也。不喜俗人，而当与之共事，或宾客盈坐，鸣声聒耳，嚣尘臭处，千变百伎，在人目前，六不堪也。心不耐烦，而官事鞅掌，机务缠其心，世故繁其虑，七不堪也。又每非汤、武而薄周、孔，在人间不止，此事会显，世教所不容，此甚不可一也。刚肠疾恶，轻肆直言，遇事便发，此甚不可二也。以促中小心之性，统此九患，不有外难，当有内病，宁可久处人间邪？又闻道士遗言，饵术黄精，令人久寿，意甚信之；游山泽，观鱼鸟，心甚乐之；一行作吏，此事便废，安能舍其所乐而从其所惧哉！

夫人之相知，贵识其天性，因而济之。禹不逼伯成子高，全其节也；仲尼不假盖于子夏，护其短也；近诸葛孔明不逼元直以入蜀，华子鱼不强幼安以卿相，此可谓能相终始，真相知者也。足下见直木必不可以为轮，曲者不可以为桷，盖不欲以枉其天才，令得其所也。故四民有业，各以得志为乐，唯达者为能通之，此足下度内耳。不可自见好章甫，强越人以文冕也；己嗜臭腐，养鸳雏以死鼠也。吾顷学养生之术，方外荣华，去滋味，游心于寂寞，以无为为贵。纵无九患，尚不顾足下所好者。又有心闷疾，顷转增笃，私意自试，不能堪其所不乐。自卜已审，若道尽途穷则已耳。足下无事冤之，令转于沟壑也。

吾新失母兄之欢，意常凄切。女年十三，男年八岁，未及成人，况复多病。顾此悢悢，如何可言！今但愿守陋巷，教养子孙，时与亲旧叙阔，陈说平生，浊酒一杯，弹琴一曲，志愿毕矣。足下若嬲之不置，不过欲为官得人，以益时用耳。足下旧知吾潦倒粗疏，不切事情，自惟亦皆不如今日之贤能也。若以俗人皆喜荣华，独能离之，以此为快；此最近之，可得言耳。然使长才广度，无所不淹，而能不营，乃可贵耳。若吾多病困，欲离事自全，以保余年，此真所乏耳，岂可见黄门而称贞哉！若趣欲共登王途，期于相致，时为欢益，一旦迫之，必发其狂疾。自非重怨，不至于此也。

野人有快炙背而美芹子者，欲献之至尊，虽有区区之意，亦已疏矣。愿足下勿似之。其意如此，既以解足下，并以为别。嵇康白。

在这封绝交书中，嵇康陈述了自己不愿做官的理由。“性复疏懒，筋驽肉缓，头面常一月十五日不洗，不大闷痒，不能沐也。每常小便而忍不起……”是说自己性情疏懒，且不愿受礼法约束，不能做官。

“君子百行，殊途而同致，循性而动，各附所安。故有处朝廷而不出，入山林而不返之论。”是说君子表现的行为、所走的道路虽然各不相同，但可以达到相同的目的，关键在于顺着各自的本性去实现自己的志向。所以有的人醉心仕途，有的人隐居不返，而自己显然志不在做官。

“以促中小心之性，统此九患，不有外难，当有内病，宁可久处人间邪？又闻道士遗言，饵术黄精，令人久寿，意甚信之；游山泽，观鱼鸟，心甚乐之；一行作吏，此事便废，安能舍其所乐而从其所惧哉！”是说以自己这种心胸狭隘的性格，再加上上面所说的这些无法忍受之事，实在不适合官场。而自己又想求仙问道，追求长寿，又喜欢游山玩水，观赏大自然的美景，一旦做官，就失去了这种生活乐趣，怎么能够丢掉自己乐意做的事情而去做那种自己害怕做的事情呢？

“其意如此，既以解足下，并以为别。”在信的最后，嵇康讲了一个故事，强调了自己不能出来做官。故事是说从前有个野人，自以为晒太阳很舒服，吃了芹菜觉得味道鲜美，就想把这两种享受奉献给帝王。虽然很有诚意，但实在是太过迂阔了。嵇康希望山涛不要像此人一样，不要强迫自己。

整篇文章气势磅礴，一气呵成，读来如见其人，如闻其声，表现出了嵇康的自由精神、高洁人格和不屈个性。

这封书信一经问世，便激起千层浪，与其说嵇康是在宣布与山涛绝交，不如说是在宣布与司马氏绝交。

刘禹锡说：“八音与政通，文章与时高下。”《与山巨源绝交书》正是魏晋之际政治、思想潮流的一面镜子。直观地看，这篇书信是嵇康全面的自我表白，既写出了他“越名教而任自然”、放纵情性、不受拘羁的生活方式，又表现出他傲岸、倔强的个性。读者可从嵇康愤激的言辞中体会到当时黑暗、险恶的政治氛围，同时，从这篇书信中描写的生活旨趣和精神状态也可以看出当时的社会风貌和思想潮流。

一封绝交书真的让这两位人中翘楚分道扬镳了吗？学界对此颇有争议。

有人认为，嵇康的确是要和山涛绝交。因为山涛不仅投靠了司马氏，还想把嵇康拉下水，这样的人已经不配和他做朋友了。也有人认为，嵇康并不是真的要和山涛绝交。他是要借此机会告诉司马昭，他绝不会向暴政低头，绝不会做当朝的官员，他要终生保持自己的独立和自由。

持后一种观点的人有一个过硬的证据，那就是嵇康被杀之前把年仅 10 岁的儿子嵇绍托付给了山涛，并对儿子说："巨源在，汝不孤矣！"这话是在他写绝交书两年之后说的，说明嵇康临终之时仍然把山涛当作最可信赖的朋友。山涛也确实是个有担当的好友，他把嵇绍抚养成才，并举荐嵇绍为秘书郎，在嵇绍打算拒绝的时候，他劝嵇绍"为君思之久矣，天地四时，犹有消息，而况人乎"，让他不要再受父亲之事牵连，最终嵇绍做了司马氏的官。

中山大学文学博士杨昊鸥在评论《与山巨源绝交书》时说："山涛固然没有嵇康的风流任性、逞才放旷，但他的中年持重、内不失正的恢宏度量却是如此暖人心肺，值得信赖。好在，嵇康临终前的托孤，是对山涛最深刻的理解。其实，嵇康和山涛都是货真价实的魏晋人物。真正的魏晋人物，除了骨子里有贵族式的对诗意人生的追求，更具有那股不顾一切的坚持劲头，不论是与世俗相违，还是被自己的朋友撰文宣告绝交，都不能改变他们心中为之笃守的坚持。嵇康的高洁放任，山涛的雅量恢宏，都是对魏晋人物的绝佳诠释。”

笔者认为，嵇康在写信的时候，或许真有对山涛的失望，至于之后的托孤，是气消后情理之中的事。

嵇喜在《嵇康别传》中有言：“山巨源为吏部郎，迁散骑常侍，举康，康辞之，并与山绝。岂不识山之不以一官遇己情邪？亦欲标不屈之节，以杜举者之口耳。乃答涛书，自说不堪流俗而非薄汤武。大将军闻而恶之。”

嵇喜是嵇康的哥哥，其中微妙，他最清楚。“欲标不屈之节，以杜举者之口”，绝非虚语。所以，确切地说，这是一封借力打力、半真半假的绝交书。也许嵇康因山涛主动求官、为司马氏尽心服务而有声讨之意，但这封绝交书，最重要的还是向司马昭表明坚决不合作的立场。同时，也借这封信和山涛划清界限，以免山涛因自己而遭受无妄之灾。也正是这封绝交书，使司马昭震怒，从此怀恨在心，为嵇康被杀埋下了伏笔。

四、吕安事件受株连

嵇康最后的人生悲剧与吕安事件有直接关系。吕安事件到底是怎么回事呢？这得从吕巽、吕安这一对兄弟说起。

吕巽、吕安是同父异母的兄弟，吕巽是兄长，两人都是嵇康的朋友，吕安还是经吕巽介绍才认识嵇康的。

吕安事件原本是家庭纠纷引发的案件。吕巽喜欢结交名流，附庸风雅，骨子里心术不正。他一向嫉妒弟弟吕安的才华，处处刁难吕安。

景元三年(262)，吕巽贪图弟媳美色，灌醉吕安的妻子徐氏后，将其诱奸。吕安得知后欲将吕巽告到官府然后遣走妻子，徐氏羞愧难当，自缢而亡，随后吕安把这件事告诉了自己最好的朋友嵇康。

嵇康找到吕巽，严厉谴责他的丑恶行径。吕巽做贼心虚，便作痛心疾首状苦苦相求，并答应从今往后同弟弟亲善和睦。嵇康信以为真，就去安慰吕安，劝他隐忍。吕安也觉得家丑不可外扬，便答应暂不告发。事后嵇康还去找到吕巽，要他痛改前非，承诺不要再起事端，吕巽信誓旦旦答应了。就这样，这件事在嵇康的协调下“私了”了。

但没过多久，竟传来吕安被捕的消息。

于是吕安事件进入了第二阶段，演变成了不孝罪。明明是吕巽犯罪，为什么被捕的却是吕安呢？

原来，吕巽当初答应嵇康不过是缓兵之计。他生性多疑，担心有一天东窗事发，便先下手为强，诬告吕安“不孝”，说吕安经常殴打母亲、诽谤兄长。在司马昭提倡“以孝治天下”的形势下，“不孝”就是犯罪，轻者流放，重者杀头。吕巽和时任司隶校尉的钟会关系很好。状子一递到钟会手里，案子很快就判了下来，吕安被判流放边疆。

嵇康听到这个判决，为吕安的不幸遭遇而内疚，为吕巽的诬告而气愤。于是，他拿起笔，写下了平生第二封绝交信——

《与吕长悌绝交书》。在这篇不足三百字的短文中，嵇康以十分冷峻、决绝的语气回顾了与吕巽相交的过程，以及事件发生前后吕巽的所作所为，撕碎了吕巽的假面具。

康白：昔与足下年时相比，以故数面相亲，足下笃意，遂成大好，由是许足下以至交，虽出处殊途，而欢爱不衰也。及中间少知阿都，志力开悟，每喜足下家复有此弟。而阿都去年，向吾有言，诚忿足下，意欲发举，吾深抑之，亦自恃每谓足下不足迫之，故从吾言。间令足下，因其顺亲。盖惜足下门户，欲令彼此无恙也。又足下许吾，终不击都，以子父六人为誓，吾乃慨然感足下重言，慰解都，都遂释然，不复兴意。

足下阴自阻疑，密表击都，先首服诬都，此为都故信吾，又无言，何意足下苞藏祸心耶？都之含忍足下，实由吾言，今都获罪，吾为负之。吾之负都，由足下之负吾也。怅然失图，复何言哉！若此，无心复与足下交矣。古之君子，绝交不出丑言。从此别矣！临别恨恨。嵇康白。

第二段的大意是：阿都（吕安小名）之所以含垢忍辱没有告发你，是由于我的劝阻。现在阿都竟然被判了罪，这是我辜负了他。我之所以辜负了阿都，是因为你背信弃义！现在我满怀惆怅，不知如何是好，也不知道和你还有什么可说的！既然如此，我无心再和你做朋友了。古代的君子，绝交不说丑话，从此你我恩断义绝，一刀两断。

道不同不相为谋，嵇康的率直和是非分明不仅让他良友如林，也树敌无数。嵇康的这封《与吕长悌绝交书》，又为自己树立了一个敌人。

吕安事件紧接着就进入第三个阶段，升级到谋逆罪。吕安怎么也没有想到自己的亲哥哥会下这样的毒手，对现实的极度不满和对人性的极度失望，让吕安给嵇康写了一封言辞激烈的信，抒发心中的不平。他在信中抱怨世道不公，民怨沸腾，似乎整个社会都处在一团乌云笼罩之下，所以他要“披艰扫秽，荡海夷岳。蹴昆仑使西倒，蹋太山令东覆，平涤九曲，恢维宇宙”，让整个社会恢复应有的秩序。

可是吕安万万没有想到，这封信竟然落入了钟会一伙手中，构成了他新的罪证。这无疑是对司马氏集团高压统治的一种影射，尤其他还试图“蹴昆仑，蹋太山”，更是一种胆大妄为的挑衅。司马昭大怒，立即把他从流放途中缉拿回京，关押入狱。如果说吕安先前只是不孝之罪，那么现在这封信又给他加上了一道更可怕、更严重的罪名——言论放荡，悖逆不道。而这个罪名足以将吕安置于死地。

面对这起突发事件，嵇康的态度是怎样的呢？

嵇康是个讲义气的人，也不是个胆小怕事的人，于情于理，他都不能眼睁睁地看着朋友吕安被小人陷害而袖手旁观，无动于衷。于是，嵇康只身前往洛阳，为已经入狱的吕安鸣冤。殊不知这样一来，恰恰中了钟会和吕巽的奸计。作为收信人的嵇康也被当作吕安的共犯被投入监狱。

其实此事早已跳脱出吕安事件，而成了司马昭玩弄权术的一种手段。

因为嵇康一向蔑视权贵，从行为到言论，无不彰显他对当朝统治者的不屑一顾。嵇康的文论《难自然好学论》以犀利的笔锋和独到的思想攻击司马氏倡导的读经活动，在太学生中引起了极大反响。再往前追溯，以儒道融合为特征的正始玄学在洛阳掀起思想变革时，嵇康之妻长乐亭主的姑父何晏是领袖人物，嵇康也积极参与学术清谈，发表了《声无哀乐论》《明胆论》《释私论》等名篇，并提出了“名教即自然”的玄学主题，在当时的文人名士里产生了深远影响。这些都是与司马氏提倡的名教背道而驰的。

在当权者眼中，嵇康是一个人才，但不为己用必成障碍，于是，嵇康本来是仗义执言为朋友辩护，却没想到因为蔑视权贵反倒身陷囹圄，成了那根必须被拔掉的“眼中刺”。

吕安写给嵇康的信，目前有两种说法。干宝《晋纪》记载为司马昭开始将吕安流放到辽东做苦役。在赴辽东途中，吕安写了一封信给嵇康。信中对司马氏进行了影射攻击，并暗示要造反云云，由此惹怒了司马昭，于是将吕安与嵇康一起处决。而据嵇康之子嵇绍解释，该信不是吕安写给嵇康的，而是赵至写给嵇康兄长嵇喜之子嵇茂齐的。《晋书·赵至传》全文收录了这封信，观点与嵇绍相同。对上述两种不同说法，历代史家争论不休。笔者相信嵇绍的说法，钟会、吕巽杀吕安不会费如此周折，不孝罪已足够。

那么，钟会究竟是怎么构陷嵇康的呢？面对死亡，嵇康又有怎样与众不同的表现呢？

五、钟会构陷动杀心

钟会对嵇康恨之入骨，欲除之而后快。司马昭正为找不到惩罚嵇康的理由而着急，钟会终于找到了机会。

钟会是耍阴谋、弄诡计的行家，他知道嵇康为吕安辩护本身不足以置其于死地。司马昭也需要一个正当理由处置嵇康。

于是，在针对吕安一案的一次朝廷讨论中，作为此案的审理者，钟会在大庭广众之下指出嵇康的罪名。

据《世说新语·雅量》注引《文士传》记载：

> 钟会庭论康，曰："今皇道开明，四海风靡。边鄙无诡随之民，街巷无异口之议。而康上不臣天子，下不事王侯，轻时傲世，不为物用。无益于今，有败于俗。昔太公诛华士，孔子戮少正卯，以其负才乱群惑众也。今不诛康，无以清洁王道。"

大意是：当今皇上圣明，天下归心，边境之地没有作奸犯科的刁民，街头巷尾没有不满朝廷的言论。只有嵇康，"上不臣天子，下不事王侯"，恃才傲物，不愿为当今之世所用，这样的人不仅不会有利于当下，反而会败坏风俗人心。当年姜太公诛华士，孔子杀少正卯，都是因为他们乱群惑众。现在如果不把嵇康这样的人杀掉，就无法让天下太平！

钟会的这番话，单是"上不臣天子，下不事王侯"一句，便可将嵇康置于死地。

根据《晋书·嵇康传》记载，钟会曾私下对司马昭说："嵇康，卧龙也，不可起。公无忧天下，顾以康为虑耳。"意思是嵇康是一条卧龙啊，千万不能让他有出头之日。您现在万事俱备，不必担心其他人，只有嵇康乃是心腹之患。

钟会还使出一招杀手锏，对司马昭说："当年毌丘俭在淮南谋反，嵇康曾欲起兵援助毌丘俭，因为山涛劝阻才没有成功。"

此话一出，司马昭必暴跳如雷。钟会见司马昭发怒了，继续说："康、安等言论放荡，非毁典谟，帝王者所不宜容。宜因衅除之，以淳风俗。"意思是嵇康、吕安等人一贯言论放荡，无所顾忌，经常诽谤经典，诋毁国策，做帝王的容不得这样的人。像嵇康、吕安这样离经叛道的人，应该大刀阔斧地铲除殆尽，只有这样才能使风俗纯净，天下太平！

无论是在朝堂之上，还是密室之中，钟会凭着他那三寸不烂之舌，信口雌黄，颠倒黑白，愣是把嵇康、吕安说成大逆不道、十恶不赦之人，似乎不杀不足以平民愤。

司马昭又刚好想除掉嵇康，于是无辜的嵇康因为吕安事件被捕下狱，等待秋后问斩。

六、广陵绝唱响寰宇

嵇康、吕安的冤狱引起了朝野的极大震动。

让司马昭和钟会始料不及的是，嵇康入狱后，竟然引起了一次不小的骚乱。据王隐《晋书》记载：

> 康之下狱，太学生数千人请之，于时豪俊皆随康入狱，悉解喻，一时散遣。

嵇康入狱后，有好几千名太学生为嵇康抱不平，公开请愿。当时一些豪杰俊士群情激奋，竟然要陪着嵇康一同坐牢。这种事情历史上绝无仅有。朝廷方面当然不敢怠慢，动用了大量的人力物力，对这些豪杰之士进行解释和安抚，总算把他们遣散了。

这是一次自发的民间抗议和声援，说明嵇康含冤入狱激起了极大的民愤。嵇康在当时社会上的影响力可见一斑。此时的嵇康，已经不仅是太学生的精神偶像，甚至成了整个社会的孤胆英雄、正义化身。

嵇康之死是竹林七贤故事中最感人、最悲壮的一幕。

就在行刑之前，发生了两件很轰动的事件。一件是三千太学生集聚起来到洛阳东市的法场请愿。

嵇康曾多次到洛阳的太学里抄写石经古文，和太学生有过广泛接触、交流，他以超人的风度和渊博的学识赢得了太学生的爱戴与追捧。于是他们自发聚集起来，向司马昭公开请愿。

太学生们联名上书，请求赦免嵇康，并让他到太学里做他们的老师。司马昭没有答应。

《晋书·嵇康传》记载：

康将刑东市，太学生三千人请以为师，弗许。

《世说新语·雅量》也有相同的记录：

太学生三千人上书，请以为师，不许。

太学生请愿未被允许，死刑继续执行。在行刑之前，又一件不可思议的事情发生了。

临刑前，嵇康缓步走到刑场边缘，对人群中的哥哥嵇喜说："我的琴可曾带来？"嵇喜知道弟弟平生最爱弹琴，此时他也把琴带来了。于是嵇喜连忙取出这把跟随嵇康多年的古琴，递给了弟弟。

嵇康接过琴，看了一眼天边的太阳，坐下来，调准了琴弦，平静了呼吸，然后手挥目送，轻拢慢捻，开始弹奏起来。琴声犹如一只苍鹰，振翅而起，在刑场的上空缭绕、盘旋，然后俯冲下来，仿佛一枚响箭，呼啸着击中了每一个人的心田。

嵇康弹的这首曲子就是著名的《广陵散》。《广陵散》描述的是战国时的侠客聂政刺杀韩相侠累的故事。可想而知，那音乐一定是大气磅礴，雄浑壮烈。乐曲表达的反抗暴政的主题和嵇康此时此刻的心情正相吻合。嵇康两只灵巧无比的手，仿佛在每一个人的心弦上拨动。刑场上万众肃立，如痴如醉，陶醉在那时而悠扬、时而激越、如泣如诉、如怨如怒的琴声之中。

一曲终了，嵇康说："当年，一个叫袁孝尼的朋友曾向我求学此曲，我每次都拒绝他。没想到现在，这首《广陵散》就要成为绝响了！”说罢，引颈就戮，慷慨就义。

景元三年(262)的秋天，随着刽子手手起刀落，嵇康彻底地解脱了。

嵇康之死，可以说是人类历史上最美丽、最动人的死亡事件，以至于后人想起他的死，感受到的不仅有悲情、有哀痛，更多的还有一种振奋、一种升华。那是高贵的生命带给生者的尊严感和自豪感，我们仿佛亲眼看见了一个高贵的灵魂浴火重生，凤凰涅槃。

从此，中国人的词典里就有了一个无比崇高和凄美的典故——广陵绝唱。嵇康虽死，他的独立、自由、放达的精神却永垂不朽！

嵇康死后，《魏氏春秋》记载：“时人莫不哀之。”《晋书·嵇康传》载：“海内之士，莫不痛之。”就连司马昭也后悔了。《世说新语·雅量》曰：“文王亦寻悔焉。”《晋书·嵇康传》曰：“帝寻悟而恨焉。”然而一切为时已晚。

嵇康死后，竹林七贤中的其他人将何去何从？等待他们的，又是怎样的结局呢？

第五章　大树倾倒叶飘零

老庄人生哲学告诉魏晋名士们，人生就是一出悲剧，唯有清静无为与精神上作逍遥之游才有解脱的可能。

竹林七贤信奉老庄哲学，也践行着自己的信仰，他们在山林中喝酒作诗，试图寻觅一方净土，虽然表面潇洒自由，精神独立，但每一个人的内心多多少少都在思考一个问题，也是他们人生不得不面对的选择，是真正归隐山林，还是蝇营狗苟身在朝堂心在山林？一直以来，在嵇康和阮籍的影响下，他们远离朝政，以出世代入仕，逐渐习惯了在竹林的弹琴长啸之中寻找自己心中的理想王国。然而，让他们没有想到的是，现实如此不堪，政局如此混乱，社会如此黑暗，强权之下岂有安处？嵇康不小心卷入政治斗争的旋涡做了刀下之鬼，让名士们陷入了深刻的悲剧性反思之中。

竹林七贤的命运从这一天开始，如大树倾倒般四散开来，各自飘零，去寻找各自的归宿。

一、阮籍劝进抑郁亡

阮籍出身名门，父亲阮瑀是建安七子之一，在曹操的征召下，无奈做了曹魏集团的文官。

阮籍和他的父亲一样，崇尚自由，淡泊名利，不喜欢做官，尤其对司马家族的窃国行为鄙夷不屑。然而生逢乱世，他也如父亲一般面临着一次次生与死的选择，无奈中只能选择做官保全自身。

（一）三次征召皆辞官

随着阮籍才名远播，官员纷纷向阮籍伸出了橄榄枝，阮籍也拒官多次。

阮籍第一次做官是在正始年间。当时，司马懿与曹爽两位权臣在朝堂之上明争暗斗，政局凶险异常。

据《晋书·阮籍传》记载：

太尉蒋济闻其有隽才而辟之，籍诣都亭奏记曰："伏惟明公以含一之德，据上台之位，英豪翘首，俊贤抗足。开府之日，人人自以为掾属，辟书始下，而下走为首。昔子夏在于西河之上，而文侯拥彗；邹子处于黍谷之阴，而昭王陪乘。夫布衣韦带之士，孤居特立，王公大人所以礼下之者，为道存也。今籍无邹、卜之道，而有其陋，猥见采择，无以称当。方将耕于东皋之阳，输黍稷之余税。负薪疲病，足力不强，补吏之召，非所克堪。乞回谬恩，以光清举。"初，济恐籍不至，得记欣然。遣卒迎之，而籍已去，济大怒。

意思是，太尉蒋济听说阮籍很有才能，就想征召他做自己的属官。当时曹马之争胜负尚不明朗、政治环境相对还比较稳定。按说，蒋济是曹魏的元老、忠臣，阮籍做他的属官并无太大的政治风险和道德压力，但阮籍还是谢绝了。不过，出于对蒋济这位朝廷高官的尊重和礼貌，阮籍在接到委任状之后，特意赶到洛阳城外的都亭，在那里写了一封奏记，一方面非常客气地感谢蒋济的知遇之恩，另一方面又说自己无德无能，体弱多病，不堪做官，并委婉地表达自己躬耕田亩、隐居乡里的志向。

阮籍的这篇奏记，简明扼要，文字精练，语气很谦卑，措辞委婉地表达了对蒋济的感激之情，足见其文学根底深厚。太尉蒋济看到奏记之后，认为阮籍可能和一般文人一样，接到诏令总要推辞一番，以显示自己的清高，想让人再次发出邀请，方肯就职。于是蒋济就专门派人到都亭去迎接阮籍，没想到阮籍早已离开，返回家乡了。

身居高位的蒋济听到使者报告后，非常恼怒，认为阮籍没把自己放在眼里，于是就把对阮籍的怒火迁到推荐阮籍的下属王默身上。王默马上给阮籍写了求救信，让他无论如何都要出来就职。"于是乡亲共喻之，乃就吏"，与此同时，阮籍的亲属乡党也纷纷前来劝说。最后阮籍在不得已的情况下，勉强到太尉府中就职了。"后谢病归"，但是没多久，他就以生病为借口，辞官归乡了。

没过多久,做官的机会又来了。“复为尚书郎,少时,又以病免。”不久以后,阮籍又被召到朝廷的尚书台做尚书郎,他也爽快地就职了,但干了一段时间后,还是以自己身体有病为由,第二次辞职了。

出乎意料的是,辟官的机遇再次向阮籍招手,《晋书·阮籍传》载:“及曹爽辅政,召为参军。籍因以疾辞,屏于田里。”这是在山涛辞官之后不久,辅佐皇帝曹芳的大将军曹爽亲自向阮籍发出邀请,征召阮籍做大将军府的参军,这一次阮籍看清了严酷的政治斗争形势,第三次以身体有疾为由未去就职。

其实,阮籍当时不过三十出头,有病的可能性很小,生病只不过是一种托词,其目的就是不做官,不想追逐功名利禄而已。阮籍对仕途早已不抱任何幻想,他辞官完全是主动的选择,而不是迫不得已。阮籍的人生哲学告诉我们,名利权位都是腐蚀人心的身外之物,陷入其中反而会损害生命的自然和纯粹,这就是阮籍与山涛、王戎最大的不同。

阮籍三次被征召,两次赴任,三次主动辞官,其不乐仕宦、不慕名利的行为,让他的名声越来越大,在当时的官场、学坛、文化界、名士圈里都有很高的声望。

随着曹马之争愈演愈烈,阮籍对现实政治失望至极,对仕途也兴趣全无,他认为追求老庄的自然无为之道才是自己人生的唯一选择,希冀竹林之游的愿望也越发强烈起来。

正始十年(249),司马懿发动高平陵之变,曹魏军政大权正式落入司马氏手中。眼见司马氏的势力不断壮大,皇室力量日渐式微，司马氏代魏指日可待，在政治上倾向于曹氏的阮籍感到了深深的无力，却又不得不接受现实。

高平陵之变后，受司马氏家族邀请，阮籍先是做了司马懿的从事中郎，后又跟随司马师为官，最后向司马昭请求任步兵校尉一职，该职不掌兵权，与中央疏远，是最不容易受到司马氏猜忌的职位。阮籍在步兵校尉任上最喜欢干的事就是和刘伶在步兵军营的厨房中纵情饮酒，经常喝得酩酊大醉，人事不省。

(二)封侯更惧惹杀身

由于阮籍文学水平高，诗歌写得好，被喜欢文学的皇帝曹髦看中，获得了一次重要的升迁。

正元元年(254)，高贵乡公曹髦即皇帝位，阮籍被曹髦封为关内侯，并调至皇帝身边担任散骑常侍。竹林七贤中，阮籍是第一个被封侯的，也是最早进入皇宫任职的。

按照常理，阮籍接近了皇帝，地位高了，应该更加欢喜，可以施展自己的政治抱负了。但黑暗的形势不允许他这样，当时司马师一手遮天，曹髦虽然贵为天子，却毫无实权。所以，阮籍虽然经常在皇帝身边，但是司马昭担心阮籍挑拨年轻的皇帝对自己不利，更加强了对他的监控防备。阮籍的处境更加尴尬，也更加危险了。

这时的阮籍，比在司马氏的幕府中还要矛盾和痛苦、焦虑和恐惧。《晋书·阮籍传》载：“籍本有济世志，属魏、晋之际，天下多故，名士少有全者，籍由是不与世事，遂酣饮为常。”为保全性命，阮籍只能“酣饮为常”，一醉方休。

但是他解了自己性命之忧，却无法消内心之愁。阮籍是清醒理智的，更是忠于理想的，这种清醒和理智正是他痛苦的本源。他清楚地知道，那些拥有绝对权力的人，会为了铲除异己、钳制思想而无所不为。

在生活中，他用狂饮烂醉抵抗内心的焦虑。在政治上，他谨言慎微，沉默为金，与司马氏政权保持一种若即若离的状态。

钟会居心叵测，多次试探都被阮籍用酣醉的办法搪塞过去。司马昭本人也曾数次约谈阮籍，试探他的政见，他总能应付过去，在小心谨慎中保全性命。

（三）撰文劝进违本心

景元四年（263），朝廷迫于压力，再次封司马昭为晋公，并加九锡之礼。司马昭久推不受。

按当时的加封规则，文武官员要到司马昭府上求情劝进，找名士写文章，表彰其功绩。当时主管礼仪之事的司徒是郑冲，因为阮籍名气很大，郑冲派人来到了阮籍住处，请其写劝进文。阮籍当然不愿意接受这个差事，整日醉酒推脱。一天，他和袁孝尼喝完酒，在家睡觉醒酒，郑冲派人向阮籍下达了最后通牒。

阮籍迫于生死压力，只好违心接受了这个任务，写下了《为郑冲劝晋王笺》。

冲等死罪。伏见嘉命显至，窃闻明公固让，冲等眷眷，实有愚心，以为圣王作制，百代同风，褒德赏功，有自来矣。昔伊尹，有莘氏之媵臣耳，一佐成汤，遂荷“阿衡”之号；周公借已成之势，据既安之业，光宅曲阜，奄有龟蒙；吕尚，磻溪之渔者也，一朝指麾，乃封营丘。自是以来，功薄而赏厚者不可胜数，然贤哲之士犹以为美谈。况今自先相国以来，世有明德，翼辅魏室以绥天下，朝无阙政，人无谤言。前者明公西征灵州，北临沙漠，榆中以西，望风震服，羌戎东驰，回首内向；东诛叛逆，全军独克，擒阖闾之将，斩轻锐之卒以万万计，威加南海，名慑三越，宇内康宁，苛慝不作，是以殊俗畏威，东夷献舞。故圣上览乃昔以来礼典旧章，开国光宅，显兹太原。明公宜承圣旨，受兹介福，允当天人。元功盛勋光光如彼，国土嘉祚巍巍如此，内外协同，靡言靡违。由斯征伐，则可朝服济江，扫除吴会；西塞江源，望祀岷山，回戈弭节以麾天下，远无不服，迩无不肃。令大魏之德光于唐虞，明公盛勋超于桓文。然后临沧州而谢支伯，登箕山而揖许由，岂不盛乎！至公至平，谁与为邻！何必勤勤小让也哉？冲等不通大体，敢以陈闻。

文中极尽溢美之词，伊尹、周公、吕尚也无法比拟司马昭，“威加南海，名慑三越，宇内康宁”，“何必勤勤小让也哉”，再三劝说司马昭接受加封、九锡，千万不要再推辞了。

阮籍一口气写完了“劝进文”，吐出一大口鲜血，掷笔大哭。自古文人皆如此，操笔成章，奉命行文，这不仅是阮籍一个人的悲哀，也是自古以来天下所有文人的悲哀。

从此，这篇文章被载入历史，也成了阮籍的心头疮。

263年，在嵇康死后不到一年，写完“劝进文”一个月后，终日郁郁寡欢、内心苦闷不得释放的阮籍也离开了人世。

阮籍和嵇康都崇尚自然无为，向往着无君无臣、自耕自织的桃花源，注重精神世界的纯净，无视功名利禄和富贵，志在玄妙高远之境界。但二人均未能像陶渊明一样远离尘世，选择采菊东篱的隐居生活。

阮籍一生数次做官，但在政治上未取得任何成就。他的一生都在现实和理想之间、矛盾与痛苦之中徘徊，以至于最后抑郁而终。

二、山涛官位至三公

山涛走上了与嵇康、阮籍不同的路，他是主动出仕的，而且最终位至三公，深得司马氏的信任。在仕途方面，他一直很有追求。据《晋书·山涛传》载：

> 初，涛布衣家贫，谓妻韩氏曰：“忍饥寒，我后当作三公，但不知卿堪公夫人不耳！”

这个记载很有趣，山涛出身不显，早年家贫，估计是妻子韩氏觉得这穷日子实在太难熬了，对山涛发起了牢骚，于是山涛半真半假地对韩氏说：“你暂且忍耐一下当前的贫寒，在不久的将来我就能坐上三公的位置，让你过上幸福的日子。只是不知道你是不是配做三公夫人呀？”东汉以来，以太尉、司徒、司空合称三公,总揽军政大权。

从这段话既可以看出山涛夫妻和谐融洽;又能看出山涛对自己的政治前途很有自信,认为一旦时机成熟,凭自己的才干一定能高居三公之位。山涛在妻子面前夸下了海口,最终也以实际行动兑现了他对妻子的承诺。

山涛虽然和阮籍、嵇康等人常常相聚畅谈,一样崇尚老庄,蔑视礼教,但他同时打造了另外一种人生价值观的模板:他名士味道十足,骨子里又追求仕途;他不满"挟天子令诸侯"的乱世,又深谙官场的虚与委蛇之道,在官场青云直上。难能可贵的是,身居要职的山涛仍然保持了儒家君子的自律以及富贵于我如浮云的人生态度,清正廉洁,为朝选官唯才是举,在历史上留下了良好的口碑。山涛是竹林七贤里转型最成功的典范。

嵇康写给山涛的绝交书,完全和山涛划清了界限,嵇康死后,司马昭对山涛愈加信任。景元五年(264),钟会于蜀汉灭亡后在蜀地发动叛乱,司马昭准备亲自西征。当时曹魏的宗室都在邺城,司马昭对山涛说:"西边的事我亲自去处理,后方的事诚心委托于您。"让山涛监视宗室的动静,并拨给他亲兵五百人镇守邺城。

司马昭认为山涛是乡闾中素有品德、声望的人,于是命长子司马炎拜见他。司马昭曾将儿子司马攸过继给司马师,平日又看重司马攸,甚至动过立司马攸为世子的念头,他曾以此事问裴秀:"大将军(指司马师)开国建业,未成而亡,我只是继承他的事业，所以想要立司马攸为世子，以归功于兄长，如何？”裴秀认为不可。又以此事问山涛，山涛回答说：“废长立少，违礼不祥。”于是司马昭才确定以司马炎为世子，司马炎为此亲自拜谢山涛。后来的事实证明，山涛的观点是合理的，司马炎的确具有天子才干，正是他最终统一了天下，结束了三国混战的局面。

司马炎受禅即位，建立西晋后，让山涛代理大鸿胪一职，护送曹奂返回邺城。

泰始初年，司马炎加封山涛为奉车都尉，晋爵为新沓伯。羊祜执政时，有人要陷害裴秀，山涛厉言正色地保护裴秀，因此不合权臣之意，被外放出任冀州刺史，加宁远将军。

冀州无推贤荐才之风，山涛便亲自鉴别选拔隐逸之士，征召贤能之士，改变了当地风俗。

后来，山涛转任北中郎将，督邺城守备事，后又入朝担任侍中，升任尚书。山涛因母亲年老请求辞职时，司马炎下诏说：“您虽然想要奉养老母，然而职务有上下公私之分，家中早晚有人侍奉医药，您应当暂割情爱，一心为公。”山涛决心辞官，表疏上了几十次，司马炎很久才答应了他的要求，授议郎衔返回府第。

后来山涛被任命为太常卿，他因为生病没有就职。适逢母亲去世，山涛返回乡里。当时山涛已年过六十，他亲自背土垒坟，亲手植下松柏。如此孝行传为佳话，皇帝下诏书起复山涛为吏部尚书。山涛选人用人从不徇私舞弊，每选用官吏，都会对候选人亲作评价，供朝廷参考，前后选拔、举荐的人遍及朝廷内外而人尽其才。

咸宁初年，山涛转为太子少傅，加散骑常侍，又被任命为尚书仆射，加侍中，仍领吏部事务。山涛晚年的时候，外戚杨氏权势日盛，他中立于朝堂，后以年老多病为由，上表请辞。《晋书·山涛传》中记载他上疏曰：

> 臣年垂八十，救命旦夕，若有毫末之益，岂遗力于圣时。迫以老耄，不复任事。今四海休息，天下思化，从而静之，百姓自正。但当崇风尚教以敦之耳，陛下亦复何事。臣耳目聋瞑，不能自励。君臣父子，其间无文，是以直陈愚情，乞听所请。

但山涛上奏数次，皇帝都坚持挽留。

太康三年(282)，武帝下诏，升山涛为司徒，位列三公。山涛坚意辞让。《晋书·山涛传》中记载山涛上表的内容：

> 臣事天朝三十余年，卒无毫厘以崇大化。陛下私臣无已，猥授三司。臣闻德薄位高，力少任重，上有折足之凶，下有庙门之咎，愿陛下垂累世之恩，乞臣骸骨。

司马炎下诏说："您年迈而德高，是朝中元老，因而授给台辅之位，但您崇尚谦让之远名，反复推辞，令我心中忧虑。您应该坚持始终，辅助我呀。"

太康四年(283)，山涛逝世，皇帝追赠山涛司徒头衔，用太牢的规格祭祀山涛，赐予谥号"康"。

山涛做官30多年，名声和政绩都很好。他做了多年的吏部尚书，选拔人才不遗余力，为政清廉，有“悬丝尚书”的美名。山涛去世后，人们发现这位朝廷重臣竟然两袖清风，五个儿子仅“旧第屋十间，子孙不相容”。

山涛虽善于自保，但从不伤害别人。处在那样一个乱世，能坚守初心，确实难能可贵，因此山涛赢得了世人的尊敬。

三、向秀出仕不任事

竹林七贤中，向秀和嵇康可以说形影不离，他们经常在一起打铁，并和吕安一起开荒种地、灌园浇菜，更是传为一段佳话。

景元三年(262)，嵇康、吕安在同一天被司马昭杀害。在死亡面前，向秀不得不重新思考自己的人生。是否还要继续研读讲学、过向往的隐居生活？恐怕当朝统治者不会这么轻易放过自己，毕竟向秀曾是嵇康身边最亲密的“战友”，而且，那个令钟会受辱的场面，向秀是亲眼所见，他该如何选择呢？

嵇康曾宣称“越名教而任自然”，将名教与自然二元割裂，向秀则努力进行着名教与自然的调和工作，开创了“名教即自然”的先河。“名教即自然”，意味着知识分子在山林和朝堂之外找到了第三条人生道路，虽然身在朝堂，但心可以在山林。这就是向秀痛定思痛后的人生选择。

所以，在嵇康被杀之后，向秀迫于压力接受了河内郡的推荐，到京城洛阳去谋职。司马昭召见向秀时说：“听说你有箕山之志,何以在此?”“箕山之志”即隐居之志。面对司马昭的问题,向秀不卑不亢地回答:“巢、许狷介之士,未达尧心,岂足多慕。”意思是巢父、许由都是狂傲固执之人,不理解尧帝求贤若渴的良苦用心,不值得我仰慕和效法。司马昭听了十分满意。

由此,向秀的人生轨迹演绎了一个出世又入仕的华美变身,他一面领了官职,先为散骑侍郎,转黄门侍郎、散骑常侍,一面又做自己的事,既追求了个性自由,又维护了社会秩序。《晋书·向秀传》记载:“(向秀)在朝不任职,容迹而已。”

但是,向秀的内心是非常痛苦的,上任前他专门来到山阳嵇康的故居,写下了感人至深的《思旧赋》,来悼念含冤被杀的嵇康和吕安。向秀最终带着忧伤,病逝在散骑常侍的职位上。

向秀早年淡于仕途,有隐居之志,他曾经主张无为政治,即“任自然而不加巧”,这种理想被现实击碎后,他为避祸患,在朝廷威逼拉拢下而出仕,后人也没有必要去责怪一个低调处世的白面书生,这是不得已而做出的无奈抉择。这就是书生向秀。

四、王戎出游避祸端

王戎出身于魏晋高门琅琊王氏,祖父王雄,在曹魏官至幽州刺史;父亲王浑,官至凉州刺史,封贞陵亭侯。王浑在曹魏集团做官时,与司马懿是同事,司马懿也把王戎看作了通家之子。王戎既在曹魏集团做官,又长时间在司马氏集团做官,属于在两大集团都能逢源的人，西晋建立后位列三公。

王戎一生几次解甲归田又数次被任命，他自有一套为官之道。最初世袭其父的爵位贞陵亭侯，被司马昭辟为掾属。历仕吏部黄门郎、散骑常侍、河东太守。咸宁二年(276)，出任荆州刺史，因派遣下属私建院宅被论罪，本应被罢免，司马炎下诏允许他赎罪处理。

咸宁四年(278)，改任豫州刺史，加建威将军，受诏伐吴。

太康元年(280)，吴国灭亡，王戎因功晋安丰县侯，他渡江安抚吴国百姓，宣扬晋室威德恩惠。

太康三年(282)，王戎被征召为侍中。太康五年(284)，迁光禄勋。太康十年(289)，补任吏部尚书，因母亲去世而离职。

太熙元年(290)，武帝驾崩，晋惠帝司马衷即位，由太傅杨骏辅政，任命王戎为太子太傅，其与张华、裴楷、和峤都因有德望被杨骏猜忌，不得参与朝政。

永平元年(291)三月，杨骏一族被诛，贾后掌权，当时东安公司马繇专断刑赏，威震内外。王戎告诫司马繇："大事成功之后，考虑问题要深远些。"司马繇不听，果然被废徙辽东。王戎后转任中书令，加光禄大夫，赐恩信五十人。又迁任尚书左仆射，领吏部事务。在吏部时，王戎创制了甲午制，但凡选拔人才，先行试用，再授官擢用。但被司隶校尉傅咸弹劾，王戎因与后族贾氏及贾后母族郭氏是姻亲，没有被免官。

元康七年(297)九月，升任司徒。

永康元年(300)四月，赵王司马伦起事，囚禁贾后，诛司空张华、尚书仆射裴頠、侍中贾谧等人，王戎因嫁女于裴頠而被连坐免官。

永宁元年(301)正月，赵王司马伦篡位。三月，齐王司马冏起兵于许昌。四月，司马冏拥晋惠帝复位，任命王戎为尚书令。

太安元年(302)五月，王戎迁司徒。十二月，河间王司马颙联合成都王司马颖等讨伐齐王司马冏。司马冏问王戎对策。王戎建议司马冏撤回自己的封国，以保王位。司马冏的谋臣葛旟怒斥道："自汉魏以来，王公失势回府第，有能保全家人的吗？说这话的人当斩！"群臣惊惧，王戎假装服药后药力发作，跌倒在厕中，才免去一死。

自此，王戎认为皇室将乱，他很仰慕春秋时期蘧伯玉的为人，开始随波逐流，不以世事名节为意，而以躲避祸端为上策。

自从掌选才任官之职，他不曾擢拔出身寒微之士，退黜徒有虚名之人，只是随时势而沉浮，选官调职而已。被拜为司徒后，他把政事交给僚属办理，自己常骑小马出游，见到他的人不知他竟官至三公。有时召集亲故宾友，以宴饮为乐。

永安元年(304)七月，司马越奉惠帝之诏北征司马颖，王戎等百官随行。王戎出奔郏县，乱军交锋，亲接锋刃，却谈笑自若，不曾害怕。

永兴二年(305)六月，王戎在郏县去世，谥号为"元"，他是竹林七贤中最后一位离开人世的。

王戎虽然性格多变，但他始终没有忘记竹林之游结下的深厚情谊，他曾让刘伶到自己的幕府做参军，对其颇为照顾。

五、刘伶朝策反礼教

在竹林七贤中，刘伶是社会地位最低的一位，也是留下资料最少的一位，生卒年不详，据《晋书》记载身高六尺，容貌丑陋，穿着随意，不拘礼节，常人面前沉默寡言，对人情世故漠不关心，只与阮籍、嵇康相交甚厚。刘伶嗜酒如命，常与阮籍不醉不归。

刘伶崇尚老庄思想，喜欢一切都保持自然的天性，不过多地干预，主张无为而治。

西晋建立后，晋武帝司马炎征召天下名士，通过考试答辩的方式选拔人才，授以官职。刘伶也参加了这次入朝对策。

他在答辩时仍大谈老庄之学，阔论“越名教而任自然”的道理，推崇老子无为而治的思想。

司马炎听到后怒发冲冠，因为道家的无为而治是不被朝廷认可的一种思想观念，于是司马炎认为刘伶并不适合为官。

朝策答辩失败后，刘伶怀着郁闷的心情来到了洛阳北边的邙山头。他眺望远方，回顾人世间的是是非非，感慨万千。夜宿客舍，孤寂难耐，辗转反侧，夜不能寐，遂写下了《北芒客舍诗》。

泱漭望舒隐，黮黤玄夜阴。寒鸡思天曙，振翅吹长音。
蚊蚋归丰草，枯叶散萧林。陈醴发悴颜，巴歈畅真心。
缊被终不晓，斯叹信难任。何以除斯叹，付之与瑟琴。

长笛响中夕，闻此消胸襟。

这是一首古体诗，全诗前半写景，景中含情；后半抒情，情因景发，可谓层次清晰，裁剪恰当，于平淡晓畅之中透出一股散淡意韵。诗的大意是：厚厚的阴云遮住了月亮，夜色漆黑阴森。报晓鸡希望天快点亮，扇动翅膀鸣叫起来。茂密草丛中的蚊虫也寂静了下来，枯叶从树上落下就能听得到。我寂寞孤独，喝下陈年的甜酒脸色泛红，哼着高歌来排解心中的忧愁。长夜漫漫，迟迟等不到天亮，孤寂得让人难以忍受。如何才能排遣心中满腹的愁思呢？只有抚琴弹瑟才能抒怀诉衷肠了。于是，我在半夜里吹奏起了长笛，心情渐渐地得到了平复。

统一天下后，晋武帝主张无为，这与刘伶的主张不谋而合。泰始二年（266），晋武帝想要邀请刘伶出仕，派特使前往刘伶居住的村子征召刘伶，而刘伶不愿做官，听说朝廷特使已到村口，赶紧把自己灌得酩酊大醉，然后脱光衣衫，朝村口裸奔而去。朝廷特使看到刘伶后深觉其乃一酒疯子，于是作罢。刘伶乃天生的酒鬼，他嗜酒如命，一生放纵，也许是竹林七贤中最纯粹的一个隐士。借助醉酒状态的保护，在那文人动辄被杀的乱世得以苟全性命而寿终，刘伶也可谓"不幸中之大幸"了。

刘伶因长年累月沉溺于美酒，已身负无形酒气，一言一动莫不酒趣盈然，渐入"人酒合一"的佳境，于是他写出了骈文《酒德颂》。文章行文轻灵，笔意恣肆，刻画生动，语言幽默，不见雕琢之迹。《酒德颂》体现了刘伶的老庄思想和酣畅纵酒的生活，反映了魏晋名士崇尚玄虚、消极颓废的心态，也表现出对“名教”礼法的蔑视及对自然的向往，同时也奠定了刘伶酒坛的雄主地位。

六、阮咸矫音反遭贬

阮咸的父亲阮熙是武都太守，叔父是阮籍，阮咸与阮籍并称“大小阮”。他虽在文学上无建树，但在音乐上颇有成就，甚至有一种乐器还以他的名字命名。

少年时代的阮咸很聪慧，常常跟随叔父阮籍参加名士们的社交活动。他放任旷达不拘礼节，其风度气质得到嵇康向秀的赏识，成为竹林七贤中年龄最小的成员。

受嵇康等人影响，阮咸的个性得以充分地张扬，他愈发放任不羁，被同族人视为异类，但阮咸却不以为意。

在曹魏后期，阮咸曾任散骑侍郎。山涛曾向晋武帝司马炎举荐阮咸为吏部郎，赞评曰：“（咸）清真寡欲，万物不能移也。”司马炎却以其违背礼教、崇尚虚浮之谈、嗜酒如命为由没有同意。

政治上的坎坷，阮咸并不在意，怀才不遇的他从此更加痴迷于音律学的研究。

《世说新语·术解》记载：

> 荀勖善解音声，时论谓之“暗解”，遂调律吕，正雅乐。每至正会，殿庭作乐，自调宫商，无不谐韵。阮咸妙赏，时

谓"神解"。每公会作乐,而心谓之不调,既无一言直勖,意忌之,遂出阮为始平太守。后有一田父耕于野,得周时玉尺,便是天下正尺,荀试以校己所治钟鼓金石丝竹,皆觉短一黍,于是伏阮神识。

意思是,荀勖精通音律,当时人称他为"暗解"。于是他负责调正律吕,审定雅乐。每到举行正式朝会时,宫殿庭院中奏乐,他亲自去正音、定调,没有不和谐的。阮咸精于音乐赏析,当时人们称之为"神解"。每次公宴奏乐,阮咸心中都认为乐音不和谐,没有说过一句肯定荀勖的话。荀勖由此忌恨阮咸,遂将其外放任始平太守。后来有一个农夫在田野中耕种,从地中得到了周代的玉尺,这是天下最标准的尺,荀勖用来试校自己所造的钟鼓金石丝竹,发现都比玉尺短了一黍(百分之一尺),于是为阮咸在音乐方面的造诣所深深折服。

荀勖(? —289),晋律学家,字公曾,颍阴(今河南许昌)人,为钟会的堂外甥。初仕魏,入晋后领秘书监,进光禄大夫,掌管乐事,官终尚书令。曾考定律吕,在其所制十二笛中,已应用管口校正法原理。

据《世说新语·术解》注引《晋诸公赞》,阮咸曾作《律议》文,针对荀勖关于乐器的正音问题提出自己的见解,可见他对音律的精通。

勖所造声高、高则悲。夫亡国之音哀以思,其民困。今声不合雅,惧非德政中和之音。必是古今尺有长短所致。然今钟磬是魏时杜夔所造,不与勖律相应,音声舒雅，而久不知夔所造，时人为之，不足改易。

相传在唐代，蜀人蒯朗发掘古墓得到一铜器，器身正圆似琵琶，这件乐器与晋代《竹林七贤图》中阮咸弹的那件乐器十分相似，当朝太常少卿元澹精通音律，他说："此阮咸所作器也。"就用木头重新制作了一把，其声高雅，主体是直柄木制圆形共鸣箱，有四弦十二柱，竖抱用手弹奏，乐家将这个乐器命名为"阮咸"，现简称"阮"，于是这种特殊的乐器首先从统称琵琶的弹拨乐器大家族中脱离出来，拥有了自己独立的名字。

唐朝时期，上至宫廷，下到民间，从音乐家到民间艺人，弹奏琵琶是一种时尚，白居易曾在诗中写道："掩抑复凄清，非琴不是筝。还弹乐府曲，别占阮家名。古调何人识，初闻满座惊。""阮咸"的弹奏在唐代最为成熟，形制也最规范，它不仅承载了几千年优秀的中国民族音乐文化传统，而且其醇厚的音响特点更能表达当代人的情感，具有独特的艺术魅力。

现在我们提到阮咸，就会联想到在清幽静谧的竹林深处，一位先人怀抱古琴信手弹拨，琴音瑟瑟，婉转悠长。

音乐造诣颇高的阮咸出仕后仍然不受礼教的束缚，终日饮酒度日，入仕不任事，后寿终正寝。

人，生而追求自由，但又生而不自由。竹林七贤的初心是隐居，但在时代大潮的裹挟之下，在高压的政治面前，他们走出了完全不同的人生道路。有人抬头挺胸誓死不屈，最终死于政治的屠刀之下；有人腰肢柔软游走于朝堂之上，一辈子高官厚禄活得逍遥，但又难保心灵不受煎熬；有人半梦半醒只想保留心灵的最后尊严;有人放浪形骸在酒醉中体会生命的无奈。不知在生命的终结之时,他们是否有人曾经后悔自己人生的选择?

第六章　轶事也能酣高楼

竹林七贤志趣相投，喜欢在山林之中喝酒长啸、吟诗作对，寄情天地之间，放浪形骸之外，好不潇洒自由！他们以放达、超脱、狂放、孤高、怪异、不羁、放肆的生活态度，挑战了社会的常规礼仪，形成了独特的魏晋风度。

七贤都爱好写文作诗，所书内容恣意洒脱、行文辛辣，嬉笑怒骂、针砭时弊，为后人传诵。他们虽出身不尽相同，思想倾向也各有侧重，但逍遥天地、纵歌人间的情趣却高度相近，他们聚在一起，麻痹自己，放飞自我，表现出有别于常人的怪异行为。

那么，竹林七贤有哪些令人大开眼界的言行举止？又有哪些脍炙人口的小故事流传后世呢？让我们一起步入魏晋时代，感受他们的智慧和激情，品味他们的艺术和风骨。

一、帅不帅嵇叔夜

有人说，有才无德叫小人，有德无才叫庸人，有貌无神叫绣花枕头，有神无貌叫先天不足。那么既有才有德，又有貌有神之人，叫作什么呢？叫作“天人”！

而嵇康便是这样的“天人”。

（一）魏晋男神人人羡

《世说新语》里记录了相当多的美男子，比如潘安、卫玠、兰陵王、何晏、裴楷、王衍……甚至还有人将嵇康、潘安、卫玠、兰陵王一起列入“古代四大美男”。

潘安“妙有姿容，好神情。少时挟弹出洛阳道，妇人遇者，莫不连手共萦之”。他的美貌在这段描述中得到了淋漓尽致的展现。潘安不仅貌美，还有很好的气质，在年轻时，他常常挟着弹弓在洛阳道上行走，遇到他的妇女们没有不被他吸引的，常常围着他，如同环绕着珍贵的物品一般。

卫玠“从豫章至下都，人久闻其名，观者如堵墙。玠先有羸疾，体不堪劳，遂成病而死。时人谓‘看杀卫玠’”。

兰陵王，既是北齐战神又是美男，相貌过于柔美，不足以威慑敌人，因此每每戴面具上战场，可正是这样的一个男人最后却惨遭陷害，含冤而死。

《世说新语》还记录了“美姿仪，面至白”的何晏，“有俊容仪，脱冠冕，粗服乱头皆好，时人以为玉人”的裴楷，“处众人中，似珠玉在瓦石间”的王衍，“朗朗如日月之入怀”的夏侯玄，等等。一个个都端庄干净、不同流俗。

而嵇康呢？到底容貌如何？

正史立传极少写人外貌，即使写也不过几句陈言俗语简而括之。然而《晋书·嵇康传》在嵇康身上破了例：

> 身长七尺八寸，美词气，有风仪，而土木形骸，不自藻饰，人以为龙章凤姿，天质自然。

据吴承洛《中国度量衡史》记载，魏晋时期一尺相当于现在的24.12厘米。七尺八寸折合成如今数字，相当于1.88米左右，可谓玉树临风。

正史尚且如此，更通俗的《世说新语·容止》描述起来更加肆意：

> 嵇康身长七尺八寸，风姿特秀。见者叹曰："萧萧肃肃，爽朗清举。"或云："肃肃如松下风，高而徐引。"山公曰："嵇叔夜之为人也，岩岩若孤松之独立；其醉也，傀俄若玉山之将崩。"

刘义庆对嵇康实在太偏爱，单《世说新语·容止》就有两段记录嵇康的文字：

> 康长七尺八寸，伟容色，土木形骸，不加饰厉，而龙章凤姿，天质自然。正尔在群形之中，便自知非常之器。（《世说新语·容止》引《康别传》）

不仅如此，还有人将嵇康的儿子嵇绍与嵇康进行比较，表达嵇康的伟岸。

《世说新语·容止》记载：

有人语王戎曰："嵇延祖卓卓如野鹤之在鸡群。"答曰："君未见其父耳。"

意思是有人对王戎说："嵇延祖气度不凡，在人群中就像野鹤站在鸡群中一样！"王戎只是淡淡一笑，接着说："那是因为您没有见过他的父亲罢了！"可印证嵇康的容貌十分出众。

如果只是容貌俊美倒也罢了，嵇康的美还在气质风度。《晋书·嵇康传》中还有这样几句：

康尝采药游山泽，会其得意，忽焉忘反。时有樵苏者遇之，咸谓神至。

嵇康除了喝酒、打铁，写文章，还喜欢上山采药，如鸟兽沉迷于山林之间。估计山间美景让他心胸畅快，不免高歌长啸，竟然忘了回家。山里打柴的人们遇到他，都以为遇到了神仙！

如果说魏晋时期被人欣赏的很多男色总脱不了阴柔与娇气，那么嵇康的美则完全不同：他不仅仅是外形卓尔不群，更重要的是内在的"刚肠疾恶"、宁死不屈的慷慨悲壮气息！

试想在重外貌的魏晋时期，嵇康走到哪里不受欢迎，更何况他的灵魂如此有趣！嵇康之所以为世人偏爱，或许这也是一大原因。

(二)才华横溢样样通

嵇康不是一个虚有其表的花瓶，而是一个琴棋书画样样精通的才子。

《魏氏春秋》中说“康所著诸文论六七万言，皆为世所玩咏”。哲学方面，他写出了《养生论》，论述透彻，富有文采，在当时备受士人追捧；文学方面，他在诗坛崭露头角，他的四言诗写得非常优美，是曹操之后的又一位四言诗大家；他还是当时著名的玄学家，所写的文论逻辑严密，辩才无双，气势磅礴，有着极强的说服力；音乐方面，他精通各种乐器，他除了琴技高超可称一代巨匠外，还是著名的音乐理论家，写出了千古名篇《声无哀乐论》，他创作的《长清》《短清》《长侧》《短侧》四首古琴曲，被称为“嵇氏四弄”，与蔡邕创作的“蔡氏五弄”齐名。

嵇康还擅长书画，尤其是草书，被誉为“草书妙品”，后人评价为“精光照人，气格凌云，力举巨石，芳逾众芬”（窦臮《述书赋》）；“如抱琴半醉，咏物缓行；又若独鹤归林，群鸟乍散”（《唐人书评》）。唐张彦远《书法会要》评嵇康为草书第二，而王羲之则屈居第八。嵇康的绘画造诣也很高，张彦远《历代名画记》中记载有嵇康《巢由洗耳图》《狮子击象图》等作品，至唐代仍有流传。

不过，在嵇康众多的才艺之中，最为人惊叹的当属琴艺。张彦远曾说他“能属词，善鼓琴，工书画，美风仪”。他“精于笛，妙于琴，善于音律”，平时的爱好便是“抚琴咏诗，自足于怀”。其代表作《广陵散》更是成了传奇般的存在。

关于嵇康如何学得《广陵散》，《神奇秘谱》中曾有这样的记载。

嵇康年轻时，一次夜宿洛西华阳亭。那天夜里云淡风轻，不由得勾起了他的雅兴，于是便抚琴吟咏起来。不知不觉，更鼓三敲，夜已经深了。他刚要收琴，便看见身后立着一位老者，正在专心致志地听他弹奏。嵇康得遇知音，自是兴致大发，于是便与老者谈琴论艺。老者为了酬谢嵇康之盛情，便亲自抚琴一曲，以作回报。而老者所弹之曲，便是这名闻千古的《广陵散》。

《太平广记》中的记载则更为传奇，教琴的老者化身幽灵，来传嵇康曲谱，并在临走时告诫他不许外传。

传奇的经历，传奇的曲谱，共同交织成嵇康传奇的人生。

二、哭不哭阮嗣宗

泪是人类情感的真实表现，悲伤难过的时候会哭泣流泪，幸福喜悦的时候同样也会。哭是喜与哀两种对立情绪达到极致的表达，而泪就是哭泣的产物。自古文人多情，有的是为亲情哭，有的是为分别哭，有的是为壮志未酬哭，等等。李白“但见泪痕湿，不知心恨谁”(《怨情》)，杜甫“何时倚虚幌，双照泪痕干”(《月夜》)，白居易“芙蓉如面柳如眉，对此如何不泪垂”(《长恨歌》)，孟浩然“乡泪客中尽，孤帆天际看”(《早寒有怀》)，欧阳修“泪眼问花花不语，乱红飞过秋千去”(《蝶恋花》)，柳永“执手相看泪眼，竟无语凝噎”(《雨霖铃》)，陆游“胡未灭，鬓先秋，泪空流”(《诉衷情》)……他们纵使心中颇多伤感，毕竟堂堂七尺男儿，总是不愿在人前大哭。但曹魏时期却有一人因为敢于在人前号啕大哭而出名，他就是阮籍。

(一)一哭母丧无至亲

《晋书·阮籍传》记载：

> 性至孝，母终，正与人围棋，对者求止，籍留与决赌。既而饮酒二斗，举声一号，吐血数升。及将葬，食一蒸肫，饮二斗酒，然后临诀，直言穷矣，举声一号，因又吐血数升，毁瘠骨立，殆致灭性。

阮籍母亲病危那天，他正和朋友下围棋。母亲的死讯突然传来时，对方催他赶紧回家，可是阮籍不肯，一定要和对方下完这盘棋。一局终了，阮籍便去找酒喝，一口气喝了二斗，然后放声大哭。刚出声，便吐出大量的鲜血来。这一下阮籍元气大伤，一连好多天都没有恢复过来。

等到母亲将要安葬的时候，阮籍又蒸了一只小肥猪，当作下酒菜。饮酒二斗之后，才和母亲的遗体告别。这时阮籍万念俱灰，只说了一声："穷矣！"然后一声号哭，又吐出鲜血来。

在这两件事上，阮籍的表现都违背了儒家的丧葬之礼。儒家丧礼规定居丧期间不能饮酒吃肉，可阮籍却不以为然，偏偏要反其道而行之，做完这些后，号啕大哭并再次吐血，这才下葬了母亲。

丧期喝酒吃肉是对死者的大不敬，阮籍在母亲丧礼前后的行为在社会上引发了很大的轰动，有人表示理解，也有人大加贬斥。但这些行动表明他已经彻底成了背叛礼法、反对名教的斗士。

有个名叫裴楷的年轻名士前来吊孝，此时阮籍正喝得大醉，披散着头发，箕踞在床上。儒家丧礼规定，客人前来吊孝，孝子一定要先哭几声，然后客人再哭几声。但是阮籍看到裴楷来了也不哭，权当没看见。裴楷是个很通达的名士，他也不管阮籍如何失礼，自顾自地哭了几声，就告辞而去了。

有人问裴楷："阮籍都不按礼数哭，你为什么要哭？"裴楷回答道："阮乃方外之人，所以他不尊崇礼制是可以理解的。我是世俗中人，当然要以礼仪约束自己。"当时的人都认为裴楷这话说得很玄妙、不够明白，但如今看来，裴楷是一个理解阮籍、了解阮籍的人。

阮籍不仅在家里这样做，还在司马昭举办的宴会上明目张胆地违反礼教。酒席上，他竟不顾重丧在身，"饮啖不辍，神色自若"。阮籍这种违反礼教的举动，让旁边一个叫何曾的老臣坐不住了。何曾当时是司隶校尉，专门负责监察京师官员。他一向以遵礼守法自居，看到阮籍这么嚣张，当即向司马昭弹劾阮籍，说："明公您正以孝治天下，可阮籍重丧之中，却在您的宴会上饮酒食肉，是可忍，孰不可忍，应当把他捉拿治罪，流放到海外，以正风气！"

没想到司马昭却说："嗣宗哀伤至此，你为什么不能理解他？况且他身体虚弱有病，就是喝点酒吃点肉，本来也是符合丧礼的嘛！"

那些满嘴维护礼法的人，对于丧亲之痛，何尝能够如阮籍般感同身受？他们维护的不过就是他们赖以寄生的虚伪礼教的空壳子而已。从这个角度上说，阮籍是在以一人之力和整个礼法规范进行抗争。他就是要让世俗中人知道，礼法固然是由人情常理而来，但一旦被当作教条，甚至是杀人的大棒，那它就离人的自然本性越来越远，它的合理性也就变得十分可疑。一个人表现痛苦的方式多种多样，“酒肉穿肠过，仁孝心中留”，如果非要按照世俗之礼，亦步亦趋，人云亦云，那不就毫无真实的性情可言了吗？

说到底，阮籍认为，一个人有权利选择自己表达情感的方式，而不必受到礼法教条的制约和绑架。那么，阮籍是真的不相信礼教吗？

当然不是。正如鲁迅先生在《魏晋风度及文章与药及酒之关系》中所说：“魏晋时代，崇奉礼教的看来似乎很不错，而实在是毁坏礼教，不信礼教的。表面上毁坏礼教者，实则倒是承认礼教，太相信礼教。”

阮籍对母亲的感情至深，但他用于祭奠母亲的不是眼泪，而是酒和血，无怪司马昭都说他“毁顿如此”。阮籍号哭吐血，是哭母恩，哭亲情，哭生离死别，哭“子欲养而亲不在”，更是哭乱世，哭群丑，哭壮志难酬，哭“大道如青天，我独不得出”。

(二)二哭邻女憾早逝

《晋书·阮籍传》记载：

> 兵家女有才色，未嫁而死。籍不识其父兄，径往哭之，尽哀而还。其外坦荡而内淳至，皆此类也。

兵家之女，与阮籍没有任何干系，只是因为有才色，未嫁而死，他就径直去奔丧，哭得泪雨滂沱，把自己心里的哀伤哭完以后才回家。一方面，阮籍是为年轻美好生命的流逝而落泪，人生在世，所有的繁华终将消逝，所有的美丽终将黯淡，所有的生命终将凋零，阮籍怀着悲天悯人的情怀，为美好生命的逝去而悲恸一场。另一方面，兵家之女有才有貌，还没有遇到慧眼识珠的情郎，便香消玉殒，而自己才德兼备，却一直流光空耗，等不到可以报效的明主，光阴荏苒，韶华易逝，人生像春花般短暂，兵家女的夭折，不就是明例吗？阮籍感同身受，号啕大哭。

余秋雨在《遥远的绝响》中写道："这眼泪，不是为亲情而洒，不是为冤案而流，只是献给一具美好而又速逝的生命。荒唐在于此，高贵也在于此。有了阮籍那一天的哭声，中国数千年来其他许多死去活来的哭声就显得太具体、太实在，也太自私了。终于有一个真正的男子汉像模像样地哭过了，没有其他任何理由，只为美丽，只为青春，只为异性，只为生命，哭得抽象又哭得淋漓尽致。依我看，男人之哭，至此尽矣。"

阮籍哭兵家女，无非"借他人酒杯，浇自己块垒"，既是为兵家女而哀，更是为自己而悲。人生路上，大家都是天涯沦落人，无以回应，就掬一把泪吧，解脱的人已经解脱，余下的人还要继续前行。

（三）三哭穷途无尽期

《晋书·阮籍传》记载：

> 时率意独驾，不由径路，车迹所穷，辄恸哭而反。

阮籍的第三哭，意象清楚，一目了然。唐代诗人王勃在《滕王阁序》中写道："阮籍猖狂，岂效穷途之哭？"这句话并非指责阮籍猖狂，而是感叹像阮籍这样的人物，也会因穷途末路而大哭，可悲可叹。阮籍从山道之穷，无路可走，联想到仕途之穷、命途之穷，人生至此，已经山穷水尽、无力回天，只能每天喝酒抚琴虚度人生，因此才有穷途之哭。

很多人认为阮籍之哭，实乃放浪形骸、狷狂耿介，超出世人想象，怪诞无比。其实，阮籍之哭不是写意，而是写实，虽在意料之外，但在情理之中。阮籍是诗人，这三次大哭，实质上对应三个意象，背后大有千秋，隐喻和象征的意味极浓。当然，阮籍还有一些不惧权贵、不屑礼法的轶事。

阮籍性情直率，生性爱好不羁，行为举止狂放，视礼法为束缚，不为权势所迫。相传司马昭功德盛大，在朝的官员都严肃恭敬对待他，将他当作君王一样，"唯阮籍在坐，箕踞啸歌，酣放自若"。阮籍不仅神情自若，而且举止散漫，张开两条腿随意坐着，酣畅饮酒，不将别人对司马昭的阿谀奉承看在眼里，狂放长啸。

阮籍"醉酒避亲"的故事也被传为佳话。阮籍有一女待字闺中，司马昭曾想为长子司马炎求娶。哪知阮籍连醉 60 多天，使者根本没有说亲的机会，司马昭只得作罢。

阮籍还有一个"青白眼"的典故可以当作趣谈。阮籍的母亲去世后，嵇喜前来吊唁，阮籍以鄙夷的眼光对待嵇喜，嵇喜无趣而归；待嵇康携酒挟琴前去吊唁，阮籍欣喜有加，热情款待。嵇喜、嵇康同是兄弟，但在阮籍眼里却有天壤之别。阮籍见嵇喜，以白眼视之；阮籍见嵇康，以青眼视之。后人沿用这个典故，用青眼表示对他人的尊重，而白眼则表示对人不屑一顾。

这样不屑遵从礼法的阮籍，却不像嵇康那般命短，他善于明哲保身，并不直接得罪朝廷，但一篇文采斐然的"劝进书"却成了他一生永远洗刷不了的污点。劝进之后不久，阮籍便郁郁而终。他终于不必哭了，但后世的人们，又开始在他的故事中，流自己的眼泪。

三、准不准阮仲容

七贤之中，除了阮籍、嵇康在音乐方面有深厚的造诣之外，阮咸也是杰出的音乐天才。他虽然名列竹林七贤，但他的文学作品并没有流传下来，反而是因为音乐上的成就而为世人所熟识。南朝宋文坛领袖、"元嘉三大家"之一颜延之的"达音何用深，识微在金奏"，即赞扬阮咸在音乐上的造诣。阮咸亦是个性十足的人，有几则不屑礼法的故事。

（一）未能免俗晒裈衣

《世说新语·任诞》记载：

> 阮仲容、步兵居道南，诸阮居道北；北阮皆富，南阮

贫。七月七日，北阮盛晒衣，皆纱罗锦绮；仲容以竿挂大布犊鼻裈于中庭。人或怪之，答曰："未能免俗，聊复尔耳！"

在当时，魏晋名门素喜攀比。阮氏一门聚族而居。阮咸、阮籍居于路南，其余阮姓族人居于路北，但街南街北贫富差距悬殊。路北者，坐北朝南，采光甚好，住着高门大户，出行乘香车宝马，吃穿无不锦衣玉食，为阮族豪富之人，称"北阮"。路南者，像阮咸家一样，皆是些小门小户，每天粗茶淡饭，为阮族贫寒之家，称"南阮"。

七月七素有晾晒衣物之俗，家家户户都会把柜子里的衣服拿出来在太阳底下晾晒。街北的富家大族亦趁此炫耀攀比，纷纷把名贵的绫罗绸缎高高地挂在最醒目的地方，花团锦簇，灿烂夺目，迎风飘扬。面对"北阮"那边的声势，"南阮"的穷人们都自惭形秽，不敢把自家的破衣服拿出来晒，而阮咸却不管那一套，寻家中旧衣裤，只见衣裤遍布补丁，多已泛白且皱，遂用竹竿晾晒。众人望之，皆哑然失笑，问他："为什么要晒这些衣物，不怕被人笑话吗？"阮咸不以为意，曰："既为民风，我也不能免俗，姑且这样吧。"

其不顾世俗之见若此，世人亦赞其性情之真。"未能免俗"，这个有点自嘲，又有点反讽意味的词，从此出现在汉语词典里。

无独有偶，《世说新语·排调》中还有一则关于七月七的故事，发生在东晋。有个叫郝隆的寒门士子，七月七那天别人都在晒衣服，他躺在太阳底下脸朝上袒露肚皮晾晒，有人问他这是干什么，他回答说："我晒书。"言下之意是，别人晒的都是身外之物，自己晾晒的是肚子里的满腹经纶。若生活在同时代，阮咸和赫隆一定会结为知己。

（二）骑驴追婢为人非

竹林七贤中，阮咸是最有趣、最浪漫的文艺青年，人们喜欢他，也是由于他在爱情面前，有责任、有担当，是条响当当的汉子。

阮咸年轻时，爱上了一个貌美的姑娘。姑娘来自鲜卑族，在他的姑姑家当奴婢。一次不经意间，阮咸留意到这个女孩面容姣好，脖颈纤秀，身材苗条，一颦一笑中透着股机灵活泼的劲儿，和端庄稳重的大家闺秀完全不同。随着去姑姑家的次数越来越多，阮咸对姑娘动了心，遂两情相悦。《世说新语·任诞》记载：

> 阮仲容先幸姑家鲜卑婢。及居母丧，姑当远移，初云当留婢，既发，定将去。仲容借客驴，着重服自追之，累骑而返。曰："人种不可失。"即遥集之母也。

阮咸母亲去世，姑姑吊唁后要离去。刚开始答应将此女留下，临走时，又觉得不妥。阮咸得知后，借了客人的毛驴，身上的孝服都没来得及脱，就骑上去追姑姑一行人。幸好，车马还未走远。阮咸将姑娘放到驴背上，与她一起骑驴而返。

在婚姻极为讲究门第的魏晋，阮咸公然爱上一个身份卑微、社会地位低下的侍女，并在母丧期间，穿着孝服大摇大摆地把她接回自己身边，还理直气壮地向世人宣布："这是我心爱的女人，她怀了我的孩子！"这等同于公然挑战世俗礼法，可阮咸全然不管不顾。纵使背上纵情越礼的骂名，也不愿做一个负心汉。也难怪山涛称赞阮咸"清真寡欲，万物不能移也"。

四、难不难山巨源

千百年来，人们对山涛背离竹林，投靠司马氏，以及举荐嵇康的目的一直存在难以消弭的误解。其实山涛心里有很多苦水，只是他没有吐出来而已。

（一）"绝交"陷入两难境

景元三年(262)，曾和嵇康一起打铁的好友吕安被自己的兄长诬陷入狱，嵇康为吕安辩护，被司马昭以"害时乱教"的罪名逮捕入狱。与嵇康旧有嫌隙的钟会，也趁机进谗言陷害。后来，嵇康和吕安都被处死。

临刑之前，嵇康从容抚奏了一曲《广陵散》，将魏晋风度推向了极致。临刑前有三千太学生集体请愿，东市刑场前也围满了人。在这人群之中，如果有山涛的话，他一定也会流下眼泪。尽管在此前一年，嵇康因为拒绝山涛的举荐，写下了中国文学史上著名的《与山巨源绝交书》，公开与山涛割席断交。这一封绝交书也让山涛的形象在文人心目中跌到谷底。

在《与山巨源绝交书》一文中，嵇康一口气列出了自己的九个不做官的理由，将自己的一生展现得淋漓尽致，同时指桑骂槐，含沙射影地揭露庸俗世态、虚伪礼教和功名利禄的假面具。

读《与山巨源绝交书》的时候，人们很容易将二人进行对比：嵇康宁折不弯，多有骨气！而山涛为了升斗之禄，甘愿妥协，何等渺小！这大概就是山涛一生的悲哀，也是乱世中求生的士大夫们的矛盾与悲哀。其实，读过《晋书·山涛传》之后，就会发觉嵇康固然刚直不阿、大义凛然，但山涛也绝非小人。

嵇康在被问斩之前，把一双子女交给了已“绝交”的山涛，而山涛也未辜负所托，不但将嵇康的子女抚养长大，还力荐嵇康的儿子嵇绍做了官。

唐代诗人元稹在《与乐天同葬杓直》中写道：“元伯来相葬，山涛誓抚孤。不知他日事，兼得似君无。”高度赞扬了山涛为人宽厚、情意深重的品格。

(二)璞玉浑金长者风

山涛是一个很有见识的人，在曹氏和司马氏权力争夺的关键时刻，他看出事变在即，“遂隐身不交事务”。之后，担任选官之职有十余年，其间，由他推荐选拔的官吏众多，但这些官吏都能像他给出的评语一样，极少出现差错。山涛善于识人辨才，被当时朝野所认同。

唐代李瀚在《蒙求》中写道：“山涛识量，毛玠公方。”就是说山涛擅长甄别人物才能，被夸赞有识人之明。

即使步入官场，山涛也没有丧失自己做人的正直与良心。羊祜即相位时，有人想要构陷裴秀，山涛显出了他磊落的本质，非但没有落井下石以讨好新贵，反而坚持保护裴秀。即便因此得罪权臣而被外放为冀州刺史，他也平和地接受着一切。在任内，他悉心经营勤勉有加，一时“人怀慕尚，风俗颇革”，大有政通人和、百废俱兴之气象。

山涛为人，光明磊落，豁达深沉，忠厚大度，重情重义；山涛为官，克己奉公，廉洁正直，敬贤爱才，加之山涛既有文韬，又通武略。无论从哪方面讲，山涛都是让人钦佩的。所谓人生在世，各得其所，这未尝不是一种高迈风度。

也正是因为这样，晚年的山涛一直想归隐山野，多次呈书辞职，也一直被司马炎拒绝。山涛做官一直做到近 80 岁，过了几年隐居生活以后，这位一生都饱受误解的老人终于在一种宁静的氛围中，安详地离开了人世。难怪王戎称赞这位兄长“如璞玉浑金”。还有人称赞山涛：“见山巨源，如登山临下，幽然深远。”

（三）“陈丝藏阁”留廉名

山涛喝酒很节制，八斗后便不再喝，他做官和饮酒一样都十分自律。山涛入仕 30 余年，官至司徒，位极人臣，但其为官廉洁，贞慎俭约，洁身自好，有口皆碑。《晋书》和《世说新语》上皆记载山涛在选人用人上眼光精准、堪称一流，在为人处世上清廉节俭、谨慎低调，当时的皇帝称他“道德为世模表”。

山涛在任吏部尚书期间，执掌全国官吏的任免升降大权。当时官场营私舞弊之风盛行，多有豪门富户为求取官职来求山涛，或托以权势，或贿以财物，而山涛无所动容，不贪分毫，一概回绝。当时有个县官名叫袁毅，给山涛送丝百斤，以求庇护提挈。山涛便当众将丝高置于阁楼上，说："自今日起，但见馈送者，均以此为率。"后来袁毅恶迹败露被严惩，凡是他所贿赂的人，都要被追究。朝廷派人到山涛府上查探，只见那百斤丝仍悬挂在梁上，"积年尘埃，印封如初"，众人不禁钦佩山涛为官清廉。

魏晋时期，官场贪腐盛行，民不聊生。而山涛在这样的社会背景下却能始终坚守淡泊节俭的品性，薄于身而厚于民，约于身而广济世，这与封建王朝奢靡腐败之风形成了鲜明的对比。千百年来，他以高尚的情操屹立于乱世之巅，被历代人们尊崇。

五、醉不醉刘伯伦

自古以来，在世人眼中，好酒如命之人一直有两个极端，要么就是酒中诗仙，在酒精的麻痹中，一首首名诗问世如有神助，李白便属此列；要么就是酒中醉鬼，或是日日贪杯被世人瞧不起，或是将酒视为一种人生态度。古代第一酒鬼当数刘伶，他虽然没有写下许多诗篇，但因为《酒德颂》，知名度并不低。

《酒德颂》就是刘伶以酒为意，将情趣寄托在酒中，俯仰于天地之间纵情所写。在他的心中，酒不只是一种饮料，更是一种生活态度。他视酒为友，能和酒"坐以谈天，笑谑不绝"。

（一）恋酒贪杯贬人间

有一个关于刘伶爱酒的传说。相传刘伶本来是王母娘娘的仙童，在一次蟠桃大会上，刘伶恋酒贪杯喝醉了，在迷迷糊糊之际摔碎了王母娘娘的玉石酒杯。

王母娘娘因此大发雷霆，贬他入凡间，好让他改一改嗜酒的习惯。当时人间是魏晋时期，刘伶在机缘巧合之中被投入沛国刘府中，来到凡间。

刘伶因嗜酒如命，被称为“醉侯”。他还有个习惯，就是让仆人拿着铁锸跟随其后，若自己醉死，便让仆人将其就地埋葬。曹雪芹的朋友敦诚在《挽曹雪芹》中写道：“牛鬼遗文悲李贺，鹿车荷锸葬刘伶。”辛弃疾在《沁园春·将止酒，戒酒杯使勿近》中写道：“汝说刘伶，古今达者，醉后何妨死便埋。”讲的便是这个故事，反映了刘伶豪放饮酒和对生死淡然的态度。

刘伶还因为醉酒闹出过一个很大的笑话。传说刘伶醉酒后乘坐鹿车，后酒意上头，身体燥热，因此在迷迷糊糊中脱光了衣服，站在鹿车之上，引来众人围观。

豁达释然至极也就如此了，他看淡生死，看淡权势，看淡名禄，一生从不被任何东西所束缚，他永远是那个走在广阔天空下的最潇洒、最畅意、最自由的自己。

（二）杜康酿酒刘伶醉

倘若说，杜康代表了美酒佳酿，那么刘伶便是品酒大师，因此也有“杜康造酒醉刘伶”的故事。

传说中，杜康和刘伶的相遇颇为传奇。当时，在一个村子里，一个寻常酒馆门口挂了一条不寻常的宣传语：喝上三碗醉三年，不醉三年不要钱。

而刘伶便是得知了此处有如此狂妄之酒家，特意前往喝酒。他进了店家，便直接要上三碗酒一尝。杜康却是笑着劝他，喝三碗可是会醉上三年，要不少来点？

刘伶一向嗜酒如命，认为佳酿再醉人，又怎么可能让人醉上三年？于是直接说："废话少说，上酒。"

杜康呵呵一笑，然后端出了三碗酒，送到了刘伶面前。刘伶一向是把酒当作水来喝，当着杜康的面，刘伶三碗入肚，然后便回家睡觉。杜康则是在背后高呼："三年后我去要酒钱！"

到了家，刚开始刘伶还没什么感觉，可没一会儿困意上头，紧接着便睡了过去。这一睡就是三年。可家人还以为刘伶是喝死了过去，早已将刘伶下了葬。三年后，杜康如约而至，这才放出了棺材里醉了三年刚刚睡醒的刘伶。

这个故事显然是编造的传说，却也可以看出刘伶之嗜酒如命，以及杜康的高超酿酒技艺。

（三）醉酒怒斥"还有谁"

刘伶每日喝得烂醉，"悠悠忽忽，土木形骸"，一副被酒精侵蚀过度的样子。

某日，妻子酿制了一大缸酒，刘伶见了又要酒喝，妻子说："待酒熟之后，让你喝个大醉。"酒熟了，妻子唤刘伶喝酒，刘伶兴冲冲地揭开了酒盖，酒香扑鼻，刘伶忍不住俯身就喝，妻子一把将他推进了酒缸，随即压上了盖子，气恼地对缸中的刘伶说："这回叫你喝个够！"三天以后，刘伶妻子听缸中寂然无声，急忙打开缸盖，发现他垂头坐于酒糟上，妻子以为刘伶死了，急得大声呼叫。

可让妻子觉得又生气又好笑的是，刘伶已经将酒缸里的酒全喝完了，听到妻子呼唤他，从酒缸爬出来后醉醺醺地说道：“还有谁？”

刘伶醉酒在历史上格外出名，历代也有诸多文人评价过刘伶。

唐朝诗人王绩称：“恨不逢刘伶，与闭户轰饮。”

唐代诗人白居易则说：“客散有余兴，醉卧独吟哦。幕天而席地，谁奈刘伶何。”

南宋文学家陆游在《咸齑十韵》中写道：“人生各自有贵贱，百花开时促高宴。刘伶病酲相如渴，长鱼大肉何由荐。”

明代名臣于谦在《醉时歌》中评价道：“刘伶好酒世称贤，李白骑鲸飞上天。”

刘伶的一生，与酒是分不开的。“唯酒是务，焉知其余？”他把自己的情感和心灵都倾注在酒中，很长一段时间，酒就是他的精神寄托。

刘伶之所以嗜酒，也有些避世的缘故，他的身材不高，相貌不好看，是竹林七贤中社会地位最低的一位，虽然曾在王戎幕府任参军，但仕途不顺。

他最终也因喝酒而醉死家中，留下“刘伶病酒”“刘伶醉酒”的奇闻。

六、俗不俗王濬冲

王戎出身不凡，后长期为官，有着与竹林精神格格不入的圆滑世故。从出身和见地来看，王戎为人应十分爽朗大方，没想到却有不少关于他"铁公鸡"的故事。在《世说新语·俭啬》篇九则小品中，王戎一人就独占四则，这四则文章说他俗不可耐，是个吝啬鬼。

（一）卖李钻核独经营

《世说新语·俭啬》记载："王戎有好李，卖之，恐人得其种，恒钻其核。"

魏晋人好吃李子。当时洛阳城里，王戎家与名士和峤家的李树最佳。后来，和峤家的李树被小舅子王济给砍了，于是王戎家的李树成了第一。每当李子成熟之时，王戎便不辞辛苦地将李子摘下，拉去市场售卖。但是王戎担心买了李子的人拿到了他家李子的种子，便自己去种植这样品种优良的果树，对他的李子生意造成伤害，于是王戎在售卖李子时，居然耗费大量的时间和精力，亲手将李子的核统统钻破，确保它不能被用来种植。

（二）卿卿灯下细盘算

王戎官至司徒，"既贵且富，区宅、僮牧、膏田、水碓之属，洛下无比"，富甲一方。即便如此，王戎依然每天晚上与他的夫人一起用牙筹（一种计算工具）盘点家产。关于王戎和他夫人，《世说新语·惑溺》记载了另一则故事。王戎的夫人常以"卿"称呼他。"卿"是长辈对晚辈的亲昵称呼，就像现在老爹称儿子"小子"一样。王戎觉得夫人这样叫有失自己的身份，不太高兴。有一次，夫人又以"卿"称呼他，王戎一本正经地说:“女人称自己的丈夫为‘卿’,不合乎礼节,是对我不尊重,以后不要这样叫了。”话音刚落,夫人就数落开了:“我亲卿爱卿,所以才称卿为卿。我不对卿称卿,谁该对卿称卿!”王戎无可奈何,从此就听任夫人叫“卿”了。这件事流传开以后,人们就把“卿卿我我”当成了男女恩爱的象征。

现在看来,王戎实在是生不逢时。能看出路旁树上的李子苦,说明他眼光独到、善于思考;钻李而卖,说明他有产权保护意识;灯下算账,说明他不辞劳苦,这些都是经商之人应该具备的基本素质。如果王戎生活在现代社会,那他可能就不会被认为是吝啬鬼,而是一个在资本市场上叱咤风云的理财高手了。

(三)再亲再近俱吝啬

王戎不仅对外人吝啬,对自己的亲人也是如此。《世说新语·俭啬》记载:“王戎女适裴頠,贷钱数万。女归,戎色不悦,女遽还钱,乃释然。”

当年,王戎的女儿嫁给裴頠的时候,向父亲王戎借了数万钱,过了许久也没有归还。按理说,钱借给了自己的女儿,收不回来也就算了,但王戎始终因为这件事情闷闷不乐。女儿回家省亲时,王戎也不用好脸色来对待,直到女儿将钱财悉数还清,王戎才高兴起来。

王戎对自己的侄子也是这么吝啬。《世说新语·俭啬》曰:“王戎俭吝,其从子婚,与一单衣,后更责之。”

王戎的侄儿成亲之时,王戎只送去了一件单衣作为贺礼,并且在成亲后，将这件衣服要了回来。虽然王戎腰缠万贯，但他还是抠门至极。

王戎有一个独生子，名叫王万子，小小年纪就胖得出奇。有好心人对王戎说，你这个宝贝儿子得的是肥胖症，要赶快给他看病，不然后果不堪设想。王戎不舍花钱，便不再让儿子吃好东西了，只让儿子吃糠。结果儿子越吃越胖，年纪轻轻便一命呜呼。王戎对儿子如此，对自己也不大方，从来不舍得多花一分钱，不舍得多吃一粒米。由于长期营养不良，结果面容憔悴、未老先衰，早早就拄上了拐杖。

在昆曲《世说新语·索衣》一折中，融合了王戎“与从子衣”和“还钱释然”两个情节，只不过将侄儿的遭遇嫁接到女婿身上。王戎一心索回衣衫，面对女儿又怕失颜面，不好直说，于是拐弯抹角、提点女儿，想让她主动奉还。为了反复向女儿提醒一个“衣”字，王戎讲了这样一段故事：

当日“我”与阮籍、嵇康、山涛、向秀、阮咸、刘伶纵歌啸傲，游于竹林，世号“七贤”，各有千秋。但观其衣，便识其人！“遍衣襟斑斑失涕”是阮籍，“打铁人溅衣焦迹”是嵇康，“着官袍彬彬有礼”是山涛，“墨痕染袂似花泥”是向秀，“红袖翠巾善筝琵”是阮咸，“年年岁岁补补绽绽的百衲衣”是刘伶。

六件衣服、六位老友，当年岁月宛若一幅画卷徐徐展开。可他又瞬间收敛了悲容和思念，复归于一个“小气鬼”的做派。

有人说王戎的贪财其实是在当时政治局势下的一种自我保护，是用来逃避当时的乱世，而晋武帝也曾用“不欲为异”为王戎辩解。王戎之所以表现得超级吝啬，也许是为了表明自己无意权力之争，只是好财而已。东晋艺术家戴逵在《竹林七贤论》中表达了类似的看法："王戎晦默于危乱之际，获免忧祸，既明且哲，于是在矣。"

但也有人认为王戎就是生性贪婪、粗鄙，如余嘉锡认为王戎天性鄙吝，戴逵所言，乃是出于"名士相为护惜，阿私所好，非公论也"。如此看来，王戎的吝啬背后是一种无奈，喜剧背后是一种哀伤。

七、玄不玄向子期

向秀早年淡于仕途，有隐居之志。嵇康被司马昭杀害后，为避祸计，不得已顺应朝廷威逼拉拢而出仕，但选择了只做官不做事，消极无为。

（一）以道释儒注《庄子》

面对残酷的现实，向秀清醒地认识到，在社会的铜墙铁壁面前，个人的反抗是没有意义的，脱离社会的自由逍遥只是一种幻想，而沿着"游世"方向前行，恐怕是唯一的出路。

为自我救赎，他潜心研究《庄子》，深入阐发"逍遥"的精神内涵。在他看来，万物自在、自化，大鹏与斥鴳都可以达到逍遥的至高境界。于大鹏而言，九万里高空是它飞行所能达到的极限；而对斥鴳来说，"腾跃而上，不过数仞而下，翱翔蓬蒿之间"，这也是它所能达到的极限。大鹏与斥鴳飞抵的高度是相差巨大的，但其本质却一样，它们都在自己所能里达到了极限，从这个意义上说，斥鷃跟大鹏一样，都获得了生命的逍遥境界，这个逍遥境界本身没有差异，它们是一样的、平等的。也就是说，世界万物各有其本性，每个个体都有独立的价值，没有高低贵贱，无所谓大小长短，只要每个个体是自足的，那他们就达到了自己的逍遥境界。向秀对庄子《逍遥游》的重新阐释，让人们感到“逍遥”并不是遥不可及的状态，它可以存在于现实社会中，关键在于“物任其性”“各当其分”。不必遁世，只要能够顺有待而“与万化冥合”，适应物质环境，即便“身在庙堂”，亦可“心在山林”。

他的这一理论为当时处于两难困境的人们找到了心灵的依托。而他自己对人世也有了更多感触，心境更趋淡泊宁静。晚年，他走出山林，到洛阳应召，受司马昭接见。司马昭好奇他为什么会改变“箕山之志”，向秀回答：“巢父、许由都是狷介孤傲之人，不值得过于景仰。”司马昭听了颇为感叹，让他到朝中做官。

向秀注《庄子》，阐发其义，“妙析奇致，大畅玄风”，魏晋士人“读之者无不超然”。他那种万物各任其性、各当其分、各求自足的立身处世之说，使身在混乱官场中的人们从精神世界的焦虑、迷茫和失落中走出来，达到现实和精神两个世界的平衡，获得一种空前的解放。

竹林七贤中，论性格向秀不如嵇康、阮籍洒脱，论官绩也比不上山涛、王戎，所著极少，只有赋、论、书三者各一。但向秀注解《庄子》，是中国哲学史上的一个高峰，他发掘了庄子哲学，并且将其发扬光大，超越了前人对庄子的认知和感悟，贯通了儒道两家学说，阐发了“自生、自化”的玄理新义，提出名教与自然统一的理想政治，为历代面临生存困境的文士提供了精神超越的路径，虽经千年，却光彩独特。

向秀还著有《周易注》，传称“大义可观”，然“未若隐《庄》之绝伦”，二注今皆已佚。又有《难嵇叔夜养生论》一篇，收于《嵇中散集》中，《思旧赋》一篇存《文选》和《晋书》本传中。

（二）心系桑梓“金银饼”

向秀小时候家里很穷，父亲打铁，母亲种菜，一家人起早贪黑辛勤劳作，收入却极低，生活难得温饱。向秀经历过吃了上顿没下顿的饥饿折磨，对食物特别珍惜，从小就养成了节约粮食的好习惯。他吃饭时掉了一颗米粒都要捏起来抿进嘴里，每次吃饭都吃得干干净净。

入朝为官后，他有了俸禄，完全可以过得好一点，他却广济穷人，自己仍然保持着穷家子弟的俭朴作风。他每次坐着朝廷配给的牛车外出公干，吃饭时坚决不接受宴请，一不进官衙，二不进驿站，三不进酒楼，四不进饭馆，总是到大街上自费就餐。他若发现小吃摊上有吃不完而剩下的食物，常常会心疼得直跺脚。时间长了，同僚们对向秀的这种行为嗤之以鼻，给他起了一个外号，讥讽向秀是“一国俭”，即“一国之内唯有向秀最俭”。向秀不怕嘲笑，仍然理直气壮、我行我素，更加坚定了自己的节俭作风。

晋武帝泰始五年（269），向秀家乡一冬无雪，春旱无雨，田地里的麦苗长得稀稀落落，老百姓欲哭无泪，忧心忡忡。向秀得知了家乡的灾情后，多方筹款购买粮米运回家乡，还带领家里人每天在京城的各个饭馆收集遗弃的馍饼和米饭，回到家选择还能食用的切成馍片、拍成饭饼，晒干后妥善地储存起来。这些干粮黄的黄、白的白，混在一起，装入麻袋。向秀给它们起了一个很好听的名字——金银饼。日积月累，装满了金银饼的麻袋堆满了向秀所住的屋子。

当年秋天，向秀的家乡闹起了蝗灾，庄稼颗粒无收。临近年关，十家就有九家揭不开锅，很多人饿得奄奄一息。向秀得知这个消息后，雇用了十几辆牛车把储存的“金银饼”全部运回了家乡。在这生死关头，村里人吃上了“金银饼”，男女老少都感激向秀这个大救星。

泰始八年(272)，向秀积劳成疾，死于任上。村里人知道后，痛哭流涕，如丧考妣。几百人成群结队，头系白布，步行二百余里，赶到京城洛阳为向秀哭灵，然后人们手拉灵车，返乡途中哀声不绝，将其隆重葬于村南。村里人不分男女老幼，每个人都用自己的衣襟兜上一包黄土，虔诚地为向秀添墓，竟然堆成了一个巨冢。还有不少人家有感于向秀的恩德，自发搬到向秀冢的附近居住，日夜守墓，陪伴向秀。后来，这里人口逐渐增加，形成了一个新的村庄，即现在河南省焦作市武陟县三阳乡西尚村西南的冢头村。

向秀向往自然，向往自由，主张释放人的天性。他与嵇康在一起的日子是快活的，与嵇康、吕安醉酒后，向秀在嵇康悠扬的琴声面前，扭动身躯，翩翩起舞，把美好的生活、愉悦的心情表现在舞步中，这是他超尘脱俗韵味的体现。向秀那灵动的舞步一时被传为佳话，朝野尽知。

据《世说新语·品藻》记载："刘尹、王长史同坐，长史酒酣起舞。刘尹曰：'阿奴今日不复减向子期。'"意思是说：丹阳尹刘惔和长史王濛坐在一起饮酒，王濛喝酒喝到痛快的时候就跳起舞来。刘惔说："你今天的舞步赶上向子期了。"

在那种特殊的历史环境下，大部分人是不会像七贤那样敢于蔑视世俗礼法，表达内心真实想法的。不管是阮籍的狂放、嵇康的刚直、山涛的君子之风、刘伶的放浪形骸，还是阮咸的乖张、向秀的无奈、王戎的随波逐流，他们至少还曾忠于内心。一群文人，借酒明志，听从本心，能做到这样，已经足够。也许他们在俗世生活中有多少怪异之举，就有多少让人感伤的无奈吧！

历史的洪流从来不停歇，竹林七贤在那个动荡纷争的时代依然能坚持本心，不为礼教所缚，这本来就是引人称颂的事。

时至今日，我们依然可以从相关文献的只言片语中了解那个时代的纷争，也更加钦佩七人在强权面前不改容色、嬉笑怒骂的英姿。竹林七贤为后世留下了宝贵的精神文化财富。他们的故事值得我们传唱，他们的风采值得后世铭记！

第七章 魏晋风骨流余韵

从文学影响力上而言，魏晋文章“出语必隽，恒在自然”（经学大师刘师培语），代表了两晋文学的最高成就。它与周代歌诗、汉赋、唐诗、宋词、元曲、明清小说的地位一致，是两晋时期中国文学史上的“一代之文学”。魏晋文章兼具形式上的精美与思辨上的精纯，既是这个特殊时代的必然产物，又与两晋文人玄学思想的发展密不可分。两晋文章与两晋文人对后世的文学和文人都产生了广泛而深刻的影响。

说起魏晋文学，人们常常把竹林七贤作为一个整体，但就现存作品而论，真正对魏晋文学及后世文学创作产生较大影响的，仅有嵇康、阮籍，再延伸一点，即为向秀。因为宋代以后，竹林七贤的集子大多失传，现在看到的阮籍和嵇康的集子多是明人辑本。而山涛等人的集子散佚既久，又不见明清学人的辑本，自然也就很难对他们的文学创作加以评说。

从东晋开始，竹林七贤的故事开始传播，一些士大夫打着儒家的旗号，对他们进行褒贬。这些人在肯定竹林七贤文学成就的同时，对他们的怪诞行为进行评议。下面逐一分析介绍。

一、清峻狂放数嵇康

嵇康善为诗，尤长散文，其文学创作主要包括诗歌和散文。诗歌以四言为佳，风格清雅，《幽愤诗》《赠秀才入军》为其代表作；散文大多阐述老庄自然纯真的哲理，批判传统名教的虚伪变诈，如《养生论》《声无哀乐论》《释私论》《太师箴》等。

（一）清朗俊逸四言诗

嵇康诗现存50余首，有四言、五言、六言和乐府杂体等。在四言诗歌创作上，嵇康远承《诗经》，近学建安，继承创新，自成一格，代表了魏晋之际四言诗歌创作的高峰。

在诗歌内容上，以表现其追求自然、特立独行、厌弃功名富贵的人生观为主，或清淡遐远，或慷慨豪迈，或愤郁悲慨，情感极其丰富。其中一些是表达出世高蹈的老庄思想，是为了“长与俗人别”，还有一些是以愤世之情，抨击揭露统治集团的欺诈倾夺之行。在创作风格上，能够跳出《诗经》四言的句法格式，带有散文式的清朗俊逸之美，往往带有一种沛然之势，形成自己的风格。可以说，嵇康既是《诗经》的忠实继承者，又是“风雅颂”最后的知音。

四言诗《赠秀才入军》共十八首，是嵇康送其兄长嵇喜从军所作。这组诗选材多样，内涵丰富，通过对哥哥军中生活的诸多想象，表达深切的思念之情以及自己的人生抱负，有的写行军生活的劳顿，有的写驰骋疆场的雄姿，有的写兄弟分离的痛苦，有的写眷念兄长的凄怆。诗作托物言志，雅致悠远，写景抒情各具特色。组诗虽是想象其兄在军中的生活场景，但那洒脱的情趣实际上是独属于嵇康的。下面以《赠秀才入军·其十二》为例来了解一下嵇康四言诗的主要写作特点。

轻车迅迈，息彼长林。春木载荣，布叶垂阴。
习习谷风，吹我素琴。交交黄鸟，顾畴弄音。
感寤驰情，思我所钦。心之忧矣，永啸长吟。

一是写景生动。此诗以清新俊雅的笔调描写明媚的春天，阳光明媚，春花开，绿意浓；春风和暖，抚素琴，听黄鹂。从花枝烂漫、新叶扶疏的春木，到温暖和煦的东南风，春天的气息从笔端扑面而来，而在春风中叮咚作响的素琴和跳跃枝头、“交交”鸣唱的黄鸟，更给葱郁盎然的春景增添了乐感和动感。诗人在这样的意境中长啸怀人，使这首描写春景的诗更有了一种无尽的言外之意。

二是情景交融。起句“轻车迅迈，息彼长林”极具画面感和流畅的动感。一个“迅”字，写出了乘车之快。虽然诗的开头没有交代季节，但“长林”一词，可见当时不是萧瑟的秋冬，为后面的写景铺设了蓊郁的底色。这似乎是一场愉快的踏青郊游，实则是送兄入军，不忍兄弟分离，只恨不能让时间停留，才觉乘车之快。

再看“春木载荣，布叶垂阴。习习谷风，吹我素琴。交交黄鸟，顾畴弄音”，这几句作者极力描写春天的景色，但是春天的景色越美，作者心中的伤悲就越深。习习和风，喳喳鸟鸣，此时此刻的春风和黄鸟却不解风情，不合时宜地开始了它们的合奏。在这样有声有色的春天里，兄弟不忍离别，又不得不别，春风和鸟儿哪知人心中惆怅？车马很慢，书信很远，一去经年，再见何时，怎不让人黯然神伤？从此天各一方，前路漫漫，生死难卜，让人情何以堪？清代王夫之在《姜斋诗话》中说：“以乐景写哀，以哀景写乐，一倍增其哀乐。”作者借景言情，真挚感人，乐景写哀也是该诗的一个特色。真可谓“这次第，怎一个愁字了得”。

最后是“感寤驰情，思我所钦。心之忧矣，永啸长吟”。如果只有对春天风景的生动描绘，诗作充其量只是语言精美、表达精妙，难有传诵千年余音绕梁的精湛，但触动读者心弦的无疑是蕴含其中的真情。如何抒发内心的“感”和“思”？如何排遣心中的忧伤？那就长啸一曲吧！“啸”和“吟”是嵇康的生活日常，他用独特的方式抒发心志，表达对自由生活的向往以及对兄长的祝福，率性而洒脱。

三是音韵之美。身为出色的演奏家和拥有系统音乐理论底蕴的音乐家，嵇康深得韵律之美的奥妙。一方面是叠词运用自然，“习习”“交交”，音韵谐和，节奏圆润，让诗句于整齐中又有一些变化。另一方面是四言整齐押韵，形成诗作的回环音韵之美，能让人亲身享受到嵇康特有的诗歌与音乐的盛宴，读来不觉刻板滞重。

清代著名学者何焯曾说:“四言诗,叔夜(嵇康)、渊明,俱为秀绝。”刘勰在《文心雕龙》中评价嵇康诗歌“唯嵇志清峻”,说出了嵇康诗歌的特点和艺术风格。钟嵘《诗品》评价说:“过为峻切,讦直露才,伤渊雅之致。”意思是说嵇诗过分峻拔直露,表现出横议是非的特色,缺少含蓄高远之致。嵇康思想激烈、个性耿介,这种独特的人格形诸诗文,便呈现为“清峻”“峻切”的艺术风格。

这组诗中的其他作品也呈现出同样的特色。如《赠秀才入军·其十四》:“息徒兰圃,秣马华山。流磻平皋,垂纶长川。目送归鸿,手挥五弦。俯仰自得,游心太玄。嘉彼钓叟,得鱼忘筌。郢人逝矣,谁与尽言。”这首诗遥念其兄在行军之暇领略山水乐趣的情景。他在长满兰草的野地上休息,在鲜花盛开的山坡上喂马,在草地上射鸟,在长河里钓鱼。一边目送南归的鸿雁,一边信手抚弹五弦琴。他的心神游于天地自然之中,领悟自然之道。显然,诗中所描绘的与其说是征人生活,不如说是诗人热爱自然的情趣。“目送归鸿,手挥五弦”二句历来为人们所称道,它以凝练的语言将高士飘然出世、心游物外的风貌神情表现得淋漓尽致。

《赠秀才入军》其九:“良马既闲,丽服有晖。左揽繁弱,右接忘归。风驰电逝,蹑景追飞。凌厉中原,顾盼生姿。”这首诗形象鲜明,生姿灵动,极为生动而富有气势。与曹植在《白马篇》中塑造的“仰手接飞猱,俯身散马蹄”的游侠儿形象相比,既有着英武豪侠气概，又多了一种洒脱神情。

《赠秀才入军·其十三》："浩浩洪流，带我邦畿。萋萋绿林，奋荣扬晖。鱼龙瀺灂，山鸟群飞。驾言游之，日夕忘归。思我良朋，如渴如饥。愿言不获，怆矣其悲。"此诗使用了很多具有奋发意味的字眼，如带、奋、扬、飞等，寥寥数语，既烘托出一种开阔豪迈的气象和蓬勃向上的精神，又表现出了完全不同的意境。"鱼龙""山鸟"两句，更是十分壮丽生动。嵇康通过对自然景物富于诗情画意的描写，表现出他在老庄思想影响下将个人的审美意识融入山林皋壤之中的情趣襟怀。

同样，嵇康的《四言诗·其一》"淡淡流水，沦胥而逝。泛泛柏舟，载浮载滞。微啸清风，鼓楫容裔。放棹投竿，优游卒岁"歌唱渔夫自由自在的生活，寄托诗人对无忧无虑的归隐生活的向往。诗风奇特，物象新奇，起笔就引人入胜。

有行家评说嵇康的四言诗"上承曹操，下启陶潜，有所独创"，是比较中肯的。嵇康的四言诗，语言不尚雕饰，风格清丽峭拔，突破了前人四言诗的陈规，创造了自己的独特风格。他的五言作品也同样表现出了其诗清峻的风格。如《酒会诗·其一》：

乐哉苑中游，周览无穷已。百卉吐芳华，崇基邈高跱。
林木纷交错，玄池戏鲂鲤。轻丸毙翔禽，纤纶出鳣鲔。
坐中发美赞，异气同音轨。临川献清酤，微歌发皓齿。
素琴挥雅操，清声随风起。斯会岂不乐，恨无东野子。
酒中念幽人，守故弥终始。但当体七弦，寄心在知己。

诗的前半部分就写出山水的好风光，让人心旷神怡，可以看出诗人是在一个极其放松的心态下，有了对酒会的感慨，充分表达了诗人溢于言表的快乐。“乐哉”二字一出，就奠定了欢快的基调，诗人因为自己置身于大自然，远离官场感受到了莫大的乐趣。花朵盛开的芳香馥郁，极目远眺的高台峙立，林木枝叶交错纵横，深池里的鲤鱼欢快嬉戏，这样美不胜收的景色怎么能不让诗人为之动容？诗的后半部分意境有明显转折，从写景转到抒情，感情色彩也由原先的高兴陷入思考。想到自己的好友不能享受这样美好的景色，不由得多了些淡淡的忧伤，给整首诗蒙上一层黯淡的色彩，这是嵇康诗歌的一大特色，也是魏末时期诗人共同的感情。

再如五言诗《述志诗·其二》“往事既已谬，来者犹可追。何为人事间，自令心不夷。慷慨思古人，梦想见容辉。愿与知己遇，舒愤启其微”，同样也以直露的笔触，抒发了自己强烈的愤世嫉俗之情。

而嵇康还有一些表达对仙景追求向往的五言诗，则是他审视自己的生活和心灵，表达不屑于世俗，对仕途没有奢望，内心痛苦，只求成仙脱俗，求仙得以解脱的愿景。如《游仙诗》“愿想游其下，蹊路绝不通。王乔弃我去，乘云驾六龙。飘飖戏玄圃，黄老路相逢。授我自然道，旷若发童蒙”等。

嵇康的七言诗也是继离骚情怀，开七言新风，功不可没。如《思亲诗》：

奈何愁兮愁无聊，恒恻恻兮心若抽。

愁奈何兮悲思多，情郁结兮不可化。
奄失恃兮孤茕茕，内自悼兮啼失声。
思报德兮邈已绝，感鞠育兮情剥裂。

(二)怨愤郁结幽愤诗

《幽愤诗》是嵇康四言诗中最能体现出其人格、个性、内心矛盾和命运遭遇的一首长诗。所谓“幽愤”，指被幽囚时内心的愤慨，所以这首诗也可能是嵇康的绝笔。

嗟余薄祜，少遭不造。哀茕靡识，越在襁褓。
母兄鞠育，有慈无威。恃爱肆姐，不训不师。
爰及冠带，冯宠自放。抗心希古，任其所尚。
托好老庄，贱物贵身。志在守朴，养素全真。
曰余不敏，好善暗人。子玉之败，屡增惟尘。
大人含弘，藏垢怀耻。民之多僻，政不由己。
惟此褊心，显明臧否。感悟思愆，怛若创痏。
欲寡其过，谤议沸腾。性不伤物，频致怨憎。
昔惭柳惠，今愧孙登。内负宿心，外恧良朋。
仰慕严郑，乐道闲居。与世无营，神气晏如。
咨予不淑，婴累多虞。匪降自天，实由顽疏。
理弊患结，卒致囹圄。对答鄙讯，絷此幽阻。
实耻讼免，时不我与。虽曰义直，神辱志沮。
澡身沧浪，岂云能补。嗈嗈鸣雁，奋翼北游。
顺时而动，得意忘忧。嗟我愤叹，曾莫能俦。
事与愿违，遘兹淹留。穷达有命，亦又何求。

古人有言，善莫近名。奉时恭默，咎悔不生。
万石周慎，安亲保荣。世务纷纭，祇搅予情。
安乐必诫，乃终利贞。煌煌灵芝，一年三秀。
予独何为，有志不就。惩难思复，心焉内疚。
庶勖将来，无馨无臭。采薇山阿，散发岩岫。
永啸长吟，颐性养寿。

该诗通篇自述平生遭遇和理想抱负，对自己无辜受冤表示极大愤慨。先是回忆自己的青少年时代，又剖析了个人性格的形成，还说自己心地善良，但辨识不出谁是好人，谁是坏人。最后，对个人遭遇表示强烈愤懑，但对自己的前景依然抱有希望。诗的结尾表示，一旦走出这个牢房，将远离尘世，不再跟这些凡夫俗子混在一起，而是“采薇山阿，散发岩岫，永啸长吟，颐性养寿”。

读这首诗，首先应该了解它的写作背景。这首诗为嵇康因吕安之事牵连被收狱中所作。然而，它的产生有着深刻的时代背景，并且与诗人的独特个性有着极为密切的关系。众所周知，魏晋之际政治黑暗、危机四伏，正直的知识分子朝不保夕，随时都有生命之虞。嵇康是竹林七贤中思想最为激进的斗士，主张“越名教而任自然”，“非汤武薄周孔”，毫不留情地攻击司马氏提倡的虚伪名教。此外，他的性格极为矛盾，一方面“俯仰自得，游心太玄”，以庄子为师，追求遗世放达；另一方面却又刚肠嫉恶、轻肆直言，为当时社会所不容。嵇康被牵连入狱以至被杀，就是他的激烈思想和刚直个性导致的。

《幽愤诗》大致可以分为四段。

第一段从"嗟余薄祜"至"养素全真"。作者自述青年时代就已形成桀骜性格和隐居志向。"嗟余"四句感叹自己从小丧父。"母兄"四句说自己由母亲和哥哥抚养长大,恃爱肆娇,得不到师长的训导。从中可见,嵇康因从小丧父,为母兄溺爱,这与他日后形成喜爱庄老的思想和任情肆志的性格不无关系。"爰及"八句讲到自己的爱好和志向,这既是嵇康思想和性格的写照,也集中概括了魏晋名士追求的普遍品格,即"抗心希古""托好老庄""志在守朴"。这一段为全诗奠定了反省生平行事的基调。

第二段从"曰余不敏"至"岂云能补"。这一段主要是对自己在吕安之事上的粗疏感到自责。"曰余"二句即指自己因"不敏"而与"暗人"相善。"不敏"指自己不谙人事,不懂人情世故。而在吕安之事上,他又一次暴露了自己的弱点,导致身陷囹圄。"子玉"二句,用《左传》僖公二十七年(前 633)子文荐子玉,最终造成楚国日后的失败比喻自己因为轻信吕巽而招致灾祸。"大人"二句分别用了《周易》和《左传》的典故,原意是说,大人物胸怀宏大,能藏纳垢耻。这里反用其意,是说自己生性容不得邪恶。所以后面说,"惟此褊心,显明臧否",这两句诗是诗人对自己性格的深刻剖析。嵇康也不像阮籍那样"口不臧否人物",他在理智上清醒认识到善恶、是非等是人生的外累、养生的隐患,但实际言行却往往暴露鲜明的是非好恶之心。这就是他自责"褊心"的原因。其实,所谓"褊心",恰恰是嵇康正直和“任侠”性格的表现。“感悟”二句承上，意思是说自己意识到立身行止的粗疏，因而感到痛心。“欲寡”八句自责耿介个性招来谤议和怨憎。从前曾自愧缺乏柳下惠那样坚持直道的精神，现在却悔恨当初为什么不听隐士孙登的告诫。

据《魏氏春秋》载：“初，康采药于汲郡共北山中，见隐者孙登。康欲与之言，登默然不对。逾时将去，康曰：‘先生竟无言乎？’登乃曰：‘子才多识寡，难乎免于今之世。’”嵇康才多识寡的毛病果然为孙登言中。在吕安之事上，他又一次落入尘网。“内负宿心，外恧良朋”二句，表面上有悔祸讼冤之意，实则全无服罪之感，写出了诗人何等沉痛的心情。“仰慕”四句写诗人对西汉隐者严君平和郑子真的向往。《汉书》记郑子真、严君平乐道闲居，与世无争，虽处贫穷却神气安然。当此身陷囹圄之际，嵇康自然愈加向往那些安贫乐道、终其天年的高士。“咨余”四句是他再次自省，把这次得祸之由归结为性格中的弱点。“理弊”八句写其在狱中的遭遇及心情。总之，嵇康拒不与司马氏合作的政治态度和激烈的思想言论，成为他“縶此幽阻”及不久被害的根本原因。这位刚直之士知道自辩也不会有什么效果，所以“实耻讼免”，不屑与狱吏争辩是非曲直，而把身受的冤屈归结为不遇明时。“澡身”二句，表达了作者追悔莫及的心情。

第三段从“嗈嗈鸣雁”至“心焉内疚”。这一段集中抒写作者对于自身悲剧的愤叹。“嗈嗈”四句描写振翼高飞、顺时而动的鸣雁。在嵇康诗歌中经常出现飞鸟形象,如“焦鹏振六翮,罗者安所羁”(《述志诗·其一》),“双鸾匿景曜,戢翼太山崖”(《兄秀才公穆入军赠诗·其一》),“鸾凤避罻罗,远托昆仑墟”(《答二郭诗·其三》)等。飞鸟翱翔在广阔的天空,顺时而动,得意忘忧,它们是自由的象征,是诗人的向往与追求。自由自在的飞鸟,与身处困境的他形成鲜明的对照,这自然使诗人异常感慨。“穷达有命,亦又何求”,嵇康又一次把自己的不幸归之为命运的摆布,表达了政治迫害并不能让自己改变初衷的坦荡之心。“古人有言”十句,引用先哲的教诲和汉代石奋及其四子做官周密谨慎,官至二千石的典故,自责生性顽疏。“煌煌”四句,慨叹自己的有志不就。这一段作者由奋翼北游的鸣雁,安亲保荣的石奋,一年三秀的灵芝等形象,联想到自己的一生悲剧,反复抒发悲愤、内疚之情,感情十分沉痛。

第四段从“庶勖将来”至最末“颐性养寿”。诗人再次申明“志在守朴,养素全真”的志向。这几句表现的仍是拒不与司马氏合作的倔强态度。“采薇山阿,散发岩岫。永啸长吟,颐性养寿”,表达他与司马氏不共戴天以及绝不为其所用的强硬态度,这既体现出他对自由生活的向往,又表明嵇康的人生信念至死不变。

《幽愤诗》的写作以吕安冤狱为直接导因,诗人在被囚的特定环境中,直面内心,抒写生平忧郁和对时世的愤慨,鲜明地表现出他的清醒理智与耿介个性之间的深刻矛盾,显示出他反对司马氏集团的政治态度。在这首诗里，嵇康回顾反省自己的一生，对性格中的任性弱点有真诚的感悟，但平生忠于理想的诗人最终仍认为自己坚持的处事原则是正确的，只不过是耿直招尤而已。《幽愤诗》呈现出强烈的自责、自伤的感情色彩，可以看出，诗人内心愤懑，因而整首诗的格调于沉痛之外，还有一种钟嵘《诗品》中所说的“峻切”。

《幽愤诗》的写作特点有二。其一是以内心独白的方式反复抒情。诗人陷于囹圄之中，无人可晤谈，而满腔的忧郁和幽愤又迫切需要排遣，这样就自然形成反复抒情的特点。诗中的自责和愤叹，初看零乱，其实有脉络可寻。他先回顾青少年时期旷达个性的形成，接着自责在吕安之事上的不敏，然后检讨一生素志和立身行事之间的诸多矛盾，愤叹自己有志不就，最后申明隐逸避世的夙愿。整首诗情辞悲慨，淋漓尽致地抒写了诗人的幽愤。

其二是引用典故较多。如“子玉之败”出自《左传》，“民之多僻”“惟此褊心”“匪降自天”“嗈嗈鸣雁”等借用《诗经》成句，“仰慕严郑”“万石周慎”等出自《汉书》，“善莫近名”化用《庄子》等。这些典故用在诗里大多显得较为贴切诗人以古喻今，以古鉴今，深刻反省，表达志向。

《幽愤诗》不是隐蔽曲折地抒发感情，而是旨意显豁、一览无遗。黄庭坚在《书嵇叔夜诗与侄榎》中说：“嵇叔夜诗，豪壮清丽，无一点尘俗气。”陈祚明《采菽堂古诗选》说得十分明晰：“叔夜衷怀既然，文章亦尔，径遂直陈，有言必尽，无复含吐之致。”又说：“嵇中散诗如独流之泉，临高赴下，其势一往必达，不作曲折潆回，然固澄澈可鉴。”《幽愤诗》是嵇诗“有言必尽”“一往必达”风格的代表作，突出了嵇康诗风与其人格性情之间的密切关系。

（三）率然玄远蕴哲理

嵇康之文今存10余篇，大致可分为论难之文、赋、书疏等，品格很高，是所谓“高情远趣、率然玄远”之作。但各文体的风格不尽相同，其中论难之文思路清晰，观点精辟，言辞犀利，析理入微，辞藻华丽，兼有先秦诸子、两汉政论和魏晋文章之长，并表现出嵇康鲜明的个性风貌；其书疏之文则注重个性的抒发，用语自然，情感真挚，是嵇康思想性格的真实表现。

嵇康崇尚自然，其《养生论》为我国古代养生论著中较早的名篇，对后世医药家陶弘景、孙思邈等都有影响。嵇康主张形神兼养，重在养神；注重后天养护，贵在持之以恒。他身体力行，希望得以长生，然而造化弄人，最终死于性情。

> 世或有谓：神仙可以学得，不死可以力致者。或云：上寿百二十，古今所同，过此以往，莫非夭妄者。此皆两失其情。请试粗论之。夫神仙虽不目见，然记籍所载，前史所传，较而论之，其有必矣。似特受异气，禀之自然，非积学能致也。

《养生论》主张形神共养，防微杜渐，论说精到，富有文采，颇能表现嵇康的独立思考能力，基本采用骈体，音节整齐，但语言朴素。

嵇康的声乐造诣非常高，当时人们普遍采纳孔子所说的“移风易俗、莫善于乐”的观点，不仅为音乐赋予政治意义，甚至认为音乐本身就有悲喜之分。而嵇康的《声无哀乐论》指出音乐本身并无喜乐、哀乐之分，听者怀着怎样的心境去听，就会听出怎样的感情。

《声无哀乐论》由秦客与东野主人的对答组成。秦客是嵇康假设的人物，东野主人则指嵇康自己。在这篇文章中，嵇康探讨了“声”与“情”的关系，将二者区分开来，在音乐史上具有重要意义。

嵇康经常在其作品中探讨人生哲理和社会伦理问题。《论盛孝章碑》表达了他对忠孝的赞美和对道德价值的思考；《与山巨源绝交书》则探讨了友情和人际关系的真谛。他的作品不仅展现了自身对人生意义的思考，更给予读者启示和反思。

嵇康比较著名的文章自然是《与山巨源绝交书》，该文立意高远，风格清奇，体现其铮铮傲骨和决不妥协之态度，是向旧的礼教发出的战斗檄文，故得以传诵千古。其实，嵇康还有一篇《与吕长悌绝交书》少为人知。这篇文章道出了嵇康患难的缘由。在绝交书中，嵇康简要说明此事原委后，对吕巽说出“古之君子，绝交不出丑言。从此别矣！临书恨恨”，表达其内心的愤懑和失望之情，这是真的决裂。而《与山巨源绝交书》是嵇康个人心迹的剖白，是一种政治姿态，借和山涛绝交表明自己的政治态度，然而二人情感并未受到影响，嵇康临终托孤山涛便是最好的证明。

嵇康的文集中还有《家诫》这样的文章，文体庄重，自然淳朴，告诫儿子生存秘诀，为其讲明为人处世方针。如“不须作小小卑恭，当大谦裕。不须作小小廉耻，当全大让。若临朝让官，临义让生，若孔文举求代兄死，此忠臣烈士之节”等，显示了嵇康对传统道德的真正态度。而嵇康之子嵇绍作为晋臣，数十年来内心守护的，不只是晋惠帝、晋氏王朝，更是父亲一直以来的教诲：秉持忠义，立志清远。“若志之所之，则口与心誓，守死无二，耻躬不逮，期于心济。”嵇康在《家诫》中教导嵇绍遵从心志、矢志不移，而嵇绍也用自己的一生为《家诫》做注脚，活成了父亲期望的样子。

总体而言，嵇康的诗文语言自然简约，意境深远，给读者自然和贴切之感。同时，他的诗文涵盖哲学及艺术思考，不仅体现出他高强的文字驾驭能力，还展现出“人生的真谛”这一哲学命题，又因其精通音乐，他的诗文凸显出音乐美，散发着独特的艺术魅力。

遥想嵇康当年，龙章凤姿，幽居竹林，不汲名利，洒脱超然；柳下锻铁，锤声铿锵，心无旁骛，情趣盎然；坚拒出仕，品行高洁，义不负心，操守毅然；博综技艺，属文谈理，清峻狂放，吟啸悠然；俯仰自得，游心太玄，高情远趣，玄远率然；抚琴轻弹，古音高远，广陵绝响，幻化自然。

他“家世儒学”，“早有青云之志”，曾经向往“凌厉中原，顾盼生姿”，曾经追求“飘飖戏玄圃，黄老路相逢”，也曾经奢望

“采薇山阿，散发岩岫”，但这一切都随着广陵绝唱而烟消云散。

也许，白居易的这首《杂感》诗更能概括嵇康的一生：

吕安兄不道，都市杀嵇康。斯人死已久，其事甚昭彰。
是非不由己，祸患安可防。使我千载后，涕泗满衣裳。

二、伤感咏怀数阮籍

阮籍是建安以来第一个全力创作五言诗的人，其《咏怀诗》82首形成了一部庞大的组诗，为五言诗的发展奠定了基础。作为一个悲愤诗人，后人给予其“忧时悯乱，兴寄无端，而骏放之致，沉挚之词，诚足以睥睨八荒，牢笼万有”的极高评价，将其誉为“咏怀风流第一人”。阮籍之后，诗人争先仿效其作，影响极为深远，开后代左思《咏史》、陶渊明《饮酒》等组诗的先河。

（一）诗歌内容情托寄

阮籍的《咏怀诗》或寓意隐晦，或直抒心迹，充满哀伤情调和生命意识，是他政治感慨的记录。这些诗意义深远，开创了中国文学史上政治抒情组诗的先河。严羽在《沧浪诗话·诗评》中说：“黄初之后，惟阮籍《咏怀》之作，极为高古，有建安风骨。”阮籍的诗形象地展现了魏晋之际一代知识分子苦闷和绝望的心路历程，给人以“陶性灵，发幽思”的人生启悟。诗歌主要包含三个方面的内容。

一是表达凄怆无望的伤感。“咏怀”是他组诗的主题，并非一时所作，主要表现了他处于恐怖黑暗政治之下内心的苦闷。如《咏怀诗·其一》："夜中不能寐，起坐弹鸣琴。薄帷鉴明月，清风吹我襟。孤鸿号外野，翔鸟鸣北林。徘徊将何见？忧思独伤心。"深夜诗人难以入睡，坐起来以弹琴自我排遣，如水的月光照在薄薄的帷帐上，清风徐徐吹动衣襟，孤鸿在野外哀号，北林的飞鸟在盘旋悲鸣，除了这些使人忧伤的情景之外，还有什么呢？作者以琴写忧，寄托了对黑暗政治的忧思，借乐反思，以此平复深夜格外沉重的心情。这首诗通过写景，表现了诗人对黑暗现实的强烈不满和看不到希望的内心苦闷。在诗人的眼中，君子在野，小人在朝，一切都是凄凉阴暗的。该诗有着极强的象征色彩，仿佛是诗人在乱世的心境写照，诗中所传达的那份孤独、悲伤，真实可信。

《咏怀诗·其三》："嘉树下成蹊，东园桃与李。秋风吹飞藿，零落从此始。繁华有憔悴，堂上生荆杞。驱马舍之去，去上西山趾。一身不自保，何况恋妻子。凝霜被野草，岁暮亦云已。"这首诗起于嘉树成蹊、东园桃李、秋风飞藿、堂生荆杞等繁华易逝的景物，诗人要驱马西山，又想到身不自保、妻儿堪忧，顿感无望，所以在结尾处以岁暮为由，望而却步。这绝不是无病呻吟，而是内心恐惧而又无奈的写照。

《咏怀诗·其九》："步出上东门，北望首阳岑。下有采薇士，上有嘉树林。良辰在何许，凝霜沾衣襟。寒风振山冈，玄云起重阴。鸣雁飞南征，鶗鴂发哀音。素质游商声，凄怆伤我心。"这首诗是说步出东门，北望首阳，首阳山上既有嘉树，又有伯夷、叔齐这样的采薇之士，令人心向往之。但接着又说，现在凝霜沾衣、寒风振冈、玄云重重、大雁南飞、鶗鴂哀鸣，实在不是适宜的季节，所以在这肃杀的商乐声中，只有独自伤感了。

《咏怀诗·其二十》："杨朱泣歧路，墨子悲染丝。揖让长离别，飘飖难与期。岂徒燕婉情，存亡诚有之。萧索人所悲，祸衅不可辞。赵女媚中山，谦柔愈见欺。嗟嗟涂上士，何用自保持？"阮籍开篇引用《淮南子·说林训》中的这两个典故，定下了一个悲慨的基调。他认为世事翻覆，无所定准。自命忠诚的人，却包藏着祸心；进行龌龊勾当时，却穿戴起神圣的冠冕；冷眼旁观的人，既不能退出舞台，有时还不得不前去充当不愉快的角色。阮籍有感于此，自然要既悲且泣了。"杨朱泣歧路"中的杨朱，是战国时期人。一次外出，走到岔路口，杨朱抉择不下，联想到人生中各种各样的选择，决定一念间，失差千里远，他不禁大哭起来。"墨子悲染丝"是说墨子有一次看到有人在染丝，那些白色的生丝未染之际还是洁白无瑕的，可是一旦染上颜色，就再也回不到原来的颜色了。他联想到染丝这件事虽小，却不可不慎重啊。进而言之，治国不是和染丝一样吗？想到这里，墨子忍不住感叹起来。阮籍在诗歌中引用这两个典故，说明他深深地体会到了选择的无奈和误入歧途的痛苦。

还有《咏怀诗·其二十六》："朝登洪坡颠，日夕望西山。荆棘被原野，群鸟飞翩翩。鸾鷖时栖宿，性命有自然。建木谁能近，射干复婵娟。不见林中葛，延蔓相勾连。”这首诗也是写遥望西山，但是西山没有看到，只见到荆棘遍地、群鸟翩翩、鸾鹥独栖，最后也只能以建木、射干之难来隐晦地表达自己无望的情绪。建木，是传说中的神木。射干，指一种多年生草本植物，茎高二三尺，地下有匍匐茎，须根多数，叶片剑形，全体成折扇状。这里用无法接近建木、奢望以射干覆盖月亮来比喻渺无希望。

阮籍在《咏怀诗》中多次提到首阳山的典故，意在表达仕非所愿，隐亦不能的矛盾，渴望自由而又不敢付诸行动以追寻自由。

二是抒发报国无门的感慨。阮籍并不是完全忘情于政治的人。有一次他登广武山，观看楚汉战争的遗址，不禁叹道："时无英雄，遂使竖子成名！"表明他还是有一腔抱负的，因此，他的咏怀诗中既有歌颂壮士"临难不顾生，身死魂飞扬。岂为全躯士，效命争战场。忠为百世荣，义使令名彰"(《咏怀诗·其三十九》)的激昂之辞，也有回忆自己少年时代"英风截云霓，超世发奇声。挥剑临沙漠，饮马九野坰"(《咏怀诗·其六十一》)的飒爽英姿，抒发渴望为国效力而终不见用的感慨。

《咏怀诗·其三十三》："一日复一夕，一夕复一朝。颜色改平常，精神自损消。胸中怀汤火，变化故相招。万事无穷极，知谋苦不饶。但恐须臾间，魂气随风飘。终身履薄冰，谁知我心焦！"这首诗大概写于阮籍的晚年。阮籍一生都活在司马氏父子三人的阴影中，终日不敢说话，如履薄冰，如同行尸走肉。这首诗把阮籍在司马氏统治之下，度日如年，生命朝不保夕，死亡如影随形的恐怖和焦虑，入木三分地表达出来，给人一种沉重压抑之感。

阮籍诗中还有借古讽今，揭露当时统治者腐败荒淫面貌的，如《咏怀诗·其三十一》："驾言发魏都，南向望吹台。箫管有遗音，梁王安在哉。战士食糟糠，贤者处蒿莱。歌舞曲未终，秦兵已复来。夹林非吾有，朱宫生尘埃。军败华阳下，身竟为土灰。"战国时，魏国国君梁王经常在吹台宴饮，后秦兵围国都大梁，破魏军于华阳，最终灭掉了魏国。阮籍借用古事讽刺当时曹魏的统治集团歌舞荒淫、不求贤讲武。"战士食糟糠，贤者处蒿莱"形象地说明曹魏统治者必然失败的原因。"军败华阳下，身竟为土灰"则说明了曹魏统治者最终覆亡的命运。

《咏怀诗·其十》有"北里多奇舞，濮上有微音"一句，北里、濮上多指那些靡靡之音所在地，阮籍借这些奢靡歌舞来反映当时统治阶级的腐朽。

三是表现人生无常、消极避世、企慕神仙的思想。在阮籍的 82 首《咏怀诗》中，有 27 首涉及游仙方面的内容，有 16 首表达了自己对神仙的羡慕之情。这是时代的产物，也是阮籍诗歌消极一面的体现。他在诗中憧憬仙境，但又清醒地认识到成仙的渺茫与达到仙境的困难，因此在诗中渴望超越世俗与痛苦。如"六龙服气舆，云盖切天纲。仙者四五人，逍遥晏兰房"（《咏怀诗·其二十三》），"列仙停修龄，养志在冲虚"

(《咏怀诗·其四十一》)。

阮籍的诗虽然比较难懂,但注重反映当时的社会现实,从这一点上说,是直接继承了建安诗歌的现实主义精神。他以咏怀为题,写世事、抒感情,对后代诗人有着很大影响。

(二)表现形式景抒怀

在阮籍的诗中,山水景物随处可见。他借用山水景物,渲染气氛,斥责司马氏对曹魏政权的蚕食,如“阴阳有舛错,日月不常融。天时有否泰,人事多盈冲”(《咏怀诗·其四十二》);他借用山水景物,表达自己孤独寂寥的内心,同时流露出自己隐居的愿望,如“人生若尘露,天道邈悠悠”(《咏怀诗·其三十二》),“欢笑不终晏,俯仰复欷歔。鉴兹二三者,愤懑从此舒”(《咏怀诗·其五十九》);他借用山水景物,表达自己的雄壮豪情,“弯弓挂扶桑,长剑倚天外”(《咏怀诗·其三十八》),“壮士何慷慨,志欲威八荒”(《咏怀诗·其三十九》),体现其广阔的胸襟与开阔的视野。

在《咏怀诗》中,阮籍常常通过很多意象描写来表达其无望的情绪。

一是路。此为代表性意象,象征着诗人对人生之路的探索与追求。这些路既有世俗之路,也有理想之路。作者一方面鄙弃“势路”,认为“势路有穷达,咨嗟安可长”(《咏怀诗·其二十五》),“时路乌足争,太极可翱翔”(《咏怀诗·其三十五》),所以不愿做“路上童”(《咏怀诗·其二十八》)、“当路子”(《咏怀诗·其八》),而要“飘飖云日间,邈与世路殊”(《咏怀诗

·其四十一》);另一方面又自知天路难通,“天阶路殊绝,云汉邈无梁”(《咏怀诗·其三十五》),“安期步天路,松子与世违”(其四十),所以只好在“歧路”(《咏怀诗·其二十》)、“衢路”(《咏怀诗·其五十九》)上为“失路”而无奈痛哭,“北临太行道,失路将如何”(《咏怀诗·其五》)。

二是登临与远游。这类诗中有的为消忧,如“登高望九州,悠悠分旷野”(《咏怀诗·其十七》);有的为思乡,如“驱马复来归,反顾望三河”(《咏怀诗·其五》),“徘徊蓬池上,还顾望大梁”(《咏怀诗·其十六》);有的为远行,如“驱车出门去,意欲远征行”(《咏怀诗·其三十》),“驱车远行役,受命念自忘”(《咏怀诗·其三十九》)。实际上出门独行、登高远眺的意象都是他有所盼望的表现,凸显出阮籍无法言说、无处可说的忧愤之情。这种情绪在《晋书·阮籍传》中所描写的阮籍常独驾出行,恸哭而返的异常举动中得到了更为集中的体现。而这种走投无路、回车痛哭的背后,也饱含着阮籍对自由人生、完美人性的执着追求。

三是鸟。阮籍喜欢用鸟彰显孤独的本意,暗示黑暗现实下文人的伤感情绪。如“宁与燕雀翔,不随黄鹄飞”(《咏怀诗·其八》),“一为黄雀哀,泪下谁能禁”(《咏怀诗·其十一》),“云间有玄鹤,抗志扬哀声”(《咏怀诗·其二十一》),“谁言不可见,青鸟明我心”(《咏怀诗·其二十二》),“愿为云间鸟,千里一哀鸣”(《咏怀诗·其二十四》),“鸿鹄相随飞,飞飞适荒裔”(《咏怀诗·其四十三》),“高鸟翔山冈,燕雀栖下林”(《咏怀诗·其四十七》),“林中有奇鸟,自言是凤凰”(《咏怀诗·其七十九》),等等。

四是花草树木。这在阮籍的诗中随处可见。花草树木是生命的象征,如“夭夭桃李花,灼灼有辉光”(《咏怀诗·其十二》),“幽兰不可佩,朱草为谁荣”(《咏怀诗·其四十五》),桃李花草,代表着清新芬芳、温馨优雅,呈现出其生活的另一面;“瞻仰景山松,可以慰吾情”(《咏怀诗·其十八》),“泽中生乔松,万世未可期”(《咏怀诗·其四十九》),松木、乔木代表着不屈不挠和刚正不阿的精神。

自然界的日月星辰在阮籍笔下出现的频率也很高,茫茫宇宙、闪闪星光是最可以让读者遐想的意象。

(三)创作手法求渊放

在阮籍生活的时代,统治阶级为了巩固自己的权力与地位,实行高压政策,建安文学那种慷慨诗风荡然无存。因此,文人们不再尽情展现自己丰富的内心世界,转而委婉抒情,含蓄表达。

阮籍的一生经历了汉魏交替和魏晋争权的历史动荡时期,亲眼见过很多文人名士成了政治斗争的牺牲品,所以他虽也曾“有济世志”,但迫于现实,只得“不与世事,遂酣饮为常”,转而崇尚老庄,喜怒不形于色,口不臧否人物。他的诗能够代表同时代文人的心境。

与此同时,玄学影响着阮籍的诗歌创作。阮籍多引玄学词语或者典故入诗,如“寄颜云霄间,挥袖凌虚翔。飘飖恍惚中，流眄顾我傍”（《咏怀诗·其十九》），“焉得凌霄翼，飘飖登云湄”（《咏怀诗·其四十》）。阮籍的《清思赋》，重点不在体物写志，而在于借辞赋这种形式来阐发玄理，表现出魏晋玄风对文学创作的深刻影响。他的散文如《通易论》《通老论》《达庄论》等，以论说为主调，以辨析玄理为特色，对魏晋玄学的盛行也具有推波助澜的作用。

另外，阮籍崇尚自然，反对礼教，侧面反映出诗人对理想的追求。从诗歌内容来看，阮籍的诗曲折委婉，抒发时代下的孤独与焦虑，但又不甘心屈居于黑暗势力之下，这种矛盾心理在其诗中很是明显。在这种矛盾心态之下，其内心更趋于平和，彰显孤独幽愤的情思。

鲁迅先生曾这样评价阮籍：“他的诗文虽然也慷慨激昂，但许多意思都是隐而不显的。”清代学者沈德潜认为：“阮公咏怀，反复零乱，兴寄无端，和愉哀怨，杂集于中，令读者莫求归趣。”刘勰说“阮旨深邃”。《咏怀诗》之所以“隐而不显”“归趣难求”“阮旨深邃”，不是阮籍好为晦涩之语，而是时势使然。

阮籍的一生，总是纠缠于情与礼的对立和冲突之中，他既循礼又违礼，既讲真情也不乏虚礼，这种矛盾的做法令其既狂放又至慎。归根结底，在人生的大道上，阮籍是一个彷徨的行路者。

如果用一首诗来描绘阮籍本人，那么陶渊明的五言诗《杂诗·其五》是十分恰当的：

忆我少壮时，无乐自欣豫。猛志逸四海，骞翮思远翥。

荏苒岁月颓，此心稍已去。值欢无复娱，每每多忧虑。
气力渐衰损，转觉日不如。壑舟无须臾，引我不得住。
前涂当几许，未知止泊处。古人惜寸阴，念此使人惧。

三、哀思千古数向秀

景元三年（262），嵇康慷慨赴死，从此“目送归鸿，手挥五弦”的潇洒瞬间就永远定格在历史中，成就了“魏晋风度”这个词。千百年来，人们回看这一段乱世，居然在万物萧条中看到了美，在兵荒马乱中看到了风度，在漫漫长夜中看到了微光。这一切应归功于那个叫向秀的人，在嵇康行刑后的第二年写下了这篇《思旧赋》，怀念那些潇潇洒洒、红尘做伴的日子。

《思旧赋》是向秀为怀念故友嵇康和吕安所作，直陈直叙，除了对亡友表示沉痛哀悼之外，对当时黑暗现实的悲愤也流露其中，可谓情真语切，寓情于景，寄意遥深。赋前有一小序交代写赋的缘由：

> 余与嵇康、吕安居止接近，其人并有不羁之才。然嵇志远而疏，吕心旷而放，其后各以事见法。嵇博综伎艺，于丝竹特妙，临当就命，顾视日影，索琴而弹之。余逝将西迈，经其旧庐。于时日薄虞渊，寒冰凄然。邻人有吹笛者，发声寥亮。追思曩昔游宴之好，感音而叹，故作赋云。

序文写得很简洁，但包含了丰富的内容。首先，他说明了自己与嵇康、吕安的亲密关系。向秀曾与嵇康一道打铁，二人

“相对欣然，旁若无人”；又与吕安一起灌园务农，感情极深。《世说新语·言语》注引《向秀别传》说：“少为同郡山涛所知，又与谯国嵇康、东平吕安友善。”两位好友被害，向秀内心的悲痛可想而知。其次，作者概括了两人的个性，暗示其被害的原因乃是性情的疏放。二人性格相似，都有“不羁之才”，但又各具个性：嵇康是志向高远，但疏于人事；吕安是心性旷达，但豪放不羁。嵇康志向高远，但因为得罪了当权的钟会而遭到陷害；吕安豪放不羁，却被自己的哥哥吕巽所污蔑而锒铛入狱。

嵇康一方面作《与吕长悌绝交书》，怒斥吕巽“包藏祸心”，不屑与交；另一方面为朋友毅然作证，“义不负心，保明其事”，被陷害入狱。此时的钟会已任司隶校尉，趁机向司马昭进谗言，导致了嵇康的悲剧。

在这表象的背后，是政治在导引方向，最后向秀也只能以“各以事见法”模糊地一笔带过，既是为逝者讳，也是因为惧怕当政者。他用写意的笔法、大量的留白，勾勒了嵇康最后的剪影。

在序言中，作者渲染了一种凄清悲凉的气氛，残阳西下，寒风肃杀，环境是如此的冷酷，又夹杂以清亮的笛声，使人读来如入其境，如闻其声，感慨凄恻之情油然而生。

正文虚实相间，借景抒情，凄楚悲怆，涵泳不尽。

将命适于远京兮，遂旋反以北徂。济黄河以泛舟兮，经山阳之旧居。瞻旷野之萧条兮，息余驾乎城隅。践二子之遗迹兮，历穷巷之空庐。

此处用“济”“经”“瞻”“息”“践”“历”等动词，一方面把作者自己举步维艰的处境淋漓尽致地表现出来，另一方面又通过特定时间的特定景物移情抒怀。嵇康被害后，向秀在司马氏的高压下，不得不应征到洛阳。而当年，他与嵇康曾沿着这条路往返于山阳与洛阳，寒风凛冽，往事如烟，如今好朋友嵇康曾经存在的地方，已经物是人非。向秀游走于熟悉的街巷间，小巷的尽头再也没有人了，那间二人曾热火朝天锻铁的居室，终究不再有烟火。山阳旧居，旷野萧条，遗迹还在，居室却已空空，唯剩回忆和叹息，唯有怀念和徘徊。

叹黍离之愍周兮，悲麦秀于殷墟。惟古昔以怀人兮，心徘徊以踌躇。栋宇在而弗毁兮，形神逝其焉如。

嵇康死后，他的妻儿也远走他乡，此处只留下了一座空宅。虽然栋宇还没有被毁坏，但是主人已经形神俱逝。远远望去，犹如荒冢一样凄凉。这些现实与往事，无不勾起向秀的极大伤感。

《黍离》《麦秀》是吊古伤今、追念前贤的名篇，《史记·宋微子世家》载：“箕子朝周，过故殷虚，感宫室毁坏，生禾黍，箕子伤之，欲哭则不可，欲泣为其近妇人，乃作《麦秀》之诗以歌咏之。”这是长歌当哭的伤悼。庾信在《拟连珠》中说：“彼黍离离，大夫有丧乱之感；麦秀渐渐，君子有去国之悲。”王安石在《金陵怀古》中也有“《黍离》《麦秀》从来事，且置兴亡近酒缸”，表达的是同样的伤感。嵇康一去，大树飘零，仿若隔世的沧桑之感在这一刻便分外鲜明，从此向秀是另一个向秀，国家也不再是那个曹魏故国，兴亡之感、迁逝之悲油然而生，漫卷无边。栋宇尚存，而物是人非的惆怅和悲凉混杂其间，使作者又一次陷入情感的泥沼不可自拔。此刻，向秀想起历史上李斯被腰斩的冤案。

昔李斯之受罪兮，叹黄犬而长吟。

《史记·李斯列传》记载：

斯出狱，与其中子俱执，顾谓其中子曰："吾欲与若复牵黄犬，俱出上蔡东门逐狡兔，岂可得乎？"遂父子相哭，而夷三族。

李斯临刑前与儿子关于黄犬的一段临别谈话，读之令人心酸，这是血泪的怨愤控诉。向秀用此隐喻和类比暗示嵇康对生活的留恋，从而透露出对司马氏的怨愤。《晋书·向秀传》记载：

康既被诛，秀应本郡计入洛。文帝问曰："闻有箕山之志，何以在此？"秀曰："以为巢、许狷介之士，未达尧心，岂足多慕。"

在司马昭面前说违心话，将自己的余生交付出去，向秀心中还是充满委屈和不甘。正如李斯临刑前表露出的对曾经自由生活的向往和当下结局的遗憾，向秀也是慨叹再也没有锻铁灌园的旧时光了，再也没有自由自在的追随和畅谈了。黄犬之叹与弹琴顾影，都婉转曲折地透露出作者浓重的悲怆之感。

悼嵇生之永辞兮，顾日影而弹琴。托运遇于领会兮，寄余命于寸阴。

参透了人生，听凭命运的安排，因此才有了“顾日影而弹琴”的洒脱，既然不能改变命运，那就在琴声中结束这一切吧。《广陵散》曲源于古代《聂政刺韩傀曲》，全曲有一种愤慨不屈的浩然之气，“纷披灿烂，戈矛纵横”，具有杀伐战斗气氛，也充满悲凉之音。这悲凉穿越时光，来到如今的向秀身旁。对向秀来说，“寄余命于寸阴”也是对自己说的话，挚友一去，此生便是余生，生命再无意义。

听鸣笛之慷慨兮，妙声绝而复寻。停驾言其将迈兮，遂援翰而写心。

忽然，远处传来了嘹亮而断续的笛声，原来是陌生的邻人吹起了一首伤感的曲子。在这寒冷的黄昏，笛声更显凄凉。或是这笛声也带着《广陵散》的杀伐悲凉之气，那大概是友人又一次冥冥之中的告别。在友人的旧庐前，他做了祷祝，告别了故友，告别了昔日的自己，告别了庄子的诗意人生。

“听鸣笛之慷慨兮，妙声绝而复寻”，与序言中描写的嵇康身影和音乐遥相呼应。作者由耳边的笛声想到了嵇康绝命前激昂悲怆的琴音，现实与过去交织在一起，笛声与琴声交融混杂，形成一种奇妙的效果，在两种声音的交感中，悲恻怀念之情达到了顶点。

《思旧赋》以古人伤逝之词表达怀旧之意，写出了作者的哀思和对友人的无限怀念，字字情真意切，句句心如泣血，情思袅袅，细腻感人。文章的表现手法也很有特点。

一是融议于叙，寓情于景。作者的哀痛和悲愤是深沉的、强烈的，然而除了仅有的“怀”“悼”二字之外，这种情感都是通过事件、景物、气氛、历史典故表现出来的。如对亡友的介绍简单至极，却高度赞颂了他们的旷达和傲岸。“临当就命，顾视日影，索琴而弹之”的叙述更是生动地说明嵇康的从容和其对司马氏的藐视。挚友德才兼备，却“各以事见法”，至于何事，却避而不谈。这样的叙述，真是不说而说、不评而评，达到了不褒而褒、不贬而贬的效果。在情景交融上，作者着力刻画西下的落日、萧条的旷野、空寂的庐舍、慷慨的笛声，渲染一种悲凉凄怆的环境气氛，借以烘托全文“惟追昔以怀今兮，心徘徊以踌躇”的基调。

二是古今映照，虚实结合。在文中，作者有意把今情今景与古昔的情景剪接叠印。这里的古昔，既有嵇康的往事，又有历史的场景。三个典故的引用帮助作者说理和抒情。《黍离》《麦秀》既是比喻，又是对怀友气氛的渲染。黄犬之叹，既代嵇康倾吐对生之留恋，又抨击了社会黑暗。最后一句“遂援翰以写心”，这“心”是什么并未详细交代就戛然而止，留给有心的读者细细体会作者的巧妙用心。文章就是这样虚实结合，以有限的文字给读者提供广阔的想象天地，具有极大的感染力量。

三是简明扼要，取材典型。文章仅用三五句便写出了亡友的品德、才华，而仅有的“索琴而弹之”这一件具体事又将亡友“远而疏”的从容气度，对屠杀者极度藐视的神情表现得活灵活现。作者巧妙地运用了移情手法，使旷野、寒冰、空庐、笛音等“景语”成了极好的“情语”。同时，作者的举止和感触，如践遗踪、历空庐、叹黍离、悲麦秀、感李斯、思形神、心徘徊、听笛音，也都极其典型而传神，将作者的思念、惆怅、彷徨表现得淋漓尽致。

《思旧赋》写得十分简短而凝练，正如鲁迅所说“刚开头却又煞了尾”，然而，思想是深刻的，内容是丰富的，读来声情摇曳、动人心弦。

竹林七贤之间的交往有君子与君子的默契，彼此相知，但并不一定相互包容，他们各有不同，又有各自无法言说的苦衷。但无论如何，他们之间不朽的友谊始终存在于彼此的心中，即使城郭里的旧事已经变成永远的回忆。

鲁迅先生说，向秀写《思旧赋》是“为了忘却的记念”。向秀山阳之行，是为了凭吊昔日好友，而凭吊又是为了告别，从此，他踏上了向残暴杀害知己的当权者妥协的路，踏上了再也不可能回头的此后余生孤独前行的路，踏上了违背心愿又没有勇气反抗到底而苟活人间的路。此后，向秀从精神家园的天际云端跌落到尘埃谷底。

在巨大的悲痛中，向秀大彻大悟，最终进入淡泊之境，将余生都寄托在了注解《庄子》上。向秀最终官至散骑常侍，入则规谏过失，出则骑马散从，以备皇帝顾问。从嵇康被杀的263年，到自己去世的272年，十年光景，想来是十分难熬又痛苦的。向秀郁郁而终，那一曲心中的挽歌也陪伴着他走完了人生的最后历程。

“名节良足贵，万事真悠悠。”作为一个时代的文化符号，竹林七贤留给后人的不仅仅是他们的任情和率性，他们的人格精神、行为方式和生活态度，都给后人“虽不能至，心向往之”之感。他们的文学作品、哲学思考和对自然的探索，为后世的文学和哲学发展带来了重要的启示。同时，他们的音乐、书法等艺术成就，也为后世的艺术家提供了重要的借鉴和灵感来源。后世文学作品所表现出来的闲适的生活情趣、充满文人意蕴的“竹”之风韵以及“琴”之娴雅超逸，都是竹林七贤风神遗韵的再现。

“竹林笑傲今陈迹，抚榇江皋涕泫然。”竹林七贤的脱俗之举和非凡之作，如雷贯耳、如诗如画，代表着一种独特的文化现象，蕴含着深深的历史印记，不仅影响了一个时代，还将一直影响中国文化。

四、七贤后世有褒贬

以上对嵇康、阮籍、向秀在文学方面的成就作了品评，但后代人对七贤的“任诞”行为、出仕问题褒贬不一，评价迥异。对于他们的评价，多集中于两个方面。

一是关于才学的评论。

《世说新语·品藻》记载：

> 郗嘉宾问谢太傅曰："林公谈何如嵇公？"谢云："嵇公勤著脚，裁可得去耳。"又问："殷何如支？"谢曰："正尔有超拔，支乃过殷，然亹亹论辩，恐口欲制支。"

郗嘉宾问太傅谢安："林公（支道林）的清谈才能与嵇康相比怎么样？"谢安说："嵇康要继续努力才能追赶得上呀。"郗嘉宾又问："殷浩与支道林相比怎么样？"谢安说："正是有超脱尘俗的才气，支道林才超过殷浩，可是在辩论方面，恐怕殷浩的口才会制服支道林的。"

支道林（314—366），名遁，以字行，本姓关，陈留（今河南开封东北）人。东晋佛教学者、高僧。25 岁出家。后至建康（今江苏南京）讲经，与谢安、王羲之等交游，好谈玄理。殷浩（？—356），字渊源，陈郡长平（今河南西华东北）人。东晋大臣、清谈家，光禄勋殷羡的儿子。早年见识高远，富有美名，酷爱《老子》《易经》。

魏晋时期士族们崇尚清谈，按照东晋宰相谢安的评论，嵇康在清谈方面不如支道林。

《世说新语·品藻》还记载：

> 简文云："何平叔巧累于理，嵇叔夜俊伤其道。"

这是简文帝对何晏和嵇康二人的评价。简文帝说："何平叔的精巧言辞连累到他所说的道理，使之没有很大说服力；嵇叔夜的奇才妨害了他的主张，使其得不到实现。”此处肯定了嵇康之才。

二是关于优劣的评论。

《世说新语·文学》记载：

> 谢万作《八贤论》，与孙兴公往反，小有利钝。谢后出以示顾君齐，顾曰：“我亦作，知卿当无所名。”

谢万写了《八贤论》，并就其内容和孙兴公来回辩论，稍有胜负。谢万后来把文章拿给顾君齐看，顾君齐说：“如果我也写这几个人，料你一定会觉得这篇文章没什么值得称赞的。”

谢万(320—361)，字万石，陈郡阳夏(今河南太康)人。东晋大臣、名士，才干过人，善于清谈，是宰相谢安的弟弟。他曾作《八贤论》，评论渔父、屈原、司马季主、贾谊、楚老、龚胜、孙登、嵇康八位贤人的优劣，认为隐退者较优，出仕者为劣。孙绰反驳此论，认为不能以出仕定优劣，并与谢万反复辩难。看来在谢万眼里，竹林七贤中只有嵇康才是真正的贤人，其他人都不能进入他所列八贤的队伍里。

比之谢万，南朝的文学家颜延之对竹林七贤的评价稍显宽容，但他也给竹林七贤中人作了区分。在为竹林七贤写赞美诗的时候，只写了除山涛、王戎外的五人，叫作《五君咏》。或许颜延之认为山涛和王戎都是追求名利之徒，和司马氏父子沆瀣一气，与竹林精神相悖。他的《五君咏》这样写道：

阮步兵

阮公虽沦迹，识密鉴亦洞。沉醉似埋照，寓辞类托讽。
长啸若怀人，越礼自惊众。物故不可论，途穷能无恸。

嵇中散

中散不偶世，本自餐霞人。形解验默仙，吐论知凝神。
立俗迕流议，寻山洽隐沦。鸾翮有时铩，龙性谁能驯。

阮始平

仲容青云器，实禀生民秀。达音何用深，识微在金奏。
郭奕已心醉，山公非虚觏。屡荐不入官，一麾乃出守。

刘参军

刘伶善闭关，怀情灭闻见。鼓钟不足欢，荣色岂能眩。
韬精日沉饮，谁知非荒宴。颂酒虽短章，深衷自此见。

向常侍

向秀甘淡薄，深心托毫素。探道好渊玄，观书鄙章句。
交吕既鸿轩，攀嵇亦凤举。流连河里游，恻怆山阳赋。

南朝的另一位文学家沈约写过一篇《七贤论》，专门评价竹林七贤。他最推崇的就是嵇康和阮籍，认为其他五人较前二者还是大为逊色。当然嵇、阮之间，他更推崇嵇康，以至于后来有关七贤孰优孰劣的问题干脆被简化成了“嵇阮优劣”的问题。

东晋学者戴逵的《竹林七贤论》对竹林七贤的精神实质有着精当评价。他评价嵇、阮诸贤时不仅以事实为依据，力求可信，而且对七贤的褒贬公正客观，能透过表象把握精神实质。

谢安在竹林七贤孰优孰劣的问题上也发表过自己的看法。据《世说新语·品藻》记载：

> 谢遏诸人共道竹林优劣，谢公云：“先辈初不臧贬七贤。”

谢遏等人谈论竹林七贤的优劣问题时，谢安说：“前辈从来不褒贬七贤。”

谢安此话除了表达对七贤的仰慕和尊敬之外，也表明单纯谈论竹林七贤的优劣没有意义。因为具体地讨论谁是谁非，反而会“只见树木，不见森林”，更会冲淡、稀释七贤当年塑造的那种独立、自由、放达、超越、重情、尚美的竹林精神！

谢安的评论是中肯的，表明了维护、传承、弘扬竹林精神的重要性，这比讨论竹林人物优劣高低这样的问题更有意义。

其实，在戴逵和孙盛的时代，有不少人非但不理解阮籍的狂放，反而对其行为横加指斥。据《晋书·裴頠传》记载：“何晏、阮籍素有高名于世，口谈浮虚，不遵礼法，尸禄耽宠，仕不事事。”虞预则更甚，把阮籍视为异类，“其论阮籍裸袒，比之伊川被发，所以胡虏遍于中国，以为过衰周之时”。虞预雅好经史，憎恶玄学清淡，从他对阮籍的评价中可见其对名士的放荡行为十分厌恶。面对这些固守礼法之士，戴逵曾一针见血地指出“竹林之为放，有疾而为颦者也”。他们并非无病呻吟，玩弄东施效颦的无聊把戏以欺世盗名，而是确有迫不得已的苦衷，其见解之深刻，令人折服。这既是对阮籍、嵇康辞世百年之后的相知之言，也是最早准确而深刻揭示出魏晋风度精神实质的中肯评论。因此，对竹林七贤的评价，戴逵及其《竹林七贤论》更有意义。

明代政治家张居正写过一篇《七贤咏叙》，他把七贤比作空谷幽兰、玄岩和璞，敬仰之情，溢于言表。

> 余读《晋史·七贤传》，慨然想见其为人，常叹以为微妙之士，贵乎自我，履素之轨，无取同涂，故有谤讟盈于一世，而独行者不以为悔；沉机晦于千载，而孤尚者不以为闷。斯皆心有所惬，游方之外者也。夫幽兰之生空谷，非历遐绝景者，莫得而采之，而幽兰不以无采而减其臭；和璞之蕴玄岩，非独鉴冥搜者，谁得而宝之，而和璞不以无识而掩其光。盖贤者之所为，众人固不测也。况识有修短，迹有明晦，何可尽喻哉？今之论七贤者，徒观其沉酣恣放，哺啜糟醨，便谓有累名教，贻祸晋室，此所谓以小人之腹，度君子之心，独持绳墨之末议，不知良工之独苦者

也。尝试论之。《易翼》有言："天下同归而殊途，一致而百虑。"故语默不同，其撰一也，弛张异用，其旨归也。巢、由抗行，稷、契宣谟，并容于尧代；箕子佯狂，比干死诤，俱奖于宣尼，世岂有异议哉！余观七子皆履冲素之怀，体醇和之质，假令才际清明，遇适其位，上可以亮工弘化，赞兴王之业，下可以流藻垂芬，树不朽之声，岂欲沉沦滓秽，无所短长者哉！

1750年，乾隆皇帝在西巡途中经过竹林七贤的隐居之地云台山百家岩时，特意写下了一首《七贤咏》，表达对竹林七贤的仰慕之情。

嵇生放达意真豪，嗣宗青眼夸神交。
启事吏隐何妨涛，沛国豫流形陶陶。
向秀佐锻炉锤操，小阮不愧玉树曹。
阿戎清爽舞浊醪，竹林之游芳躅高。
延之过激由去朝，五君成咏寓贬褒。
我过山阳望古遥，土阜惟见横岧峣，
犹使逸兴轩轩飘。

"竹林七贤"的人生态度和处世方式曾经令许多人不满，批评攻击者不时有之，但竹林名士风流却流传百代之后，并逐渐演变为一个时代的文化符号。现在只要一提及魏晋，人们就会很自然地想起竹林七贤。

褒贬历史人物不能脱离他们所处的那个时代，他们身处乱世之中，无法逃避，又无力改变现状，其身上的“任诞”性情，荒诞不经，实质上是一种无奈抗争的表现，背后有着难以消解的苦闷和忧愁。但难能可贵的是，他们每个人心中都有一条底线，有自己的坚守与执着。向外，竹林七贤发现了自然；向内，竹林七贤发现了自己的深情。

第八章　竹林精神启后人

前几章介绍了竹林七贤相识、相聚的过程，曹马之争给竹林七贤带来的深刻影响，随着嵇康之死，竹林七贤风流云散，各奔西东。那么，竹林七贤带给我们什么启示呢？我们在工作和生活中又应该从他们身上汲取什么教训呢？

一、志向迥异情无价

竹林七贤是特殊年代的一个特殊文人群体，因好言老庄而相聚，是继夏侯玄、何晏之后玄学的代表人物，共同推动了清谈的发展；是继"建安七子"之后文学、艺术方面的代表人物，促进了魏晋文学艺术水平的提升。他们独立自由的个性、放诞不经的行为、宽衣博带的装束等，都对后代有深远的影响。

竹林七贤只是一个松散的文人群体，没有盟约，故他们的思想倾向、政治主张不受竹林结伴交游的羁绊。

他们的思想倾向有所不同：嵇康、阮籍、刘伶、阮咸始终主张老庄之学，“越名教而任自然”；山涛、王戎则好老庄而杂以儒术；向秀则主张名教与自然合一。

他们在政治态度上的分歧也比较明显：嵇康、阮籍、刘伶等仕魏而对执掌大权、已成取代之势的司马氏集团持不合作态度；向秀在嵇康被害之后被迫出仕；阮咸曾为散骑侍郎，但不为司马炎所重；山涛 40 岁后入仕，主动投靠司马师，历任尚书吏部郎、侍中、司徒等，位居三公；王戎为人鄙吝，热衷功名，曾任侍中、吏部尚书、司徒等职，历仕晋武帝、晋惠帝两朝，在八王之乱中仍游刃有余，不失其位。

尽管如此，他们之间的深厚感情并没有受到影响。竹林七贤因“情”而相聚，因“情”而饮酒，因“情”而清谈，又因“情”而交游于竹林。尽管因曹马之争，他们不得不分开，但都把这个“情”字永远地记在了心间，彼此祷祝、彼此守望、彼此相助。

山涛作为竹林七贤的老大哥，时刻为嵇康不配合司马氏担忧着，曾两次举荐嵇康出任尚书吏部郎，在嵇康写出《与山巨源绝交书》后，山涛也没有怨言，更为嵇康的性命担忧。嵇康临刑前，将家室托付于山涛，恋恋不舍地对儿子嵇绍说：“巨源在，汝不孤矣。”山涛也不负嵇康，把嵇绍视为己出，抚养成人，使其入仕为官。

嵇康被害后，向秀被迫进入了司马昭的幕府。他出仕时专门路过与嵇康锻铁的百家岩，写下了《思旧赋》。这篇赋影响深远。中唐时期，大诗人白居易与刘禹锡在扬州相见了，两位诗人都曾被贬谪，惺惺相惜，白居易写下了“为我引杯添酒饮，与君把箸击盘歌”。刘禹锡则写下了“怀旧空吟闻笛赋，到乡翻似烂柯人”的著名诗句，“闻笛赋”便指向秀的《思旧赋》，诗人借此怀念故人。

作为尚书吏部郎，山涛肩负着选拔官员的重任，司马炎称帝后，他积极地向司马炎推荐阮咸。据《世说新语·赏誉》记载：“山公举阮咸为吏部郎，目曰：‘清真寡欲，万物不能移也。’”山涛推荐阮咸出任吏部郎，他对阮咸的评价是：“纯洁真挚，没有多少私欲，任何事物也改变不了他的志向。”后来，阮咸也做了官。

王戎是竹林七贤中最后一个离开人世的，他经历过八王之乱，官位颇高。嵇康死后，王戎没有忘记竹林之游那份情，他举荐刘伶到自己的幕府做了参军，刘伶领着朝廷的俸禄，可以买酒吃肉，无忧无虑地生活。

嵇康、阮籍去世后，王戎经过与他们两个经常饮酒的酒馆时，非常难过。《世说新语·伤逝》记载：

> 王濬冲为尚书令，着公服，乘轺车，经黄公酒垆下过。顾谓后车客：“吾昔与嵇叔夜、阮嗣宗共酣饮于此垆。竹林之游，亦预其末。自嵇生夭、阮公亡以来，便为时所羁绁。今日视此虽近，邈若山河。”

意思是：王戎任尚书令时，穿着官服，坐着轻车，从黄公酒垆旁经过。触景生情，他回头对后车的客人说：“我从前和嵇康、阮籍一起在这个酒馆畅饮过。竹林中的交游，我也跟在后面。自从嵇生早逝、阮公亡故以来，我就被时势纠缠住了。今天看着这家酒馆虽然很近，追怀往事，却像隔着山河一样遥远。”这就是成语“黄垆之痛”的由来。

竹林七贤给我们留下了太多的情感故事、友谊佳话，从“契若金兰”到“千里命驾”，从“白眼以对”到“青眼有加”，从“慷慨绝交”到“临终托孤”，从向秀的“闻笛思旧”到王戎的“情钟我辈”……这些情感故事无不至情至性，充满了无穷的诗意。

竹林七贤的志向迥异情无价，给我们带来什么启示呢？

当今社会，物欲横流，人事纷杂，有一些人偏离了正确的价值取向，与人交往，利益优先，将“利”字放在“情”字之前，但其实“情”才是最为珍贵的事物。如何做才能把“情”诠释得更有意义呢？笔者认为，1700多年前的竹林七贤已经给我们做出了榜样，这种“情”就是中华优秀传统文化的重要组成部分，是凝聚人心的催化剂。一个人，只要不忘初心，始终钟情于所从事的正义事业，就是一个素质高尚的人、一个为大多数人奉献忘我的人，就会感到别人的幸福是自己的无上荣光，这样的人一定会受到社会的尊重。

“同是天涯沦落人，相逢何必曾相识”，只要我们都怀有这种情愫，无论走到哪里，哪怕天各一方，都会产生“轻轻来呼唤，八方有回答”的真情、“相知无远近，万里尚为邻”的感应。

在这个世界上，功名利禄都是过眼云烟，生命中最为真实和根本的，不是外在的东西，而是人与人之间的真情和爱，只要人人都付出爱，世界就会变成美好的人间。

二、交友应须擦亮眼

吕安被流放后，嵇康只身赴洛阳为其辩护，不料吕安写给嵇康的信被钟会截留，钟会以此向司马昭构陷嵇康，嵇康遂被投入监狱。

在狱中，嵇康陷入了沉思，他回顾、思考、总结了自己人生的失误，特别反思了自己在交友方面犯下的错，于是写下了一首四言诗《幽愤诗》和文章《家诫》。

《幽愤诗》是嵇康心理活动的真实表露，诗中有自责，有愧疚，回环往复，愁肠百结。他最懊悔的就是缺乏辨别人之好坏的能力，误把坏人当朋友，误把谎言当誓言，言不该言之事，信不该信之语，不知道路之险恶，不明人心之叵测，不识虎狼吃人之本性，不谙曹马之争之残酷。他在这首《幽愤诗》中表达了两层意思：第一，交错了一个朋友——吕巽，后悔自己有眼无珠；第二，得罪了一个小人——钟会，后悔自己性格刚直任性。

那么，今后如何避免这种错误再次发生呢？自己的子女如何做才能避祸呢？嵇康又写出了《家诫》，可以说是他的临终遗言，《家诫》与《幽愤诗》一脉相承，前后呼应。《幽愤诗》是检讨自己的失察、失误，《家诫书》是告诉子女解决问题的办法、途径。

人无志，非人也。但君子用心，所欲准行，自当量其善者，必拟议而后动。若志之所之，则口与心誓，守死无二，耻躬不逮，期于必济。若心疲体懈，或牵于外物，或累于内欲；不堪近患，不忍小情，则议于去就。议于去就，则二心交争，二心交争，则向所见役之情胜矣。或有中道而废，或有不成一匮而败。以之守则不固，以之攻则怯弱，与之誓则多违，与之谋则善泄。临乐则肆情，处逸则极意。故虽繁华熠熠，无结秀之勋；终年之勤，无一旦之功，斯君子所以叹息也。若夫申胥之长吟，夷齐之全洁，展季之执信，苏武之守节，可谓固矣。故以无心守之，安而体之，若自然也，乃是守志之盛者可耳。

所居长吏，但宜敬之而已矣。不当极亲密，不宜数往，往当有时。其众人又不当宿留。所以然者，长吏喜问外事，或时发举，则怨或者谓人所说，无以自免也。若行寡言，慎备自守，则怨责之路解矣。

其立身当清远，若有烦辱，欲人之尽命，托人之请求，当谦辞言谢，其素不预此辈事，当相亮耳。若有怨急，心所不忍，可外违拒，密为济之。所以然者，上远宜适之几，中绝常人淫辈之求，下全束脩无玷之称，此又秉志之一隅也。

凡行事先自审其可，不差于宜，宜行此事，而人欲易之，当说宜易之理。若使彼语殊佳者，勿羞折遂非也。若其理不足，而更以情求来守人，虽复云云，当坚执所守，此又秉志之一隅也。

不须行小小束脩之意气，若见穷乏而有可以赈济者，便见义而作。若人从我欲有所求，先自思省，若有所损废多，于今日所济之义少，则当权其轻重而拒之。虽复守辱不已，犹当绝之。然大率人之告求，皆彼无我有，故来求我，此为与之多也。自不如此，而为轻竭。不忍面言，强副小情。未为有志也。

夫言语，君子之机，机动物应，则是非之形著矣，故不可不慎。若于意不善了，而本意欲言，则当惧有不了之失，且权忍之。后视向不言此事，无他不可，则向言或有不可，然则能不言全得其可矣。且俗人传吉迟，传凶疾，又好议人之过阙，此常人之议也。坐言所言，自非高议。但是动静消息，小小异同，但当高视，不足和答也。非义不言，详静敬道，岂非寡悔之谓？人有相与变争，未知得失所在，慎勿预也。且默以观之，其是非行自可见。或有小是不足是，小非不足非，至竟可不言以待之，就有人问者，犹当辞以不解，近论议亦然。若会酒坐，见人争语，其形势似欲转盛，便当亟舍去之，此将斗之兆也。坐视必见曲直，党不能不有言，有言必是在一人，其不是者方自谓为直，则谓曲我者有私于彼，便怨恶之情生矣.或便获悖辱之言，正坐视之，大见是非，而争不了，则仁而无武，于义无可，当远之也。然大都争讼者小人耳，正复有是非，共济汗漫，虽胜可足称哉？就不得远，取醉为佳。若意中偶有所讳，而彼必欲知者，若守大不已，或劫以鄙情，不可惮此小辈，而为所挽引，以尽其言。今正坚语，不知不识，方为有志耳。

自非知旧邻比，庶几已下，欲请呼者，当辞以他故勿往也。外荣华则少欲。自非至急，终无求欲，上美也。不须作小小卑恭，当大谦裕。不须作小小廉耻，当全大让。若临朝让官，临义让生，若孔文举求代兄死，此忠臣烈士之节。

凡人自有公私，慎勿强知人知。彼知我知之，则有忌于我。今知而不言，则便是不知矣。若见窃语私议，便舍起，勿使忌人也。或时逼迫，强与我共说，若其言邪险，则当正色以道义正之。何者？君子不容伪薄之言故也。一旦事败，便言某甲昔知吾事，以宜备之深也。凡人私语，无所不有，宜预以为意，见之而走者，何哉？或偶知其私事，与同则可，不同则彼恐事泄，思害人以灭迹也。非意所钦者，而来戏调蚩笑人之阙者，但莫应从小共转至于不共，而勿大冰矜，趋以不言答之，势不得久，行自止也。自非所监临，相与无他宜适，有壶榼之意，束脩之好，此人道所通，不须逆也。过此以往，自非通穆，匹帛之馈，车服之赠，当深绝之。何者？常人皆薄义而重利，今以自竭者，必有为而作，鬻货徼欢，施而求报，其俗人之所甘愿，而君子之所大恶也。

□□□□□□□□又愦，不须离搂，强劝人酒，不饮自已。若人来劝己，辄当为持之，勿诮勿逆也。见醉薰薰便止，慎不当至困醉，不能自裁也。

这篇《家诫》观点鲜明，以坦荡、自然的语气来阐述道理，陈言务去，语气贯通，明白直率，如行云流水，于亲切中见严谨，于智慧中明原则。

文章开篇提出“人无志，非人也”，强调志向和理想是高于一切的人生定位，道尽了自己对于“志”的独特而具体的人生感受，以此对子女进行谆谆告诫。

那么，应如何从内心去坚守志向呢？嵇康提出了“内守”的途径，即“用心”“守誓”“准行”，从而推导出“若志之所之”，“守死无二，耻躬不逮，期于必济”。一个人在坚守志向时会受到外界的干扰，如何避免这种现象呢？嵇康连续用了两个“此秉志之一隅也”来进行叙述，以此强调排除外部干扰的“秉持”与专注内心的“坚守”之间的区别。

“秉持志向”的第一个方面，是对官员要适度接触、保持距离，不要从他那里找便宜和便利；对那些总是求人办事、要人帮忙、不停骚扰的人要能够进行杜绝；还要保全自己潜心修养的名实。“秉持志向”的第二个方面，是“行事当坚执”，也就是不轻易改变实现志向的行为。当然，事先要自审，行事是否应该；事中要听取意见，看看别人说的有无道理，如果有道理就要立即接受和改正，而不要因羞愧去非难别人。

然后，嵇康谈到什么行为是“未为有志”，他列举了两种常见的情形：第一种是“见义而不为”，即在别人遇到困苦之时，可以救济、应该救济而不去救济；第二种是“少义而轻为”，即面对于他有求的人，尽管于道义有损害，却不忍心当面拒绝而轻易地、勉强地，甚至竭尽全力地去帮助人。

最后，嵇康讲到了《家诫》的重点部分，也是实现志向必须要做到的，即“三慎”。

一是慎言语。“夫言语，君子之机。机动物应，则是非之形著矣，故不可不慎。”言语一出，则不论真假，都成了是非显著的明证，所以要小心祸从口出。接着，嵇康对于言语强调“四不”：一是不清楚的不说；二是背后议论不说；三是争论中的事不要插嘴；四是酒后争执不要参与。

二是慎交友。首先，嵇康以自己的教训为例，明确了什么样的人为可交之友，即除了“知旧”（旧交）、“邻比”（邻居），只有“庶几以上”（贤人）才可来往，这便确立了“非贤勿交”的标准。接着，嵇康点明了与朋友相处之道：“不须作小小卑恭，当大谦裕。不须作小小廉耻，当全大让。”通过两个“小小”，强调朋友之间应该以谦让为本，但不要拘泥于小小的礼节和对错，而应该从大处着眼、从大义出发去相互支撑。他还列举了历史上的“让官”（牺牲前程让贤）、“让生”（牺牲生命救困）等情节和孔融等人物事迹作为正面示范来加以说明。

三是慎酣酒。竹林七贤大多喜酒，即使如此，嵇康也没有格外宽容，而是给嵇绍订立了几条饮酒的原则：不劝，若别人劝酒，自己视情况而定；感觉有醉意就不再饮酒，不可喝醉，搞得自己难堪。

从嵇康的一诗一文中，我们能在识人方面得到什么有益的启示呢？

一个人生活在世界上，不可能没有朋友，历史上的管鲍之交（管仲与鲍叔牙）、知音之交（俞伯牙与钟子期）、刎颈之交（廉颇与蔺相如）、舍命之交（羊角哀与左伯桃）、胶漆之交（陈重与雷义）、桃园结义（刘备、关羽、张飞）等都留下了朋友生死相交的千古佳话，但历史上也有朋友相害的案例，如战国时期的庞涓害孙膑、李斯害韩非等。那么，如何辨别哪些人是好人，哪些人是坏人，哪些人可交，哪些人不可交呢？

嵇康已经给出了答案，在识人辨人方面首先要做到"三看"：一看志向是否高远，是为自己还是他人，是为整体还是为小集团；二看旧友的圈子，交往的旧时朋友是好人还是坏人，是相互帮助还是相互拆台；三看邻居的评说，邻里之间长期相处，了解的琐事多，人们说的话、做的事邻居都看在眼里，记在心里，因而邻居的评论很有说服力。

其次要做到"三不"：一不打听别人的隐私；二不听、不参与一些"小团体""小帮派"的私议；三不应和、不跟随别人对于友人的非议。

一个人只要在交友前做到了"三看""三不"，就能交上真正的朋友。大千世界，人海茫茫。但愿世界上的好人都能找到知音，朋友相携一起走，一杯酒，一辈子，一生情。

三、乱世更待好官出

中国历史上出现过许多著名的隐逸之士，他们淡泊仕途，归隐山林，远离人间尘嚣，靠采薇度日，以云游交友为乐。隐士或出现在战乱年代或出现在朝代更替时期朝廷腐败阶段，那些高士为避祸自保，选择了隐逸。

汉末黄巾起义，魏蜀吴三分天下，战乱不断，特别是曹马之争开始后，名士在博弈中如履薄冰，隐逸成为部分名士的生活方式。著名隐士王烈、孙登与嵇康交好，竹林七贤中的阮籍、嵇康、向秀、刘伶、阮咸好言老庄，崇尚玄学，均有隐逸之志，不愿与司马氏合作。山涛、王戎有政治抱负，出仕为官是他们的志向。嵇康的哥哥嵇喜因入司马攸幕府做官，被阮籍“白眼视之”，被吕安以“凡鸟”嘲讽。嵇康入狱后，他反思了自己的人生失误，为交友不慎、行为怪诞而懊悔，谆谆教诲自己的儿子嵇绍不要学父，要循规蹈矩，后来嵇绍也做了西晋的官，成了为司马氏服务的一名官员。

笔者认为，在那个动乱的年代，无论选择隐逸，还是出仕，都是可以理解的。但越是乱世越需要好官，这也是民众所期盼的。

山涛主动投靠司马氏出仕，又被嵇康绝交而多受诟病。其实一个官员官居几品并不重要，做曹魏的官还是司马氏的官也无可厚非，关键是看他做官时干了些什么，在位时是清官还是贪官，是好官还是赃官？能够使一方百姓安居乐业，能够减少民众的痛苦就是好官。那么，竹林七贤中出仕的几位当好官了吗？

首先，我们翻开山涛的做官档案，看看他的官声。

《世说新语·赞誉》记载：

王戎目山巨源："如璞玉浑金，人皆钦其宝，莫知名其器。"

璞玉浑金就是未经雕琢的玉和未经提炼的金，比喻本质真纯质朴。王戎对山巨源的评价是："像璞玉浑金、人人都看重它是宝物，可是没有谁知道该给它取个什么名字。"说明山涛为人纯朴，人品似金。

山涛的官声有以下体现：

一是转变风俗。山涛出任冀州刺史时，冀州读书人之间风气不好，不互相推举。山涛自行鉴别选拔隐逸之士，查访贤人，表彰或任命的三十多人，都显名于当世。他因而受到百姓士人的仰慕推崇，当地风俗也为之改变。

二是清廉持家。山涛做官多年，清贫俭约，无法供养家人，司马炎特地供给每日膳食，加赐床帐被褥。母丧期间，山涛不顾自己年过七十，守丧超过常礼，亲自背土堆坟，亲手植松柏。做高官之后，仍正派节俭，虽爵同千乘之君，不蓄婢妾，俸禄赏赐都散给亲戚故人。陈郡人袁毅当鬲县县令时，大肆贿赂公卿而求称誉。他也给山涛送丝百斤，山涛不愿接受，但也不便拒受而使自己异于人，便收下藏于阁楼上。后来袁毅事发，凡受贿的人都被检举。山涛就取出丝交给办案的官吏，丝上积满尘土，封条印章完好如初。山涛病逝后，左长史范晷等上奏说："涛旧第屋十间，子孙不相容。"司马炎便为山涛家建了住宅。

三是选贤任能。山涛前后举荐提拔的人遍及京师和州郡，这些人都是有用之才。每逢官位有缺，山涛总是拟好几个人选上呈皇帝，皇帝倾向于某一人，他再明言上奏，因而皇帝所用之人未必是大臣们所推举的人。众人不了解详情，认为是山涛凭自己的意愿用人。有人在晋武帝司马炎面前说山涛的不是，故司马炎亲手写诏告诫山涛："用人的标准是有才，不遗漏疏远孤贱而有才的人，教化才能行于天下。"后来人们才发现，山涛对所荐举的人都加以品题，然后写在奏章上奏，他们将这些奏章称为"山公启事"，认为他确实知人善任。

四是弃武必乱。吴国归降后，司马炎准备偃武修文，撤除州郡武备，以炫耀德化。山涛认为取消州郡武装，社会必乱，会给人民造成灾难，最后果然不出山涛所料。据《世说新语·识鉴》记载：

> 晋武帝讲武于宣武场，帝欲偃武修文，亲自临幸，悉召群臣。山公谓不宜尔，因与诸尚书言孙、吴用兵本意，遂究论，举坐无不咨嗟。皆曰："山少傅乃天下名言。"后诸王骄汰，轻遘祸难，于是寇盗处处蚁合，郡国多以无备，不能制服，遂渐炽盛，皆如公言。时人以谓山涛不学孙、吴，而暗与之理会。王夷甫亦叹云："公暗与道合。"

意思是说：晋武帝在宣武场谈论武事，他想停止武备，提倡文教，所以亲自到场，并且把群臣都召集来了。山涛认为不宜这样做，便和诸位尚书谈论孙武、吴起用兵的本意，论述十分详尽，满座的人听了没有不赞叹的。大家都说："山少傅所论才是天下的名言。”后来诸王放纵、奢侈，随意挑起祸乱，于是兵匪像蚂蚁一样聚合起来，郡、国多数因为缺乏武备而不能制服他们，导致贼寇逐渐猖獗、蔓延，正像山涛所说的那样。当时人们认为山涛虽然没学过孙、吴兵法，可是和他们的见解自然而然地相通。王夷甫也慨叹道：“山公所说的和大道暗合。”可见山涛是个很有远见的人。

其次，我们翻开阮籍的做官档案，看看他的官声。

阮籍曾为躲避司马昭的监视，主动申请去东平做官，在任仅十日便辞官，但他使东平政治清明，民风转变，政府办事效率提高，受到当地百姓的好评。

可见阮籍是很有能力的，只是他不愿为司马氏效力。《晋书·阮籍传》记载：“籍本有济世志，属魏、晋之际，天下多故，名士少有全者，籍由是不与世事，遂酣饮为常。”

《世说新语·任诞》记载：“步兵校尉缺，厨中有贮酒数百斛，阮籍乃求为步兵校尉。”意思是：步兵校尉的职位空出来了，兵营厨房中储存着几百斛酒，阮籍就请求调去做步兵校尉。

阮籍的志向是隐逸山林，一心向曹魏又无所作为，终生想逃避司马氏的征召又始终逃避不了，故终日饮酒消愁，晚年因写“劝进文”而悔恨，郁郁而终。假如阮籍一直在地方做官，也许可以躲避司马氏的监视，又能造福一方百姓，不那么矛盾、痛苦，但历史已无法改变。

然后，我们翻开王戎的做官档案，看看他的官声。

王戎是富家子，在家庭教育的影响下，理想抱负就是晋升仕途。

《世说新语·德行》《晋书·王戎传》均记载，王戎的父亲王浑在凉州刺史任上病逝后，他的随从、故吏们一起凑钱数百万交给了王戎，但王戎不接受，由此留下了好名声。由此可见，王戎不是贪财之人。

太康元年(280)，吴国灭亡，王戎因伐吴有功晋安丰县侯，增加食邑六千户，赐绢六千匹。王戎渡江安抚新附的吴国百姓，使百姓安居乐业，赢得了很好的名声。

曾在吴国任光禄勋的石伟为人正直，与吴国国君孙皓不和，后称病回家。王戎赞扬他的清刚之节，上表向晋武帝司马炎推荐他，武帝下诏拜石伟为议郎，终身以二千石俸禄供养，荆州百姓都对王戎悦服。

太康三年(282)，王戎被征召为侍中。南郡太守刘肇以五十端名叫筒中的细布贿赂王戎，被司隶校尉刘毅纠察弹劾，但王戎知道是贿赂未曾接受。

王戎身为豪族高官，丰衣足食自不必说，钱财盈库也有可能，但他却十分节俭。

最后，再看看向秀。嵇康被杀后，向秀被迫出仕，在任上可以说是“尸位素餐”，碌碌无为。假如向秀到地方做官，也许也能做一个好官，受到百姓的尊重。

通过上述分析，我们能从中得到什么启示呢？竹林七贤的身影已经远去，隐逸已成为过去。如今我们生活在和平年代，进入新时代就要有新境界、新作为，无论处在什么岗位，只要把崇高的理想与脚踏实地相结合，把祖国的命运与自己的理想紧密结合，就一定能干出一番事业，在岗位上发光发热。

四、面对生死抉择难

阮籍曾在《咏怀诗·其二十》开篇写道“杨朱泣歧路，墨子悲染丝”，意思是一个人如果选错了人生道路，就可能与最初的目标背道而驰，离预想的结果越来越远。

后世曾经对阮籍、向秀出仕司马氏集团提出批评，认为他们不敢公开反对司马氏，贪生怕死；对嵇康在狱中撰写的《幽愤诗》中所表达的忏悔和矛盾心理不予理解，认为其有损竹林领袖的形象。下面分析一下竹林七贤中三位名士的心理活动。

首先看看嵇康。嵇康为什么会矛盾、会纠结、会悔恨？嵇康临终时年近不惑，两个子女还没有成年，他多想好好地活下去，自由自在地生活，因为他对生命有着强烈的爱，对生活有着美好的憧憬。他绝不想在这个年龄身首异处。从这个角度来说，嵇康不仅应该矛盾、懊悔，甚至应该有恐惧，因为他不是神，而是人。这是蘸着血泪的深沉的父爱，饱含着浓得不能融化的舐犊情深！

嵇康虽不是一个“高大全”的人，但他是一个“真善美”的人。有一部电影叫《勇敢的心》，影片末尾，主角苏格兰民族英雄威廉·华莱士于行刑的前夜，在黑暗的牢房中因恐惧而颤抖、祈祷，这一幕是影片的点睛之笔。爱生者难免恶死，英雄也不例外，一样有着常人对死亡的恐惧。

但是，当慷慨赴死比苟且偷生更有意义，更能彰显生命的价值和尊严时，英雄一定会毫不犹豫地做出选择：与其求饶获得生命，不如由死亡实现自由。

嵇康便是如此，虽然害怕死亡，但在那一刻真正来临时，他还能够处变不惊，把一首高难度的琴曲演绎得那么完整、那么动人。既然生无可能，面对死亡，嵇康表现得毫无畏惧。

鲁迅先生说过："无情未必真豪杰，怜子如何不丈夫？"

即使嵇康在狱中有过自责和悔恨，也都无损他的伟大和勇敢。正因为他在临终前有着这么多的矛盾和懊悔，他的形象才更加可敬可亲，他才是一个完整的人，一个真豪杰、大丈夫。

嵇康之死，非常深刻地诠释了一个很重要的哲学命题，那就是人到底应该如何面对死亡。嵇康的一生所彰显的，绝不仅仅是作为曹魏家的女婿对于曹魏政权的愚忠，而是志士仁人对专制者残暴统治的顽强反抗，他弘扬的是一切时代知识分子都应该秉承的"独立之精神，自由之思想"。

嵇康之死，提升了竹林七贤在中国知识分子精神史和心灵史上的地位，他不畏强权、维护正义、捍卫尊严的精神，就像一面镜子，让后来的文人士大夫感佩至极，向往不已。

其次看看阮籍。有人认为，阮籍为司马父子做事无可厚非，但在嵇康被杀后，还为司马昭写了一篇歌功颂德的"劝进文”,这简直是不可原谅的。

虽然阮籍是被迫写下这篇文章的,但他还是因此被口诛笔伐。如宋代文人叶梦得在《避暑录话》中说:“阮籍不肯为东平相,而为晋文帝从事中郎,后卒为公卿,作《劝进表》。若论于嵇康前,自宜杖死!”

叶梦得的这个评价,其实暗含着让阮籍照一照两面镜子的意思。

一是把嵇康作为镜子来照阮籍。以一个高的道德标准去衡量所有人,而无视每一个人的具体情况,甚至取消别人存在的价值,这是不合适的。世人不能因为敬仰嵇康,就要求阮籍也慷慨赴死,即便是嵇康本人,也无权这样要求他。即便我们自己能够做到舍生取义,杀身成仁,我们也无权要求别人必须如此。

二是把曹魏政权作为正义的一面镜子来照阮籍。在这种前提下,司马氏成了非正义的一方,所以只要投靠司马氏之人,一律被钉在耻辱柱上,被戴上不忠的帽子,这种贴标签式的历史观,也是有失公允的。

事实上,作为历史当事人的阮籍并不这样认为。阮籍生于汉末,经历了曹氏家族篡夺汉朝政权的全过程,现在司马家族也如法炮制,要篡夺曹魏的政权了。

最终阮籍发现,政治斗争是污浊的,权力是腐蚀人心的,礼法名教是虚伪的,荣华富贵是虚幻的。唯有生命、情感和自由才是真实的,值得珍爱的。是非、荣辱、名利,都不过是一时的过眼烟云。

而如今司马氏一家独大是不争的事实，志士仁人都生活在司马氏的铁蹄之下，阮籍也逃脱不了司马氏张网围猎的彀中。

再者，阮籍深受老庄思想的影响。庄子主张“此亦一是非，彼亦一是非”，所以，他多次辞官归隐，就是想超越是非，远离名利，皈依自然，作逍遥游。

阮籍虽然没有死于非命，但他活得很痛苦，因为他有一种强烈的耻辱感。《礼记》有言：“知耻近乎勇。”阮籍反礼教的种种行为，不正是另一种意义上的勇敢吗？他虽然不是一个人格和道德上的完人，但至少是一个率真、认真的性情中人。

阮籍的痛苦在于，一方面，他想超越是非，与世无争，隐居终老；另一方面，又不得不屈服于外在的压力，陷入是非的旋涡中不能自拔，这是阮籍的悲剧所在，也是阮籍最让人同情的地方。

再次看看向秀。在竹林七贤中，向秀和嵇康是最亲近的，他们经常在一起打铁，而和嵇康一起被杀的吕安与向秀也是好朋友，他们在一起开荒种地、灌园浇菜。

可以说，只要钟会打击报复的范围再扩大一点，下一个目标也许就是向秀。

嵇康被杀之后，向秀必须做出选择，死好办，前面有嵇康、吕安为例；要想生，就要到司马氏那里去做官。最终，向秀踏上了仕途，官至黄门侍郎、散骑常侍。

但是，向秀的内心是非常痛苦的，在他上任途中，经过山阳嵇康的故居时，特地写下感人至深的《思旧赋》来悼念含冤被杀的嵇康和吕安。

在竹林七贤中，向秀不是一个个性特别鲜明的人，只是一介文弱书生。嵇康活着的时候，他在嵇康的羽翼之下；嵇康死后，向秀便不得不委曲求全。

在古代，特别是生逢乱世，人生道路、生活方式的选择会为政治所左右，竹林七贤中的阮籍、向秀就是典型的案例。司马氏掌控朝政后，迫切要做的就是树立自己至高无上的权威，让所有的官员、名士站在自己一方，毫不留情地诛杀反对者、不配合者，以维护自己的统治。司马氏统治时期，名士根本没有选择的自由和权利。

所以后世之人不应该苛求竹林七贤完美无缺，也不应该用现在的眼光来考量他们的是是非非，因为历史不是现场。当然，也正因为竹林七贤的不完美，才显示出他们的可亲可爱，才能看到他们是有血有肉的存在，也才能张开我们想象的翅膀，把他们的故事一代又一代流传下去，推及远方。

五、多行不义必自毙

魏晋时期，有不少多行不义之徒，不仅对竹林七贤进行迫害，还对其他名士进行镇压。这些人包藏祸心，最终也落得身败名裂的下场。

下面选取几个构陷、迫害竹林七贤的典型人物加以分析。

(一)钟会害康箭穿心

《世说新语·言语》记载：

> 钟毓兄弟小时，值父昼寝，因共偷服药酒。其父时觉，且托寐以观之。毓拜而后饮，会饮而不拜。既而问毓何以拜，毓曰："酒以成礼，不敢不拜。"又问会何以不拜，会曰："偷本非礼，所以不拜。"

意思是：钟毓兄弟小时候，有一次正碰上父亲白天睡觉，于是一块去偷药酒喝。他们的父亲当时已睡醒了，姑且装睡，看他们怎么做。钟毓行过礼才喝，钟会只顾喝，不行礼。过了一会儿，父亲起来问钟毓为什么行礼，钟毓说："酒是完成礼仪用的，我不敢不行礼。"又问钟会为什么不行礼，钟会说："偷酒喝本来就不合于礼，因此我不行礼。"说明钟会从小善言辞、会狡辩、有心机。

史料记载钟会的事迹有以下几件：

一是索要宝剑弃华庭。钟会不仅善书法，还有一项特技，即模仿别人笔迹，已达到以假乱真的地步。他曾模仿外甥荀勖笔迹向钟夫人索要宝剑，钟夫人信以为真，宝剑被钟会骗走。荀勖也以其人之道还治其人之身，在钟会、钟毓兄弟刚建好的豪宅内，画上了其父钟繇的巨幅画像。钟会兄弟每次见到父亲画像便很难过，不忍入住，最后这座豪宅只好弃之不用了，这就叫搬起石头砸自己的脚。

二是监视阮籍无收获。钟会曾奉司马昭之命来监视阮籍，经常在阮籍面前谈些敏感的政治问题，阮籍一方面答非所问，另一方面醉酒长睡。一段时间后，钟会没有抓到阮籍的把柄，一无所获，只好取消了监视。

三是为杀嵇康费心机。嵇康曾对钟会撰写的《四本论》及其本人来访不予理睬，暗中得罪了钟会。嵇康在太学生中颇有声望，钟会派人到太学偷听、打探，收集到了嵇康附和皇帝曹髦撰写的《管蔡论》，找出了他讥讽司马氏的证据。恰毌丘俭反，嵇康欲起兵响应，被山涛阻止。这一秘密举动，又被钟会手下探听到了。曹髦被杀后，嵇康写出了《与山巨源绝交书》，在吕安事件中，他又写了《与吕长悌绝交书》，钟会抓住“越名教而任自然”这个论点加以发挥，后来又扣押了吕安写给嵇康的信件，得到了吕安联络嵇康“谋反”的证据。

经过钟会一系列有预谋、有计划的运作，构陷嵇康的黑材料最终形成了。司马昭征召嵇康出仕被拒绝后，正为此而恼怒异常，钟会递上的黑材料正好给了司马昭理由。当司马昭得知毌丘俭谋反而嵇康欲起兵响应后，勃然大怒，立即将嵇康逮捕入狱，就这样，一个高贵的生命被冤杀于洛阳东市。嵇康死后，三千多名太学生在京城举行了浩大的悼念活动，看似悼念实则是对司马氏的残酷统治和对钟会一伙的严厉声讨。

四是模仿书信诬邓艾。当年司马昭分别派钟会、邓艾两路大军征伐西蜀，邓艾绕道阴平进入成都，后主刘禅投降。钟会嫉妒邓艾先入成都，便与监军卫瓘密谋，诬告邓艾谋反。《世说新语》载，言于司马昭，邓艾反。又模仿邓艾字迹，辱骂司马昭。司马昭下令将邓艾押解长安。卫瓘与钟会担心密谋败露，派人在途中将邓艾父子杀害。就这样，破蜀功臣邓艾由于钟会诬陷被冤杀。而参与密谋诬陷邓艾的卫瓘全家，在西晋八王之乱中被诛除。

五是矫诏谋反箭穿心。邓艾被收押后，其部将兵士收归钟会统领，十几万大军威震西土，钟会野心暴露，遂假借刚病逝的郭太后遗诏讨伐司马昭，后被卫瓘带领军队乱箭射杀。

钟会的反心其实早被人看出来了。此前，其兄长钟毓曾向司马昭密言："会挟术难保，不可专任。"可见钟毓早知钟会为人，不过钟会谋反时，钟毓已病逝。

《晋书·王戎传》记载：

> 钟会伐蜀，过与戎别，问计将安出。戎曰："道家有言'为而不恃'，非成功难，保之难也。"及会败，议者以为知言。

意思是：司马昭派钟会讨伐蜀汉，钟会见到王戎，就与王戎告别，并问王戎对征伐西蜀有什么建议。王戎说："道家有这样的话，'做而不居功'，对你钟会来讲建立功业不太难，但保住功业就很难了。"钟会失败后，人们认为王戎的言论很有见解。估计王戎也早已看出了钟会的谋逆之心，否则为何说"保之难也"。

钟会构陷他人谋反皆为虚假，自己久存异志倒是真，用"贼喊捉贼"这个词来形容他是再恰当不过了。

（二）弑杀皇帝女乱华

贾充（217—282），字公闾，司马氏谋臣、权臣、重臣，深得司马氏倚重。据《晋书·贾充传》记载:“朝廷机密,皆与(充)筹之。”

史料记载贾充的事迹有以下几件:

第一,岳父谋反告司马。贾充的岳父李丰与曹魏有姻亲关系,其与张缉、夏侯玄曾密谋除掉司马师。贾充得知后,立即告诉了司马师,后来李丰、张缉、夏侯玄被诛灭三族。贾充为求自保,马上休掉了李丰的女儿李氏,转而迎娶了郭配的女儿郭槐,可见此人利益至上,冷血无情。

第二,引诱诸葛寿春反。《晋书·贾充传》记载:

> 帝新执朝权,恐方镇有异议,使充诣诸葛诞,图欲伐吴,阴察其变。充既论说时事,因谓诞曰:“天下皆愿禅代,君以为如何?”诞厉声曰:“卿非贾豫州子乎,世受魏恩,岂可欲以社稷输人乎!若洛中有难,吾当死之。”充默然。及还,白帝曰:“诞再在扬州,威名夙著,能得人死力。观其规略,为反必也。今征之,反速而事小;不征,事迟而祸大。”帝乃征诞。

这个记载说明贾充也和钟会一样扮演过套话的角色,故意谈起敏感的话题,引诱诸葛诞说出“誓死捍魏”的话,然后告诉司马昭诸葛诞必反,以显示自己的谋略。殊不知,诸葛诞起兵,又有数千人头落地,若没有贾充的故意套话和小报告,也许就不会发生这件事。

第三,贾充弑君千古臭。甘露五年(260),曹魏皇帝曹髦不满司马昭专权,不甘心做傀儡,一怒之下,带着宫中几百奴仆去讨伐司马昭，司马昭的心腹贾充受命前去阻拦，在他的指使下，太子舍人成济将皇帝曹髦捅死。

《资治通鉴·魏纪》记载：

> 昭入殿中，召群臣会议。尚书左仆射陈泰不至，昭使其舅尚书荀𫖮召之……昭亦对之泣曰："玄伯（陈泰字玄伯），卿何以处我？"泰曰："独有斩贾充，少可以谢天下耳。"昭久之曰："卿更思其次。"泰曰："泰言惟有进于此，不知其次。"

虽然陈泰建议斩杀贾充，但司马昭对这个替自己弑杀皇帝的心腹还是关爱有加，把罪责推给了莽汉成济。但贾充弑帝是不争的事实，他自己对此也是忧心忡忡，担心留下骂名。

《资治通鉴·晋纪》记载：

> 贾充谓皓曰："闻君在南方凿人目，剥人面皮，此何等刑也？"皓曰："人臣有弑其君及奸回不忠者，则加此刑耳。"充默然甚愧，而皓颜色无怍。

意思是在一次宴会上，贾充问孙皓："听说阁下在南方挖人眼睛，剥人面皮，这是什么样的刑罚？"孙皓回答说："对弑杀国君的臣子以及奸险狡诈不忠的人，就用这种刑罚。"贾充听后，沉默不语，面红耳赤，可见贾充十分心虚，公然弑君这个恶名，伴随了贾充的一生。

第四，生女南风乱华夏。贾充与郭槐生一女贾南风，在荀勖的大力推荐下，贾南风嫁于太子司马衷。《晋书·贾充传》

记载:“俄而侍宴,论太子婚姻事,勖因言充女才质令淑,宜配储宫。而杨皇后及荀𫖮亦并称之,帝纳其言。”

贾南风(257—300),晋惠帝司马衷即位后被立为后,平阳襄陵(今山西临汾东南)人。貌丑而性妒,因惠帝懦弱而一度专权,是西晋时期“八王之乱”“五胡乱华”的罪魁祸首,后死于赵王司马伦之手。

第五,作恶多端终无嗣。据《世说新语·惑溺》记载:

> 贾公闾后妻郭氏酷妒。有男儿名黎民,生载周,充自外还,乳母抱儿在中庭,儿见充喜踊,充就乳母手中呜之。郭遥望见,谓充爱乳母,即杀之。儿悲思啼泣,不饮他乳,遂死。郭后终无子。

意思是:贾充的继妻郭氏极端善妒。她有一个儿子名叫黎民,出生才满一周岁时,贾充从外面回来,奶妈正抱着孩子在院子里玩,孩子看见贾充,高兴极了,贾充走过去在奶妈的手里亲了孩子一下。郭氏远远望见了,认为贾充爱上了奶妈,立刻把她杀了。孩子想念奶妈,不停地啼哭,不吃别人的奶,最终饿死了。郭氏后来没有再生子。

贾充的一生,可以用“魏朝之悖逆,晋室之罪人”这十个字来形容。

(三)司马氏后代几灭族

在这个世界上,最具诱惑力的东西,不是金钱、美色,而是生杀予夺的权力。这一点司马氏父子认识深刻。

曹魏后期,司马氏辅政,对曹魏宗室进行了无情的打击,对亲曹、拥曹势力进行残酷镇压。16 年间，父子三人屠戮数万人，朝野上下人人自危。

撇开纯军事斗争死伤，死于司马氏父子三人之手的朝野大臣、名士、士兵、民众也非常多。

首先来看司马懿。

景初二年(238)，辽东太守公孙渊起兵造反，司马懿前去平叛，诛杀已经投降的士兵、15 岁以上的男丁共 9000 多人。

正始十年(249)，司马懿发动高平陵之变，诛杀曹爽、曹羲、曹训兄弟，何晏、邓飏、丁谧、毕轨、李胜、桓范、张当等八家三族 3000 多人。

嘉平三年(251)，太尉王凌在淮南起兵，司马懿领兵镇压，王凌兵败，被夷灭三族。司马懿率军冲进寿春城后，诛杀叛军近千人，并赐死曹操之子楚王曹彪。此后，他将曹魏宗室诸侯、王公全部拘捕，押解到邺城软禁起来，并派军队全天候监视，不准他们与外界接触，相互之间也不准往来。

其次来看司马师。

正元元年(254)，中书令李丰、光禄大夫张缉欲在一次重大庆典中，杀掉司马师，拥戴夏侯玄任大将军。事情败露后，李丰被乱刀砍死，参与这次密谋的夏侯玄、张缉、苏铄、乐敦、刘贤等人被夷灭三族，近 500 人被诛。

正元二年(255)，镇东大将军毌丘俭、扬州刺史文钦在淮南发动叛乱，司马师带病领兵平叛，毌丘俭兵败被夷灭三族，叛军近千人被杀。

第三来看司马昭。

甘露二年(257)五月,征东大将军诸葛诞在淮南发动叛乱,司马昭带领皇帝曹髦、太后亲临前线平叛,经过恶战,甘露三年(258)二月,叛军被歼灭,诸葛诞身死,被夷灭三族。这次平叛诛杀了近千人。

甘露五年(260)五月,司马昭弑杀皇帝曹髦,夷灭尚书王经三族,诛杀皇帝身边的卫兵、奴仆近500人。曹髦被杀,举国震惊。

景元三年(262),嵇康、吕安因钟会构陷被冤杀。嵇康被杀,名士惊惧战栗。

司马氏父子三人掌权的二十几年内,惨遭杀害的达数万人,更有许多无辜之人因此送命,司马父子的残酷无情达到了令人发指的地步。

景元五年(265)十二月,司马炎走上由鲜血染成的登基之路,代魏称帝,建立了西晋王朝。

司马炎执政后期,荒淫至极,社会矛盾突出,被封王的司马氏蠢蠢欲动。痴呆的司马衷登上帝位后,皇族宗室之间相互争权夺利,最终引发了“八王之乱”。八王之乱起于元康元年(291),历时十六年,是中国历史上最为严重的皇族内乱之一。这场动乱从宫廷内权力斗争开始,进而引发战争,祸及全社会,对经济造成严重破坏,也加剧了西晋的统治危机,成为西晋迅速灭亡的重要因素。

建兴四年(316)八月,刘曜大军围攻长安,晋愍帝司马邺在食断粮绝的情况下投降。之后晋愍帝被送往平阳，受尽侮辱，最终没逃过被杀的命运，至此西晋亡。

十六国时期后赵皇帝石勒与大臣的一段对话很耐人寻味，据《晋书·石勒传》载：

勒因飨高句丽、宇文屋孤使，酒酣，谓徐光曰："朕方自古开基何等主也？"对曰："陛下神武筹略迈于高皇，雄艺卓荦超绝魏祖，自三王已来无可比也，其轩辕之亚乎！"勒笑曰："人岂不自知，卿言亦以太过。朕若逢高皇，当北面而事之，与韩彭竞鞭而争先耳。脱遇光武，当并驱于中原，未知鹿死谁手。大丈夫行事当礌礌落落，如日月皎然，终不能如曹孟德、司马仲达父子，欺他孤儿寡妇，狐媚以取天下也。朕当在二刘之间耳，轩辕岂所拟乎！"其群臣皆顿首称万岁。

这段对话最经典的几句就是："大丈夫行事要光明磊落，如日月一样光洁，不能像曹操、司马懿父子那样欺侮孤儿寡妇，以诡诈手段来夺取天下。"

西晋灭亡后，琅邪王司马睿在建康（今江苏南京）重建晋朝，史称"东晋"。司马睿是司马懿的曾孙、琅邪武王司马伷之孙、琅邪恭王司马觐之子。

历史对司马氏家族开了一个巨大的玩笑，就如同当年他们操控曹魏政权一样，东晋建立后，皇权便被掌控在了王、桓、谢等几个世家大族手中，司马氏家族最终也尝到了大权旁落的滋味。

后来刘裕崛起，派人勒死了晋安帝司马德宗，又立了一个傀儡皇帝晋恭帝司马德文。元熙二年(420)，刘裕逼迫司马德文逊位，建立刘宋王朝。

刘裕建立刘宋王朝后，派人暗杀了司马德文，而后对司马氏家族进行了大清洗。

历史上不管哪朝哪代，改朝换代时得天下的手段都算不上正大光明，但唯独司马氏家族遭人唾弃，甚至有“三国淘尽英雄气，两晋尽是鼠辈出”之语，可见魏晋时期司马氏家族有多么声名狼藉。历史上为什么对司马氏家族评价如此低呢?笔者认为，其原因如下：

一是违背洛水之誓，失信于天下。“洛水之誓”来源于汉光武帝刘秀，当年他为了劝降洛阳守将朱鲔，指洛水为誓。传说中洛水里有洛神，对洛水发誓就是让神灵作为见证，自己会信守诺言的意思。刘秀承诺，只要朱鲔归降，便不再计较他害死自己兄长之事，不仅不会杀他，甚至还会为他加官晋爵。朱鲔投降后，刘秀果然拜其为平狄将军，封扶沟侯，成为一段传颂至今的佳话。

而司马懿发动高平陵之变后，也指着洛水为誓：只要曹爽肯交出兵权，就不究其责，并让其终身富贵，做一个富家翁。可曹爽交出兵权后，司马懿就出尔反尔，先将曹爽兄弟及其党羽全部下狱，再让曹爽心腹之一的何晏来参与查办此案，让何晏以为可借此赎罪。何晏竭尽全力网织曹爽集团成员罪名，最后司马懿以这些罪名将曹爽诛灭三族。何晏本以为自己可以保住一命，孰知司马懿毫不留情，诛灭何晏三族。

二是当街弑君，冒天下之大不韪。历史上的皇帝，死法有很多种，但是像曹髦这样当众被诛杀的还是第一个，没有给他留一点最后的体面和尊严。更过分的是，曹髦死后，司马昭还让郭太后下令历数曹髦罪状，将其废为庶人。

三是一家之私，心无天下。经过司马懿、司马师、司马昭的铺垫，司马昭长子司马炎最终代魏称帝，建立晋朝。然其后来大封宗室，酿成皇室内讧，最后使得社会矛盾尖锐，百姓处于水深火热之中。司马氏家族之人只顾争权夺利，心无百姓，导致了王朝的动乱。

四是八王乱政，天下鸡犬不宁。八王之乱就是司马氏家族内部的权力争夺之战，在这场持久的动乱中，百姓死伤无数，天下乌烟瘴气。而司马氏诸王，只要权力到手，便肆意享乐，导致西晋的军事力量丧失殆尽。

五是杀害名士，朝野震动。嵇康被捕后，名士豪族纷纷要求陪嵇康入狱，临刑前三千太学生集体请愿，但司马昭无动于衷。最后，嵇康、吕安被杀，朝野震动。

历史是前人的足迹，更是后人的警钟。俗话说，积善之家必有余庆，积不善之家必有余殃。从上述案例可以看出，害人者终将害己，杀人者终被他戕。我们生活在纷繁复杂的现实中，会与不同的人打交道，要秉持“勿以善小而不为，勿以恶小而为之”“君子坦荡荡，小人长戚戚”这些古训，并一以贯之地践行之，矫正价值取向，向善向上，坦坦荡荡做人，清清白白干事，真真诚诚交友，相信会心底无私天地宽，寒冬腊月全身暖，子子孙孙得荫护，世世代代皆平安。

六、七贤子弟多俊才

竹林七贤都有很高的文学造诣，其中六贤各有诸多佳作传世，唯独刘伶只有一篇《酒德颂》遗世。那么，他们的子女如何，是优秀还是平庸？后来都是干什么的呢？

《世说新语·赞誉》记载：

> 林下诸贤，各有俊才子：籍子浑，器量弘旷；康子绍，清远雅正；涛子简，疏通高素；咸子瞻，虚夷有远志，瞻弟孚，爽朗多所遗；秀子纯、悌，并令淑有清流；戎子万子，有大成之风，苗而不秀；唯伶子无闻。凡此诸子，唯瞻为冠，绍、简亦见重当世。

意思是，竹林七贤，他们各有才能出众的儿子：阮籍的儿子阮浑，气量宽宏；嵇康的儿子嵇绍，志向高远，本性正直；山涛的儿子山简，通达而且高洁纯真；阮咸的儿子阮瞻，谦虚平易，志向远大，阮瞻的弟弟阮孚，坦率爽朗，不受政务牵累；向秀的儿子向纯、向悌，都很善良文雅，品性高洁；王戎的儿子王万子，气度非凡，足以成就大业，但可惜英年早逝；唯独刘伶的儿子默默无闻。竹林七贤后辈之中，阮瞻可居于首位，嵇绍和山简在当时也很受世人尊重。

下面对竹林七贤的后代作一简要介绍：

(一)阮籍之子浑

《晋书·阮籍传》记载:“子浑,字长成,有父风。少慕通达,不饰小节。籍谓曰:‘仲容已豫吾此流,汝不得复尔!’太康中(285),为太子庶子。”

据《世说新语·任诞》记载,阮籍的儿子阮浑长大成人后,样貌气质都与父亲阮籍十分相像,他非常羡慕竹林之游的生活,也想跟随父亲一起,但阮籍没有答应。

竹林七贤常常做着不符合礼法的事,饮酒作乐,论道谈玄,那是不得已而为之。阮籍不想让自己的儿子再生活在这样的环境之中。

《魏氏春秋》记载阮籍经常在车中痛哭,这哪是阮浑能够理解的。年轻的阮浑只看到了父亲潇洒的一面,却不知道他为什么要这么放肆地生活。放浪是为了寻求精神的暂时安定,乖僻的行为、放诞的言论是在高压政治下明哲保身的最好的方法,看似自由自在的生活背后实际上饱含无边无际的痛苦。

《三国志·魏书·阮籍传》注引《世语》曰:“浑以闲澹寡欲,知名京邑。为太子庶子。早卒。”除此之外,史书对阮浑再无记载。

(二)嵇康之子绍

《晋书》把嵇绍列于《忠义传》之首,目的在于弘扬嵇绍忠君的壮举,西晋、东晋均把嵇绍树为忠君的典范。

嵇绍(253—304),字延祖,十岁而孤,事母孝瑾。嵇康被杀后，山涛承担了抚养嵇绍的责任。山涛对其的评价是："平简温敏，有文思，又晓音，当成济者。"

在山涛的精心培养下，嵇绍长大成人。山涛负责选官时，就向晋武帝司马炎推荐了嵇绍。山涛对司马炎说，《尚书·康诰》有言"父子罪不相及""嵇绍贤侔郤缺，宜加旌命，请为秘书郎"。司马炎对山涛说："如卿所言，乃堪为丞，何但郎也。"后来朝廷发布诏令，任命嵇绍为秘书丞。

此后嵇绍多次升迁，至汝阴太守，又转豫章内史，又拜徐州刺史。当时石崇为都督，骄横暴戾，嵇绍见到他，一身正气地和石崇讲道理，石崇听后叹服不已，从此非常敬重嵇绍。

元康初年，嵇绍迁给事黄门侍郎，贾谧以外戚之宠，权倾朝野，一大批名人都依附于他。贾谧也想结交嵇绍，嵇绍拒绝了。待贾谧被诛杀，嵇绍因没有与之勾结而升为散骑常侍，兼任国子博士，后又任侍中等职务。

嵇绍谨遵父亲在《家诫》中的告诫，好学修身，最终成为一个循礼之人。据《世说新语·方正》记载：

> 齐王冏为大司马，辅政，嵇绍为侍中，诣冏咨事。冏设宰会，召葛旟、董艾等共论时宜。旟等白冏："嵇侍中善于丝竹，公可令操之。"遂送乐器，绍推却不受。冏曰："今日共为欢，卿何却邪？"绍曰："公协辅皇室，令作事可法。绍虽官卑，职备常伯，操丝比竹，盖乐官之事，不可以先王法服为伶人之业。今逼高命，不敢苟辞，当释冠冕，袭私服。此绍之心也。"旟等不自得而退。

意思是：齐王司马冏任大司马，辅理国政，嵇绍当时任侍中，到司马冏那里请示。司马冏安排了一个僚属的宴会，召来葛旟、董艾等人一起讨论当前政务。葛旟等人告诉司马冏："嵇侍中擅长乐器，您可以叫他演奏一下。"于是便送上乐器，嵇绍拒绝接受。司马冏说："今天大家一起饮酒作乐，你为什么拒绝呢？"嵇绍说："公辅助皇室，应该使大家做事能够有个榜样。我官职虽然卑下，也毕竟忝居常伯之位，吹弹演奏，本是乐官的事情，不能穿着官服来做乐工的事。我现在迫于命令，不敢随便推辞，可是应该脱下官服，穿上便服。这是我的想法。"葛旟等人自觉没趣，就退了出去。

永兴元年(304)，东海王司马越挟持晋惠帝征讨成都王司马颖，听说了嵇绍的忠君之名，就安排他为皇帝护驾。嵇绍接到诏令，毫不犹豫，应命前往。结果司马越的军队在荡阴战败，百官、侍卫人员顾不上皇帝，纷纷溃逃。只有嵇绍庄重地穿好衣服，戴正帽子，爬上了御座，护在晋惠帝前面。叛军飞箭如雨，嵇绍用身体遮挡在晋惠帝前。后来，司马颖的士兵找到了皇帝，把嵇绍按在马车前的直木上，晋惠帝说："这是忠臣，不要杀他。"军士杀红了眼，说道："我们奉皇太弟(司马颖)的命令，只不伤害陛下一人。"就这样，嵇绍为保护晋惠帝被士兵杀害于皇帝之侧，鲜血溅到了龙袍上。

司马颖的军队把晋惠帝接进邺城后，侍从看到他的龙袍被血染红，就劝他把衣服脱下来洗洗，司马衷悲伤地说："这是嵇侍中的血，不要洗了。"

此后东海王司马越路经荥阳来到嵇绍墓前，痛哭流涕，为他刊石立碑，又上表请赠官爵。朝廷追封嵇绍为侍中、光禄大夫，加金章紫绶，赐一顷墓田，并派了十户人家守护，以少牢礼仪祭祀。

东晋司马睿即皇帝位后，赐嵇绍谥号"忠穆"，晋爵为弋阳侯，再次以太牢礼祭祀。

其实，在嵇绍出发前，侍中秦准曾提醒嵇绍："这次保护皇帝出行，安危难测，你准备好马了吗？"意思是有好马可便于逃走。嵇绍答道："若使皇舆失守，臣节有在，骏马何为！"可见他早已做好舍生取义的准备。

嵇康为司马昭所杀，数十年后，嵇康的儿子嵇绍却为护卫司马昭的孙子死于乱军之中。若司马昭地下有知，不知将作何感想？

《三国志·魏书·嵇康传》注引《晋诸公赞》曰："绍与山涛子简、弘农杨准同好友善，而绍最有忠正之情。"

司马光在《资治通鉴》中评论道："昔舜诛鲧而禹事舜，不敢废至公也。嵇康、王仪，死皆不以其罪，二子不仕晋室可也。嵇绍苟无荡阴之忠，殆不免于君子之讥乎！"

嵇绍有子，名嵇眕，有父亲嵇绍的风范，少时夭折。

（三）山涛之子该、淳、允、谟、简

山涛有五个儿子，因其与司马氏有中表亲关系，五子该、淳、允、谟、简大都做官。

《晋书·山涛传》记载，长子山该字伯伦，袭父爵，官至并州刺史、太子左率，赠长水校尉。次子山淳字子玄，没有出仕。三子山允字叔真，奉车都尉，少时有病，身材矮小，但聪明过人。四子山谟字季长，聪慧有才智，官至司空掾。五子山简，字季伦，性情温雅，有父亲山涛的风范，与谯国嵇绍、沛郡刘谟、弘农杨准齐名。

山简初为太子舍人，累迁太子庶子、黄门郎，出为青州刺史。后被征为左仆射，领吏部。

山简负有选拔官员的职责，他建议皇帝要选贤任能，重用那些有德之士，让他们为朝廷做事。朝廷采纳了他的建议。

永嘉三年(309)，山简出任征南将军，都督荆、湘、交、广四州诸军事，假节，镇守襄阳。当时四方寇乱，天下分崩，皇室不振，朝野危惧。山简只好纵情山林，唯酒是耽。当地一名习氏豪族有高阳鱼池，园林风景幽美，山简常到习氏家饮酒，经常大醉而归。

唐朝大诗人王维在《汉江临眺》中，还专门提到山简酒醉而归的故事："襄阳好风日，留醉与山翁。"此处的"山翁"便指山简。

洛阳被攻陷后，山简迁于夏口，招纳逃难流亡的民众，江汉一带都来归附。这时华轶(字彦夏)在江州起兵，有人劝山简讨伐华轶。山简却说，彦夏是"我"旧时的朋友，"我"正为他感到悲痛，怎么能利用这个机会讨伐他，将之作为自己的功业呢？他就是这样敦厚。

当时乐府的伶人为了逃避战乱，多数到了沔汉一带。在一次宴会上，有人劝山简让人奏乐助兴。山简说，国家即将灭亡，我们没有能力匡正补救，我们是晋朝的罪人，哪里有作乐的理由呢！他流着眼泪慷慨述说，在座的人都感到羞愧。

山简年六十卒，追赠征南大将军，仪同三司。有子名遐。

（四）阮咸之子瞻、孚

阮咸有二子，长子阮瞻、次子阮孚，为同父异母兄弟。

首先介绍长子瞻。

根据史料记载，阮瞻有以下四个特点。

一是有求必应。阮瞻字千里，性清虚寡欲，自得于怀。他继承父亲的遗风，善于弹琴，不论贵贱老幼，只要来听阮瞻弹琴，他都非常乐意为他们演奏，真正做到了有求必应，由此他的名声越来越好。

二是释义简要。阮瞻读书不求甚解，而是识其要领，别人提出的问题他总能简明扼要地进行解释。一次，他见到了司徒王戎，王戎问他："圣人贵名教，老、庄明自然，其旨同异？"他答道："将无同！"戎咨嗟良久，即命辟之，时人谓之"三语掾"。"三语掾"，典出南朝宋刘义庆所著《世说新语·文学》。阮修因三个字而被任命为官员，后用"三语掾"等表示对幕府官员的赞美。

三是谦逊让人。《晋书·阮瞻传》记载："瞻尝群行，冒热渴甚，逆旅有井，众人竞趋之，瞻独逡巡在后，须饮者毕乃进，其夷退无竞如此。"阮瞻本来也口渴难耐，找到客舍的井水后，故意徘徊不前，把方便让给了别人，体现了阮瞻先人后己的高尚情怀。难怪《世说新语》对阮瞻评价甚高。

四是不信鬼神。《晋书·阮瞻传》记载：

> 永嘉中，为太子舍人。瞻素执无鬼论，物莫能难。每自谓此理足可以辩正幽明。忽有一客通名诣瞻，寒温毕，聊谈名理。客甚有才辩，瞻与之言，良久及鬼神之事，反覆甚苦。客遂屈，乃作色曰："鬼神，古今圣贤所共传，君何得独言无，即仆便是鬼！"于是变为异形，须臾消灭。瞻默然，意色大恶。

这段记载有点夸张，意思是：阮瞻坚持不相信世间有鬼神，并对无鬼问题辨析得很透彻。一天，一名客人突然来访，他们经过一番艰难的辩论后，来客很愤怒地对阮瞻说："古今圣贤都言世间有鬼，你道没有，我便是鬼！"于是，来客就改变了形态，顷刻间不见了。阮瞻没有作声，面带厌恶的表情。

后岁余，阮瞻病卒于仓垣，时年30岁。

其次介绍次子孚。

《晋书·阮孚传》载，阮孚，阮咸姑母的鲜卑侍女所生。阮孚出生后，其姑取王延寿《鲁灵光殿赋》"胡人遥集于上楹"中的"遥集"二字作为他的字。最开始被征召到太傅府当职，后迁骑兵属。其生活爱好为"终日酣纵""蓬发饮酒，不以王务婴心"。

阮孚继承了阮籍、阮咸的放纵不羁、酷好饮酒之风。

西晋永嘉之乱后，五胡乱华，人口大量南迁。晋元帝和权贵们偏安一隅，不思北上收复失地。阮孚身在朝廷却无能为力，更加寄情于酒，每天蓬头散发抱着酒坛子，毫不关心为皇帝效劳的事。但晋元帝很欣赏阮孚的才华，也看中他竹林七贤之一阮咸之子、阮氏家族的名头,因此即便有司弹劾阮孚终日酗酒,晋元帝也一直包容他。

琅邪王司马裒(晋元帝次子)出镇广陵(今江苏扬州),阮孚为其长史,可他依旧不改纵酒习性。晋元帝曾语重心长地对他说:"爱卿既然已在广陵统领军务,军营事务繁多,你应该少喝酒啊。"阮孚却答:"陛下您看得起臣,委以军旅重任,臣勉励做事,不敢有丝毫抱怨。但臣私下里认为现在有琅邪王坐镇广陵,威震八面,皇恩浩荡,天下太平,朗朗乾坤,臣又何须继续怀揣加官晋爵、建功立业之心,臣正该清闲自在地享受这大好年华。"天下太平是假想,偏安一隅是事实,阮孚此言表面是奉承皇帝,实则讽刺。

晋元帝没有说服他,又将阮孚升迁为黄门侍郎、散骑常侍。这个职务是皇帝近臣,官帽上有标志性的金貂装饰品。阮孚有次在外喝酒,忘记带钱,竟然把头冠上的金貂拿来换酒。用金貂换酒是目无礼法,往大了说是藐视朝廷,当时就有人弹劾他,但晋元帝却还是毫无怪罪之心。

阮孚也无心政治。晋明帝即位后,迁其为侍中。后转任吏部尚书,领东海王师,他称病不就职。

但阮孚是有政治头脑的。咸和初年(326),阮孚做了丹杨尹。当时晋成帝司马衍年龄尚小,太后临政,政出舅族,阮孚对他的亲友说:"主幼时艰运终百六,而瘐亮年少,德信未孚以吾观之,将兆乱矣。"庚亮是晋成帝的舅舅,当时朝中大权落在瘐亮身上,他执政后,激化了矛盾,后来,苏峻果然被逼反叛,世人都认为阮孚有见识。

阮孚病逝时 49 岁。无子，从孙广嗣。

(五)向秀之子纯、悌

向秀有两个儿子，即向纯、向悌，兄弟二人继承了父亲向秀为人低调、温文尔雅、聪慧好学的品格。根据戴逵《竹林七贤论》的记载，纯字长悌，位至侍中；悌字叔逊，位至御史中丞。

(六)王戎之子万子

史书记载，王戎之子王万子自小就极度肥胖，认识的人常常会劝王戎："你这个儿子胖得出奇，想必是得了肥胖症，要赶紧带他去看病，否则后果不堪设想啊！"于是王戎决定不再给儿子吃太多好食物了，只让他吃一些秕糠之类的食物，结果事与愿违，王万子越吃越胖，小小年纪就离开了人世。

王戎极度悲伤，久久卧床不起。山涛的儿子山简为此感到非常惋惜，他感受到王戎是个十分重情重义的人。

(七)刘伶之子

刘伶有个儿子，只是没有留下姓名，刘义庆在《世说新语》里特别载明以证。"天生刘伶，以酒为名"，刘伶之子的无名，恐与其父的过度贪酒有很大关系。

但自刘伶之后，酒与诗、酒与文人便有了不解之缘。明代于谦曾作《醉时歌》赞曰"刘伶好酒世称贤，李白骑鲸飞上天"，唐代李白亦云"古来圣贤皆寂寞，唯有饮者留其名"，想来因嗜酒而留名的文人何止刘伶啊。

竹林七贤才华横溢，个性鲜明，他们的事迹是文化史上一道亮丽的风景，他们的后代也大都非常优秀，或许，我们也可以从他们身上学习如何教育自己的子女。家庭教育在子女成长中是举足轻重的。家庭教育中应注意以下六点。一是给子女树立榜样。身教胜于言教，作为家长一定要发挥榜样作用，而不是命令孩子做自己都不愿做的事。二是尊重孩子成长规律。要主动去了解不同年龄段孩子的特点，要遵循孩子内心的健康需求，在此基础上陪伴、鼓励、引导孩子成长。三是培养孩子的学习力。要让孩子认识学习的重要性及必要性，让孩子知道学习是对自己负责、是成长的需要、是价值所在。四是养成良好的习惯。包括学习习惯、生活习惯、体能锻炼习惯等。五是培养孩子的生存能力。要培养孩子的生活自理能力、劳动技能、社交能力、自我保护能力、行为习惯、明辨是非的能力以及与人为善的能力等。六是培养孩子的世界观、人生观。让孩子有眼界、有境界、有胸怀。

总之，家长的一言一行直接影响着子女，要教育子女树立远大理想，热爱祖国，遵纪守法，脚踏实地，树立正确的世界观、人生观、价值观，把自己的命运与祖国的命运结合起来，做一个对国家、社会、人民有用的人。

现代社会节奏明快，若要生活慢下来，闲暇时可以品读、品味一下这本书，感受竹林七贤追求自由的心声和风雅浪漫。

竹子本是一种平常的植物，乡间山野举目可见。然而，当魏晋名士嵇康、阮籍、山涛、向秀、阮咸、刘伶、王戎七人走进这平常的竹林，便产生了文化的奇观、心灵的奇谈。奇观、奇谈串在一起便升华出了七贤。

竹林七贤以苦苦的挣扎来蔑视世俗，幻想着打破世俗、跳出世俗，但挣脱的失败，以及由此带来的沮丧，又使他们“迷途知返”，重新融入了世俗。

他们身上有很多“同”，这个“同”就是隐逸，学神仙，与人间烟火保持某种距离。他们身上有“异”，这个“异”来自如何对待以祸患为底基的荣华富贵，如何对待以烦恼为伴的身家性命，如何对待以寂寞为主题的漫长生涯，如何对待生前身后名。没有这个“异”，七贤的生存状态也就简单得没有意味了。

竹林七贤异中有同，同中有异，正因如此他们的形象才能活灵活现，他们的人生才会跌宕起伏，他们的选择才能发人深思。

品读之后，你一定看到了真实的竹林七贤和那个时代的悲欢离合，他们追求自由解放的精神让我们感动，他们携手交游于竹林让我们向往，他们的深厚情谊让我们景仰，他们可贵的竹林精神让我们钦佩。

竹林七贤身上体现了中国古代知识分子的一种多元化的存在方式和生活追求。也许他们不太完美，但他们个个独特；也许他们很另类，但他们都活出了与众不同的“自我”。

人生的意义不在于生命的长短，而在于活着的时候能体现价值，离去之后还令人念念不忘。

亲爱的读者朋友，你是否有以上的感受呢？

参考文献

1.(晋)陈寿撰,(南朝宋)裴松之注:《三国志》,中华书局1982年版。

2.(南朝宋)刘义庆著,于童蒙编译:《世说新语》,蓝天出版社2007年版。

3.(唐)房玄龄等撰:《晋书》,中华书局1974年版。

4.(宋)司马光编著:《资治通鉴》,中华书局2011年版。

5.(宋)洪迈:《容斋随笔》(全译本),北京燕山出版社1997年版。

6.(明)罗贯中:《三国演义》,人民文学出版社2019年版。

7.陶新民:《李白与魏晋风度》,中国广播电视出版社1996年版。

8.王晓毅:《嵇康评传——汉魏风骨尽　竹林遗恨长》,广西教育出版社出版1994年版。

9.刘强:《竹林七贤》,中国青年出版社 2010 年版。

10.仇鹿鸣:《魏晋之际的政治权力与家族网络》(修订本),上海古籍出版社 2020 年版。

11.杨筠如:《九品中正与六朝门阀》,上海人民出版社 2020 年版。

后　记

由山东大学出版社出版的《品读白居易》一书，受到广大读者的好评，已3次印刷；2024年1月，山东大学出版社又出版了《品读李白》一书；《品读竹林七贤》是此“品读”系列的第三本。

竹林七贤是魏晋时期一个特殊的文人群体，他们的思想、文学作品及清谈、纵酒等行为，无不展示着魏晋风度，影响深远，意义非凡。

竹林七贤对中国文学产生了多方面的重要影响，比如中国文学崇尚高逸雅淡之美、自然之美、传神之美等，都与他们有着密切的关系。

竹林七贤展现出的悠然自得、我行我素、纵情饮酒、谈玄论道都是外在的，而他们在人生选择上面临的痛苦、内心世界的悲凉、黑暗中的苦苦挣扎、死亡降临前的恐惧战栗……又有谁能够知晓呢?

经过十多年的准备,我认为有必要,也有责任把竹林七贤的全貌介绍给广大读者,让读者朋友了解竹林七贤所处时代的背景、发生的惊心动魄的故事,以及那个时代对竹林七贤的深刻影响。

史学是记录,文学是描写,哲学是思辨,三者均源自人的基本生活。离开了这个基本点,“品读”也就失去了应有的意义。

竹林七贤已离去1700多年了,品读他们的故事并非易事,唯有借助史料将历史化为现场。

历史是立体的,要“品读”历史想时容易做时难。这个难,就难在品读分寸的把握上。过分的气氛渲染,故意曲折的情节设置,会使品读走向小说那一端,虽然写活了,但失去了那个时代的意义,忘记了品读的初衷;若过于拘谨,拘泥于史料,文字无血无肉、枯燥呆板就失去了品读的韵味,让读者感到毫无兴趣。故而,品读既不可过于虚构,又不可过于现实,一种特殊的中庸之道便成了本书写作的基本原则。

要完整再现竹林七贤的时代是不可能的,我只能尽量带读者走近那个时代,去发掘那个时代。通过史实的钩稽、文学的描写、哲学的思考、心理的分析,“还原”竹林七贤和那个时代一些重要历史人物的历史场景、心理活动及风土人情,勾勒出时代、王朝、人物在历史进程中的轨迹,揭示盛衰转化的矛盾起伏,揭示成败相依的悲情因素,揭示祸福相倚的永恒命题。

于是,《三国志》《世说新语》《晋书》《资治通鉴》等便成了基本的史料来源,以魏晋时期为背景的影视剧为参考,以王晓毅教授的《嵇康评传——汉魏风骨尽竹林遗恨长》、刘强教授的《竹林七贤》作为重要借鉴。这些来源有据的资料撑起了《品读竹林七贤》的骨架,贯穿了本书的各个章节。

为感受已经遥远的历史,我和文学爱好者付守训、袁付才、高国庆、张功臣、赵广军、王兴生、张增典、郭素英、张富建、刘春亚、王桂芹等来到故事发生地,在现实和历史之间反复切换场景,思考、总结、提炼,丰满史料血肉,拓宽写作思路。黄河岸边听厮杀、铜雀台上品赋诗、云台山中观翠竹、百家岩里寻别墅、刘伶醉台唤刘伶、明帝灵前叹托孤、南京城中看砖画、洛阳东市悼冤魂……

《品读竹林七贤》力求接近历史,书中涉及历史人物众多,历史事件复杂,立体展示难度极大,凭一己之力实难完成。我在撰写本书前多次与文学功底深厚的高国庆、姬静推敲研究,拟定纲要,分工起草;其间又数次讨论、修订;拟定初稿后,意恐读者失望,又请曹慧芳、张艳平两位老师发挥教育教学专长,反复修订完善。在此深表谢意!

本书起草阶段得到了曹县文联、曹县作家协会、曹县诗词学会的大力支持,拟定初稿后,付守训、袁付才、张振栋、王群立、张功臣、王守栋、程传军、张波、刘春亚、王桂芹等同志对书稿的部分章节提出了很有价值的修改意见,一并鸣谢。

詹瑛教授高徒、中国李白研究会原副会长、中国唐代文学学会理事陶新民教授不仅是研究李白的专家，而且是魏晋风度的研究专家，1996年7月曾出版《李白与魏晋风度》一书，并多次印刷。为提高《品读竹林七贤》一书质量，我们将书稿呈送陶新民教授指导、修正，并再次请托作序。陶老先生对后生非常关爱，欣然应允，感佩之志，永存于心。

曹县籍作家、诗人、历史学者、编剧、全国青联常委、东汉历史研究专家魏新先生，在审阅初稿后提出了很有价值的修改意见，并给予了较高评价，对此深表谢意。

《品读竹林七贤》一书，虽经数次修改，但错漏之处在所难免，敬请读者朋友批评指正。

祁万青

2024年6月